明清小說：

歷史與

文學之間

周佳榮 著

商務印書館

明清小説：歷史與文學之間

作　　者：周佳榮

責任編輯：鄒淑樺

封面設計：涂　慧

出　　版：商務印書館 (香港) 有限公司

　　　　　香港筲箕灣耀興道 3 號東滙廣場 8 樓

　　　　　http://www.commercialpress.com.hk

發　　行：香港聯合書刊物流有限公司

　　　　　香港新界大埔汀麗路 36 號中華商務印刷大廈 3 字樓

印　　刷：中華商務彩色印刷有限公司

　　　　　香港新界大埔汀麗路 36 號中華商務印刷大廈

版　　次：2016 年 9 月第 1 版第 1 次印刷

　　　　　© 2016 商務印書館 (香港) 有限公司

　　　　　ISBN 978 962 07 5696 2

　　　　　Printed in Hong Kong

目　錄

圖表目錄

序

　　余少喜讀小說，其後專攻史學，而仍於明清小說有所涉獵，以此作為治學之助。文學與史學分殊，殆不待言；兩者常有密切關連，則每為治史者所忽略。有見及此，余數年前嘗於歷史系開設“明清小說與中國社會變遷”一科，供歷史系學生選讀，中文系學生亦有修習者，文史並濟，甚為愜意。

　　當年講授此科時，鑒於學生於古典小說既乏基礎，坊間著述又專以文學為言，未能覓得合適教本，因而編成講義，冀收事半功倍之效。近日加以整理，尚覺首尾完備，而於較為簡單之處，稍加補充，爰為付梓，或有裨於學子焉。蓋現代大學分科過專，治史者或不兼習文學，習文者亦常疏於史事，小說史應可縮窄二者之距離。中國古典小說多取材於歷代史事，而以文學手法加以改編，況小說影響世道人心至鉅，實亦足以反映近世以來中國社會之變遷。

　　余於大學時代購得阿英（錢杏邨）著《晚清小說史》，手不釋卷，反覆閱讀數遍，該書且保存至今。先師牟潤孫教授撰《紅樓夢》與清代思想一文，於我尤多啟發；其後瀏覽陳寅恪諸篇，始知文學材料應用於歷史研究之門徑。早年涉獵小說，由五四新文學諸家上溯至古典作品，旁及東西洋翻譯小說，沈復《浮生六記》、紀曉嵐《閱微草堂筆記》二書尤為喜愛。後以諸事繁忙，疏於此道，文學薰陶日減，下筆亦漸感枯燥乏味，遂藉講授“北宋史學、史家與詩人”、“明清小說與中國社會變遷”等科目，重新接觸歷代詩詞和小說。

　　明清兩代為中國史上轉折時期，小說呈現從古典走向近代之趨勢，其於反映社會複雜多歧及時代急遽變遷，誠屬不可多得之文化寶庫。本書題名《明清小說：歷史與文學之間》，即以此為鵠的。書中所述，過半乃明清小說基礎知識，作為入門階梯固宜，視曰研究之資恐有所不逮。因據授課講義為藍本，只求內容首尾兼顧，於細緻處未嘗深究，於宏大處難免粗疏，敝帚自珍，專家學者祈為見諒。是為序。

周佳榮　謹識

2016 年 2 月 18 日

第一章 中國歷代小說：文學創作與社會變遷

小説是文學的重要組成部分，與歷史、社會及政治的發展息息相關。毫無疑問，文學是一個時代的縮影和寫照，小說的用意和影響尤為明顯，因其故事情節和環境描寫在一定程度上反映了社會生活的種種面貌；小說的題材和內容，不少都取材於歷代史事，小說本身有時甚至是政治演變過程中留下的印記，可以作為歷史研究的材料和參考。

中國古代小説約有一千五百年歷史，作品為數不下三數千種。[1] 其中最傑出並且為人所熟悉的，有《三國演義》、《水滸傳》、《西遊記》、《聊齋志異》、《儒林外史》、《紅樓夢》等。這些名著不但在中國家傳戶曉，還於日本、朝鮮、越南等東亞國家廣泛流傳，時至今日，其中不少已成為世界文學瑰寶。

但小說在中國古代文學史上一直處於邊緣地位，被視為淺陋的通俗讀物；雖然如此，明清兩代小説的成就是備受後世讚揚的。直至十九世紀末、二十世紀初，中國小說出現新的契機，開始從古典形態轉向近代形態，成果纍纍，且於二十世紀後期和本世紀初在世界文壇上展現光芒，新

1　據石麟著《中國古代小説文本史》（鄭州：中州古籍出版社，2013 年）統計，唐代至清代的“純小説”，包括現存傳奇小説三千七百篇（部）以上，話本、擬話本小説八百篇以上，章回小説八百部以上。“純小説”是完全符合以下五個標準的作品：（一）必須以敍事為主，而非以議論、説明、抒情為主；（二）必須是寫人的，包括具有人格意味的神仙鬼怪；（三）敍事寫人必須是一個完滿自足的整體，而非局部零星或殘缺不全的片斷；（四）必須具有一定程度的虛構，而非完全照抄歷史著作甚或連細節描寫都忠實於歷史事實；（五）必須以散文為主，詩詞歌賦乃至講唱藝術因素只能具有輔助作用。（頁 9 及 16）

時代的小說創作甚至獲頒國際文學獎等殊榮。

第一節　小說的定義及其演變

■小說的起源和定義

　　小說起源於民間的口頭創作，既有神話傳說的因素，又受諸子寓言的影響，還從史家的傳記作品中汲取養份。近代文學家、小說史研究和奠基者魯迅（原名周樹人，1881 － 1936 年）認為，小說是人們在休息時用來消遣閒暇的，"這種事情，就是彼此談論故事。而這談論故事，正就是小說的起源。"[2] "小說"一詞，最早見於《莊子》〈雜篇・外物〉[3]，指瑣碎的言詞，與後世作為文體的小說概念不相同。東漢班固（32 － 92 年）撰《漢書》中，引述孔子的說法，所指始與現時認為的小說相近，但表露了一種輕視的態度：

　　　　小說家者流，蓋出於稗官，街談巷尾，道聽途說者之所造也。孔子曰："雖小道，必有可觀者焉，致遠恐泥，是以君子弗為也。"然亦弗滅也。[4]

　　小說雖然列為一"家"，但無甚"可觀"，不入"流"，因而有"九流十

2　魯迅〈中國小說的歷史變遷〉，《魯迅中國小說史論文集》(台北：里人書局，1992 年)，頁 508。

3　《莊子》〈雜篇・外物〉："飾小說以干縣令，其於大達亦遠矣。"意思就是說，修飾瑣碎的言詞，以求得好的名聲，這跟治理國家的大道理，相距是很遠的。

4　《漢書》(北京：中華書局標點本)，卷三十〈藝文志・諸子略〉，頁 1745。

家"之説。換言之，先秦時期人們所稱的"小説"，只不過是一些瑣屑言論和街談巷語，是不能與儒家經典之類的著作相提並論的。

到了東漢初年，桓譚的《新論》指出："若其小説家，合叢殘小語，近取譬説，以作短書，治身理家，有可觀之辭。"[5]小説已成一種文體，而且具有"治身理家"的社會作用了；不過所寫的是"叢殘小語"，在當時屬於"短書"。由此可見，中國早期的小説是短篇作品，後來越寫越長，到明清時期以長篇章回小説為主。以下是《辭海》對"小説"一詞的解釋：

> 文學的一大樣式。以敍述為主，具體表現人物在一定環境中的相互關係，行動和事件以及相應的心理狀態、意識流動等，從不同角度反映社會生活。在各種文學樣式中，表現手法最豐富、表現方式也最靈活，敍述、描寫、抒情、議論等多種手法可以並用，也可有所側重；一般以塑造人物形象為基本手段。中國的小説歷史悠久，《莊子·外物篇》、《漢書·藝文志》均有記錄，唐傳奇、宋元話本及明清章回小説，都是中國近現代小説發展的先河。五四新文化運動後，小説成為現代文學最有代表性的文體。按其篇幅及内容，一般可分為長篇小説、中篇小説、短篇小説。[6]

■古代小説與現代觀念

研習中國小説史，應該先從中國古代的小説觀念入手，但也不能忽略現代小説觀念和相關理論，並以此審視中國古代小説的發展。張燕瑾主

5　桓譚《新論》已佚，引文見《文選》（北京：中華書局，1977 年），頁 444。
6　《辭海》（上海：上海辭書出版社，1999 年版），〈小説〉條，頁 3147。

編《中國古代小說專題》認為，按照現時文藝學的一般概念，小說作為文學體裁之一，其成熟的標誌應當包括三個要素：（一）就表現形式而言，其主體應為散文，但並不排除運用一定數量的韻文描寫景狀和作出議論；（二）就內容而言，要有一定的故事情節，與散文有明顯的區別；（三）就構成故事情節的性質而言，它應當是虛構的，或基本上是虛構的。在接受"小說"這一概念時，須先明白兩個前提：第一，這一概念是在二十世紀接受了西方文學理論的影響後提出的；第二，這一概念所反映的是自十八世紀以來成熟的小說創作實踐。書中還指出：

> 譬如虛構的要素，便是西方小說的靈魂，無論是作為 novel 還是 fiction 的小說術語，都與虛構直接相關。從中國古代小說的成熟形態如《金瓶梅》、《紅樓夢》看，應該說大致符合現代小說觀念。但就中國古代小說發展的全過程看，便有了較大的出入。我們學習中國小說史，當然應該以中國古代的小說觀念作為衡量的尺度，因此也就有必要弄清中國古代小說觀念的具體內涵是甚麼。[7]

從語體而言，中國小說觀念可以分為文言小說和白話小說兩個源頭；其中白話小說的觀念，比文言小說更接近現代小說。從中國傳統文化的角度出發，中國小說觀念受到三方面的影響：首先是諸子學說（尤其是儒家學說）的影響，表現於小說的社會功能，主要造成中國小說觀念重寓意、重教化的傳統，道家的影響則主要表現於小說的藝術層面；其次是史學影

7　張燕瑾主編《中國古代小說專題》第二版（北京：高等教育出版社，2008 年），〈緒論〉，頁 1。

響，中國百姓從小說中接受了不少歷史知識，包括朝代、史事和人物等基本元素，但是不夠全面甚至有的並非史實；再者，便是說話藝術對小說觀念的影響，這主要體現為對虛構意識的闡發，所以也最為接近現代的小說觀念。袁行霈指出：“研究中國小說史，應用符合現代小說概念的作品為主要對象，這是毫無疑問的，但也要兼及那些在今天看來雖不算小說，而古人曾經認為是小說的作品。只有這樣，才能對中國小說發展的歷史過程得出全面的認識。”[8]

第二節　中國歷代小說進程和特色

■古典小說形成的過程

概括而言，中國古典小說源於神話傳說，魏晉南北朝是小說的萌芽時期，而有“志怪小說”和“志人小說”（軼事小說）的出現。當時創作的風氣很盛行，許多作品都已粗具小說規模，嚴格來說只是接近小說的篇章或片斷而已，仍未是完整意義上的小說。到了唐代，就發展為“傳奇”。唐代的小說，在內容上已能反映複雜的社會生活；在藝術上，故事情節曲折起伏，人物性格鮮明突出，語言文字清麗暢達，已經成為一種獨立的文學樣式了。其後在宋代，就出現了稱為“話本”的白話小說，並且分為兩大類，即短篇的“小說”和長篇的“講史”。這些作品比過去的文學作品更廣泛地反映了社會生活，特別是城市中的小商人、手工業者和下層婦女的生活。宋代的小說，敘述暢達流利而又深入淺出，擅長刻畫人物的行動、人們的對話及描寫不同的心理，在結構上也具備一定的特點。

8　袁行霈著《中國文學概論》彩圖本（北京：高等教育出版社，2010 年），頁 309。

　　唐及五代是文言小説成熟的階段，宋元時期是通俗小説成熟的階段；中國的古典小説在唐、宋兩代已經形成，至明、清兩代而臻於巔峰。在一方面，先後湧現了許多傑出的長篇巨著；另一方面，短篇小説也呈現出繁榮的狀況。明清時期大批優秀的作品，其藝術性和思想性都達到前所未有的高度水平，對當時和後世，產生了巨大而深遠的影響。

■從神話到志怪小説

　　神話是文學樣式之一，產生於史前時期生產力很低的狀況下，繁榮於從氏族社會進入階級社會的特定歷史時期，反映了古代人們對世界起源、萬物變更及社會生活的原始而直觀的理解。神話以擬人化的手法描述自然界和社會生活，表達了人們認識、適應和企求征服自然世界的歷程。古代神話的故事情節和表現手法，對後世的文學創作有很大影響，既是浪漫主義的源頭，也是小説的濫觴。中國小説的起源，可以上溯到古代神話和傳説。

　　志怪小説是魏晉南北朝文言小説的一種，內容多描寫神仙方術、鬼魅妖怪、佛法靈異等。有較完整的故事、鮮明的人物和複雜的情節，已初具小説規模。唐宋傳奇就是在其基礎上發展起來的。魏晉南北朝時期還有一種記錄人物軼事的志人小説，但只是言行片斷，缺乏完整情節，比不上志怪小説那樣較富小説意味。

■傳奇小説及話本

　　唐、宋時期的文言短篇小説，統稱為傳奇或傳奇小説。其情節大多豐富曲折、奇特神異，題材主要是俠義、愛情或神怪故事。此外，宋元戲文、元代雜劇和明清戲曲也稱為傳奇，這是由於"傳奇"名稱在唐以後產生了種種變化，不在本書討論的範圍。

宋、元時期盛行的話本，即根據藝人講演故事記錄下來的底本。有詩有話的稱為"詩話"，有詞有話的稱為"詞話"，有評有話的稱為"評話"。話本分短篇和長篇兩大類：（一）短篇的話本多取材於現實生活，一般以城市平民為主人公，大多數是短篇白話；（二）長篇的話本依據歷史，講說歷代興廢故事，大多數是長篇白話。換言之，話本是中國最早的白話小說。明清時期用模仿話本形式創作的小說，稱為"擬話本"，例如"三言"、"二拍"，即屬此類。

《京本通俗小說》是最早用口語寫成的宋代話本集之一，卷數不詳，存卷十至十八，今本七篇，計為《碾玉觀音》、《菩薩蠻》、《西山一窟鬼》、《志誠張主管》、《拗相公》、《錯斬崔寧》、《馮玉梅團圓》。內容多寫市井生活，取材於民間故事，語言通俗、淺近，人物描寫生動、逼真。[9] 宋代話本中有一類"公案"，主要演述官吏審案故事。耐得翁《都城紀勝》，將其歸入小說類中；羅燁《醉翁談錄》，著錄其作品有《石頭孫立》、《姜女尋夫》等十六種。

■章回小說及演義

章回小說是中國長篇小說的一種主要形式。其特點是分回標目，常取一個或兩個中心事件作為一回，每回的篇幅大致相等，情節前後銜接。開頭常用"話說"、結尾常用"且聽下回分解"等口頭語，中間穿插一些詩詞韻文，結尾故設懸念，吸引讀者繼續閱讀下去。章回小說的形式，始見於宋代《大唐三藏取經詩話》；明、清兩代的長篇小說，普遍採用此種形式。

9　《京本通俗小說》是繆荃孫（1844 – 1919 年）所刊印，1915 年收入叢書《煙畫東堂小品》之中，一般認為是宋、元人的作品，是城市中"說話"藝人的底本。亦有人認為此書來歷不明，所以七篇都見於明末馮夢龍編《警世通言》及《醒世恆言》，繆荃孫抄掇數篇，仿元刻戲曲小說字體和樣式刊印，並偽撰書名。

演義是長篇小説的一種，由講史、話本發展而成，根據史書、傳記，經過藝術加工，用口語鋪敍成文，盛行於明、清時期。著名的作品，有《三國演義》、《説岳全傳》、《楊家府演義》等。"演義"是推廣義理而加以引申的意思，後來才成為一種小説體裁的稱謂。簡單而言，演義小説就是歷史小説，也有人稱為歷史演義小説，然而演義小説並不是歷史著作，所描述的內容，真假雜陳，並非歷史真相，很多是虛構的。

■明清通俗小説的分類

紀德君著《明清通俗小説編創方式研究》，將明清通俗小説分為歷史演義小説、神魔小説、世情小説、英雄傳奇小説、公案俠義小説五類；而世情小説又按其主流、異流、末流，分為世情書、才子佳人小説、艷情小説。[10] 這是較為簡明的一種小説分類，明清通俗小説大都可以概括在內，歷史演義小説也有稱為歷史小説或講史小説的，神魔小説又稱神怪小説或神異小説，世情小説亦作人情小説，公案俠義小説則可細分為公案小説和俠義小説。（表 1）

表 1 明清通俗小説的分類

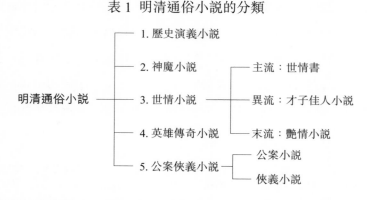

明清通俗小説
1. 歷史演義小説
2. 神魔小説
3. 世情小説 ── 主流：世情書
異流：才子佳人小説
末流：艷情小説
4. 英雄傳奇小説
5. 公案俠義小説 ── 公案小説
俠義小説

10　紀德君著《明清通俗小説編創方式研究》（北京：社會科學文獻出版社，2012 年）。

　　明清小說為數眾多，性質亦各有異同，元末明初的《三國演義》、《水滸傳》，明代的《西遊記》、《金瓶梅》、《剪燈新話》、《古今奇觀》，清代的《聊齋志異》、《儒林外史》、《紅樓夢》、《閱微草堂筆記》，或用文言或用白話，既有長篇也有短篇，可以並列為明清十大小說名著。（表2）這些作品足以作為各類型小說的代表，亦為多數人所欣賞和推崇；更重要的是這些作品的時代意義，各有其顯著的時代性。把這些作品貫串起來，就是一幅明清時期的社會文化圖景。

表 2　明清時期十大小說名著

書名	作者	性質	篇幅
1.《三國演義》	元末明初羅貫中著，清初毛宗崗修改點評	長篇小說 / 歷史小說 / 講史演義	通行 124 回本
2.《水滸傳》	元末明初施耐庵著，一說羅貫中重新編次	長篇小說 / 英雄傳奇	有 100 回本、120 回本、70 回本
3.《西遊記》	明代吳承恩著	長篇小說 / 神魔小說	100 回
4.《金瓶梅》	明代蘭陵笑笑生著	長篇小說 / 世情小說	100 回
5.《剪燈新話》	明代瞿佑著	傳奇小說集 / 文言小說	4 卷，附錄 1 卷，共 21 篇
6.《古今奇觀》	明末姑蘇抱甕老人輯	話本選集，所選作品以明代為限	40 篇中，29 篇選自"三言"，11 篇選自"二拍"
7.《聊齋志異》	清代蒲松齡著	短篇小說集 / 文言小說	491 篇
8.《儒林外史》	清代吳敬梓著	長篇小說 / 諷刺小說	共 56 回
9.《紅樓夢》（原名《石頭記》）	前 80 回為清代曹雪芹著，後 40 回傳為高鶚所續	長篇小說 / 世情小說	共 120 回
10.《閱微草堂筆記》	清代紀昀著	筆記小說 / 文言小說	24 卷

　　要在眾多名著之中精選十種，難免會有爭議性的，不同的時代、不同

的角度、不同的喜好，都會產生不同的結果。試舉一例，著名文學家林語堂（1895－1976年）認為"《紅樓夢》殆足以代表中國小説寫作藝術的水準高度，同時它也代表一種小説的典型。概括地説，中國小説根據它們的內容，可以區分為下述數種典型。" 林語堂並且羅列了這幾種類型最著名的代表作：

一、俠義小説──《水滸傳》；

二、神怪小説──《西遊記》；

三、歷史小説──《三國志〔演義〕》；

四、愛情小説──《紅樓夢》；

五、淫蕩小説──《金瓶梅》；

六、社會諷刺小説──《儒林外史》；

七、理想小説──《鏡花緣》；

八、社會寫實小説──《二十年目睹之怪現狀》。

但他同時指出："嚴格的分類，當然是不容易的。例如《金瓶梅》雖五分之四係屬猥褻文字，卻也可算為一部最好的社會寫實小説，它用無情而靈活的筆調，描寫普通平民，下流夥黨，土豪劣紳，尤其是明代婦女在中國的地位。這些小説的正規部類上面，倘從廣義的説法，吾人還得加上故事筆記，這些故事都是經過很悠久的傳說，這樣的故事筆記，莫如拿《聊齋誌異》和《今古奇觀》來做代表。《今古奇觀》為古代流行故事中最優良作品的選集，大多係經過數代流傳的故事。"[11] 林語堂推薦的十大小説名單，相信是由於他所處的時代環境，以及出入於中西文化之間的觀點，與本書所列舉的十大小説有八種相同，少了《剪燈新話》和《閱微草

11　林語堂著，黃嘉德譯《吾國與吾民》（香港：天地圖書有限公司，2005年），頁266－267。

堂筆記》，而多了《鏡花緣》和《二十年目睹之怪現狀》，後兩種作品，可以視為反映清代中後期向近代社會轉變過程中展現的一些文化現象。

第三節　清末以來的小説論述

■《新小説》與“小説界革命”

　　1902 年，因戊戌政變而流亡日本的梁啟超（1873 － 1929 年）在橫濱創辦《新小説》雜誌，為“新小説”的創作和理論提供了重要陣地；梁氏在他撰寫的〈論小説與群治之關係〉中強調：

> 欲新一國之民，不可不先新一國之小説。故欲新道德，必新小説；欲新宗教，必新小説；欲新政治，必新小説；欲新風俗，必新小説；欲新學藝，必新小説；乃至欲新人心，欲新人格，必新小説。何以故？小説有不可思議之力支配人道故。

　　梁啟超並且提出“小説界革命”的口號。他說“欲改良群治，必自小説界革命始；欲新民，必自新小説始。”[12] 梁啟超又在他創辦的《新民叢報》上撰寫〈中國唯一之文學報《新小説》〉，指出該誌設立“論說”欄的目的在於“論文學上小説之價值，社會上小説之勢力，東西各國小説學進化之歷史及小説家之功德，中國小説界革命之必要及其方法等。”[13] 陳平

12　梁啟超〈論小説與群治之關係〉，梁啟超著、林志鈞輯《飲冰室合集·文集之十》（北京：中華書局，1989 年據上海：中華書局 1936 年版影印），頁 6。

13　梁啟超〈中國唯一之文學報《新小説》〉，梁啟超著、夏曉虹輯《飲冰室合集集外文》上冊（北京：北京大學出版社，2005 年），頁 122。

原在談到清末民初小説理論時説：

> 從"小説有不可思議之支配人道"這一現象出發，"新小説"
> 理論家在兩個層面上展開論述：一是對"舊小説"誨淫誨盜的批
> 判，一是對"新小説"覺世新民的讚賞。而這一切，實際上都是
> 根源於傳統的小説關乎世道人心的古訓。只不過如今有了歐美、
> 東瀛借政治小説變革現實改良群治的"經驗"，小説從不入流的
> 小道一躍而為最上乘的文學。

但他也指出：

> 觀念轉了個一百八十度的大彎，可思維方法和審美趣味並沒
> 改變。梁啟超提高小説地位的理論主張並沒有碰到特別大的阻
> 力，真可謂登高一呼，應者影從。除了説是順應時勢外，更重要
> 的恐怕是小説應有益於世道人心這一口號帶有明顯的傳統文學觀
> 念的印記，容易為社會各方所接受。

陳平原強調，"政治與藝術、通俗與高雅、粗人與文人、覺世與傳
世，一系列的問題，互相關聯互相牽制，非這一代理論家所能解答。但
是，問題被正確地提了出來。"論者並沒有真正從理論上解決問題，只是
想用互相調和的辦法繞開它；文學觀念的全面變革，要到"五四"作家手
裏才真正完成。使二十世紀中國小説家困惑的難題，要到二十一世紀才露
出了曙光。[14]

14　陳平原著《小説史：理論與實踐》（北京：北京大學出版社，1993 年），頁 227 – 242。

■中國小說史研究的開展

　　早在二十世紀初，王鍾麒從體裁方面探討了各類小說的源流，把古代小說分為記事、雜記、戲劇、章回、彈詞五種體裁，初步考察了中國古代小說歷史發展的過程。對於歷代小說作者的創作精神，則概括為三個原因：其一，是憤政治之壓制；其二，是痛社會之混濁；其三，是哀婚姻之不自由。並藉此三者，闡發了古代小說的思想意義。還把小說在中國文學史上的地位，提升到與詩歌、歷史同樣的高度，並指出中國古代小說具有獨特的內容及與之相適應的民族形式，見解頗為精闢。[15]

　　中國小說史研究的奠基之作，是魯迅著《中國小說史略》。此書原是1920 年魯迅在北京大學講授“中國小說史”課程的講義，1921 年又在北京高等師範學校講授；其後以油印本為基礎，內容從十七篇增加到二十六篇，於 1923 年及 1924 年由新潮社分上、下冊出版；1925 年由北新書局出合訂本，修訂本於 1931 年刊行。論者認為，魯迅此書建立了中國小說史的體系，體現了唯物精神和進步思想，包含有許多精當卓越、言簡意賅的評論，其成就和貢獻是多方面的。[16] 必須指出，第一部中國小說史專著是張靜廬（1898 － 1969 年）的《中國小說史大綱》，1920 年由上海泰東圖書局出版，比魯迅《中國小說史略》最初的油印本早了半年。可見中國小說向來無史的局面，至五四新文化時期已經告一段落了。

　　此外，1920 年代刊行的早期著作還有：一、郭希汾（紹虞）編《中國小說史略》（上海：中國書局，1921 年），〈序〉中說明此書是譯自日人鹽谷溫著《支那文學概論講話》中的一節；二、盧隱〈中國小說史略〉，載《晨報·文學旬刊》第 3 至 11 號（1923 年），其後未見有單行本出版；三、

15　王鍾麒〈中國歷代小說史論〉，《月月小說》第一卷第十一期（1907 年）。原文未見，參胡從經著《中國小說史學史長編》（香港：中華書局，1999 年）。

16　郭豫適〈前言〉，魯迅著《中國小說史略（插圖本）》（上海：上海古籍出版社，2014 年）。

徐敬修編輯《說部常識》（上海：大東書局，1925年），此書列為國學常識的一種；四、范煙橋《中國小說史》（蘇州：秋葉社，1927年），此書在搜集資料方面頗有長處；五、胡懷琛著《中國小說研究》（上海：商務印書館，1929年），此書分別從實質與形式兩方面來研究中國小說，並非照搬外國小說的公式，而是考慮到中國小說有不同於異邦外域小說的特點。

對晚清小說的發展加以注意及作出研究，魯迅亦有首創之功。陳子展（署名陳炳堃）著《中國近代文學之變遷》（上海：中華書局，1929年）及《最近三十年中國文學史》（上海：太平洋書店，1930年），對晚清小說有較詳細的析述。阿英（錢杏邨，1900－1977年）著《晚清小說史》（上海：商務印書館，1937年），是第一部以晚清小說作為特定時期文學現象的斷代小說史。

1930年代出版的中國小說史專書，還有：胡懷琛著《中國小說的起源及其演義》（南京：正中書局，1934年）及《中國小說概論》（上海：世界書局，1934年初版，1944年新一版）；譚正璧著《中國小說發達史》（上海：光明書店，1935年）；郭箴一著《中國小說史》（長沙：商務印書館，1939年）；蔣祖怡著《小說纂要》（上海：正中書局，1948年）等。[17] 二十世紀中葉以來，以通史形式撰寫的中國小說史並不多見，且多沿用舊的框架，情況至二十一世紀初年始有所改善。[18]

---

17 胡從經著《中國小說史學史長編》對上述諸書有較詳細介紹。1950年代以後，中國內地和台灣續有研究中國小說史的專著出版，包括舊書新刊，詳見本書附論二及書末所列主要參考書目。

18 齊裕焜主編《中國古代小說演變史》（北京：人民文學出版社，2015年），對1949年以來的中國小說史研究有扼要的述評，並強調1985年以後，出現了古代小說史研究空前活躍的局面。（頁11－17）

第四節　中國古代小說的價值和意義

■古代小說的史學價值

中國古代小說在文學上的重大價值，自不待言；至於其史學價值，陳大康指出，古代小說 “或多或少、或直接或曲折地反映了當時的社會現實，它的描寫中蘊含着對某些歷史現象的認定。……任何單部作品只能提供某些考察的線索，只有在眾多的小說作整體綜合之後，才可能得出較有說服力的結論。” 他舉例說，如果想重現明代社會生活的風俗畫卷，那麼，當時的小說描繪就是極重要的依據。但橫亘於文學與史學之間的鴻溝，主要就是令史學家望而生畏，而小說家不可離之須臾的虛構、捏合與誇張等藝術手法，問題就在於如何才能從小說家所追求的藝術的 “真” 中，篩濾與梳理出能使史學家感到放心的歷史的 “真”。他進而認為：

> 經過分解歸類以及比照印證這兩道分析程序，我們便從文學園地邁入了史學領域。發掘與認定那些為正史所未載的史實固然令人欣喜，但研究卻還不能就此終止。隨着歷史上某些社會現象的發現與認定，一連串的問題將接踵而來，至少，那些現象產生的原因是甚麼、其發展史如何以及最後的結果又怎樣，它們都是必須回答的問題，……。而且，既然那些被發現與認定的歷史現象多為正史所不載，那麼要尋得與此相關聯的問題的答案，就仍然不能將正史作為主要的依靠，而是須得在分解歸類以及比照的印證的基礎上作更高層次的綜合。[19]

19　陳大康著《古代小說研究及方法》（北京：中華書局，2006 年），頁 165 － 171。

　　陳大康接着說，"這種專題性研究的意義顯然要高於各個歷史現象的零星發現與認定。對於這類同一層次上的各專題性研究成果，還可以繼續作更進一步的綜合分析，通過逐層推進，最後就能得到一部內容極為豐富、涵蓋面又極廣的古代社會生活史，也只有在這時，古代小說的史學價值才能充分地體現出來。"他又強調，"儘管這裏主要是以古代小說為材料發掘其史學價值，而且發現與認定的歷史現象又多為正史所未載，但這決非意味着可以將正史輕率地置於一旁而不顧，事實上，正史所勾勒的歷史框架與走向，始終是這種研究不可缺少的，同時也是最重要的參照系。"[20]

　　總的來說，發掘和認定古代小說的歷史價值是一個跨學科性質的課題，雖然有一些學者作了嘗試，但學界迄今尚未有過系統的研究，缺少可供借鑒的經驗，成績相當有限，而且多是從文學角度加以論述，以歷史文化視野作探討的仍付闕如。無論如何，這一有益於史學研究與文學研究的工作，應予適當的重視，有待文史工作者合力開拓。小說既受惠於史學，又以其史學價值作為回饋，文學與史學之間，就是存在這樣微妙的關係。

■古代小說的文化意義

　　中國古代小說的文化意義，葉桂桐著《中國古代小說概論》一書的結語強調："要瞭解一個民族的思想文化、社會習俗，乃至最深厚的民族心理意識等，要看它的小說。小說不同於歷史等等其他人文社會科學，它對社會全部生活的表現是立體的、全面的、細緻的、生動形象的。中國古代小說，是五千年中華民族文明的寫照。"[21]

20　同上註。
21　葉桂桐著《中國古代小說概論》（台北：文津出版社，1998 年），頁 385。

　　值得注意的有三點：其一，小説不僅對人民靈魂的塑造有着重大的意義，甚至連對語言都起着規範作用；其二，中國古代章回小説，通常是在廣泛的民間傳説的基礎上，經文人加工昇華的，反過來又回到民間廣泛流傳，這是中國小説一個突出的特點，是中國人民與小説之間的特殊關係；其三，古代小説在中國文化有獨特的地位和價值，要構建中國的新文化，就需要對中國古代小説進行深入的研究。因此在二十一世紀今天，要從歷史的實際和時代的視域出發來總結中國文化，進而豐富全人類的智慧寶庫，為世界文化的構建與發展作出應有的貢獻。

第二章　從先秦到元代：中國小説起源和發展

　　中國古典小説起源於先秦時期，即秦朝（公元前 221 年－前 207 年）以前的漫長時期，而萌芽於漢魏六朝，形成於唐宋時期。唐代傳奇已經是成熟的短篇小説，宋元話本名目很多，對後世長篇小説和戲曲，唐宋作品都有深遠影響。明清兩代是古典小説達於高峰的黃金時期，以章回小説為代表，出現了長篇小説巨著，此外也有優秀的短篇作品；清末民初是流變時期，隨着新式小説期刊的流行，而有譴責小説的興起，加上外來文化的影響，文學創作出現了新的因素。中國古典小説發展至此，也就逐漸向近代小説轉變了。

　　概括而言，中國古典小説的進程，可以分為起源、萌芽、形成、黃金、流變五個時期，各有不同的作品類別。（表 3）由漢魏六朝經歷唐宋時期，至元朝（1271 － 1368 年）結束，中國古典小説興起的條件已經成熟，從而出現了前所未有的巔峰狀態。明清兩代，也就是中國古典小説的豐收期。

表 3　中國古典小説的分期

時　期	時　代	作品類別
1. 起源時期	先秦時期	• 神話傳説
2. 萌芽時期	漢魏六朝時期 / 兩漢魏晉南北朝時期	• 志怪小説 • 志人小説
3. 形成時期	唐宋時期 / 唐宋元時期	• 唐代傳奇 • 宋元話本（白話小説）： 1. 小説（短篇） 2. 講史（長篇）

| 4. 黃金時期 | 明清時期 | • 章回小説 (以長篇小説為主)
• 傳奇小説集、文言短篇小説集、筆記小説等 |
| 5. 流變時期 | 清末民初時期 | • 譴責小説 (白話章回長篇小説) |

第一節　中國小説的起源

早期的小説來自傳説，即民間長期流傳下來的、對過去事跡的記述和評價。傳説之中，既包括純屬幻想的產物，也有的是以特定歷史事件為基礎，在一定程度上反映了古時人民群眾的觀感和願望。前者是神話傳説，後者是歷史傳説。換言之，中國古典小説就是從神話傳説發展而來，不斷吸收史傳文學和寓言散文的藝術經驗，而逐漸趨於成熟的。

■ 神話傳説

神話是古代先民集體創造的故事，通過幻想的形式，表達其對世界起源、自然現象，以及人與自然關係的理解。中國的上古神話傳説，散見於《山海經》、《穆天子傳》、《楚辭》、《淮南子》等古籍，在《左傳》、《國語》、《莊子》、《呂氏春秋》諸文獻著作中，也有不少神話傳説。

《山海經》是中國古代著名神話著作，約成書於周秦之際，記有“精衛填海”、“夸父追日”、“大禹治水”、“黃帝戰蚩尤”等傳説，還有“小人國”、“長臂國”、“深目國”等異聞。《穆天子傳》記周穆王姬滿（公元前 947 －前 928 年在位）駕八駿西征，日行千里，並會見西王母，樂而忘返。《楚辭》是西漢劉向（約公元前 79 / 前 77 －前 8 / 前 6 年）編，收集屈原（約公元前 340 －約前 278 年）、宋玉等楚國辭賦家的作品。《淮南子》又名《淮南鴻烈》，西漢淮南王劉安（公元前 179 －前 122 年）及其門客著，內容龐雜，記有"后羿射日"等神話。

　　古代每一則神話傳說，都有簡單的故事情節和一兩個較為突出的人物形象。神話故事的傳奇性，直接影響到後來的志怪小說、唐宋傳奇，甚至白話小說的傳奇性；神話中描寫的英雄形象，也直接影響到後世小說中的人物塑造；神話傳說中奇特的幻想、豐富的想像，給後世的小說家提供了發揮想像力和創造力的養料。此外，從敘事文學的角度來看，神話傳說已孕育了一些故事類型，並且世代延續下來。

■寓言故事

　　先秦散文中的寓言故事和早期的史傳文學，都對中國小說的發軔起了積極的催化作用。寓言故事一般以短小精悍見稱，深藏哲理而又富有情趣，為後世小說簡潔凝煉的敘事風格所繼承，哲理蘊涵和諷刺意味在此後的小說中都深刻存在。至於早期史傳文學，在事件鋪陳、人物塑造上對小說的影響尤為重要，《左傳》作為歷史著作的開篇，敘事極富故事性和戲劇性，當中許多篇章對後世小說的情節設計和藝術技巧，也具備了借鑒價值。

　　《左傳》是《春秋左氏傳》的簡稱，又叫《左氏春秋》、《春秋內傳》，相傳是與孔子（公元前 551 － 前 479 年）同時的魯國史官左丘明所作，成書時間應當是在戰國中期。內容不限於政治，往往涉及社會各個方面，加上記事詳贍，文詞優美生動，不但是一部完整的編年史，同時也是優秀的文學作品。[1]

1　周佳榮編著《中國歷代史學名著》（香港：香港教育圖書公司，1994 年），頁 3 － 5。

■史傳文學

　　稍後出現的《史記》（原名《太史公書》），是中國二十五史之首，開創了中國紀傳體史學的先河，也是中國傳記文學的濫觴。《史記》一百三十篇，西漢司馬遷（約公元前 145/ 前 135 − 前 87 年）撰，內容上起黃帝，下至漢武帝時止，分為本紀、表、書、世家、列傳五類，後世把這種體裁稱為“紀傳體”。辭句優美，敍事活潑明瞭，寫人也栩栩如生，如〈項羽本紀〉、〈刺客列傳〉等均極精彩，後世推為古代散文的典範之一，在文學史上亦享盛譽。《史記》多樣化的結構，對後世小說結構的藝術手法有極大啟示。

　　東漢的班固（公元 32 − 92 年），是繼司馬遷之後把歷史和文學結合起來的一位傳記作家；他撰寫的《漢書》，開創了“包舉一代”的斷代史體例。《漢書》列傳雖然沒有《史記》那樣生動活潑，但同樣運用藝術手法作深刻細緻的描寫，作為史傳文學，有很多可取之處。班固以辭賦名家，不免多用文人辭藻，《漢書》中的文字，已開六朝駢儷之風。[2]

　　史傳文學並不是小說，只能在歷史實錄的基礎上進行適當的藝術加工；不過史傳文學對小說在情節安排、人物塑造、表現手法等多方面的影響，是毋庸置疑的。必須指出，先秦兩漢史傳文學對小說的形成，比神話傳說和寓言故事影響更大，是中國古代小說起源的主要源頭。

第二節　漢魏六朝小説

　　漢魏六朝相當於兩漢魏晉南北朝時期（公元前 220 年−公元 589 年），

2　同上註，頁 15 − 32。

長達八百年左右。"六朝"指三國時代的吳、東晉,及南朝的宋、齊、梁、陳,六個政權均以建康(吳名建業;今江蘇南京)為首都。漢魏六朝時期,中國古典小說仍處於它形成的初期,這個階段的作品,主要有志怪小說和志人小說兩類。

■古代小說的早期形態

根據現時所見的材料,兩漢時期的小說,多是歷史故事與民間傳說的結合,如西漢劉向輯《説苑》、《新序》及無名氏的《燕丹子》。《説苑》和《新序》二書所輯以歷史故事為主,但當中不免有虛構附會之處;《燕丹子》是在《戰國策》、《史記》的基礎上加工和演繹,有明顯的想像成分。

春秋末年吳王夫差(?-公元前 473 年)和越王勾踐(?-公元前 465 年)爭霸的故事,長期在民間流傳,東漢趙曄的《吳越春秋》把這些民間故事集合起來,其敍述語言和內容細節,均與正史不同,比較接近於後世的歷史小説。至於舊題劉歆(約公元前 77 -前 6 年)撰《西京雜記》、班固撰《漢武帝內傳》和《漢武帝故事》,實際上都是六朝人所偽託。這些作品,主要是記錄軼聞異事,即後世所謂野史,其可信程度是較低的。

有的學者把《穆天子傳》、《吳越春秋》中的某些片斷和《燕丹子》、《飛燕外傳》等篇章稱為"雜傳小說",因為中國古代小說形成的主源是史傳文學,最早出現的必然是"史傳"小說一類,東漢至隋代的雜傳小說就是由野史雜記演變而成的。論者並且指出:

> 隨即,史傳小說又長上了兩隻翅膀,一為"神異"色彩,一為"英雄"氣質。於是,《燕丹子》一類英雄小說應運而生,《搜神記》中的神異之作也風起雲湧。而在中國文學史上,素來都是陽剛與陰柔相反相成的。既有荊軻的感天地之壯氣,當然也就有

飛燕的媚君王之柔情。[3]

　　在魏晉南北朝時期，中國古代小說出現了它的早期形態——志怪小說和志人小說，前者記敘鬼神怪異的傳聞，後者匯集名人高士的言行瑣事。這類志怪、志人小說又被稱為"古小說"，雖然還沒有完全擺脫依附歷史著作的狀態，作家還不是自覺地創作小說，而小說的形式也比較簡單，內容瑣雜，只是粗陳梗概之作；然而，志怪、志人小說畢竟已從野史雜傳中分離出來，開始走向獨立的文學形式，初具小說規模了。但應指出，志人小說還不能稱為完全意義上的小說。

　　當時的社會動亂和政治腐敗，引起人民強烈不滿，除了有些人以武力反抗外，老百姓多把願望寄寓於鬼神故事之中。這情況造就了志怪小說的興起，還應注意的是，不少志怪小說具有積極性的內容，也於此可以得到解釋。道教故事和神仙事跡刺激了志怪小說的創作，同時，曠達飄逸的高道風範也影響到人物品評，從而推動了志人小說的繁榮。佛教在魏晉時期傳播得很快，輪迴報應、因緣前定的思想漸次深入人心，致使大批鬼怪故事出現和流佈，豐富了志怪小說的題材。清談玄理和品評人物的風氣大盛，名人言行的一鱗半爪往往被記錄下來，並且匯集成書，在勾勒人物、描摹情態方面比史傳文學進了一步。但志人小說仍限於真人真事的敘述，情節欠缺完整，沒有志怪小說的豐富想像，以及必要的藝術虛構。

■志怪小說的類型

　　"志怪"一詞最早見於《莊子》〈逍遙遊〉，意謂記敘奇聞怪事。明代胡應麟（1551－1602年）始正式使用"志怪小說"之名，列為六種小說

3　石麟著《中國古代小說文本史》，頁 11 及 15。

之一。漢代雖有小説，但《漢書》〈藝文志〉著錄的十五種小説都已亡佚，後世所見的"漢人小説"，多出於魏晉文人的依託。志怪小説是魏晉時期才發展起來的，其盛行的原因，據魯迅説，"中國本信巫，秦漢以來，神仙之説盛行，漢末又大暢巫風，而鬼道愈熾；會小乘佛教亦入中土，漸見流傳。凡此，皆張皇鬼神，稱道靈異，故自晉訖隋，特多鬼神志怪之書。"[4] 保存至今的魏晉南北朝志怪小説有三十餘種，以晉代的作品佔多數，按照內容可以分為三類：

（一）鬼神怪異類，或用災異變怪的故事來附會政治現象，或用鬼神作祟的臆説來推斷人的吉凶和禍福。這類小説以東晉史學家、文學家干寶（？－336年）的《搜神記》為代表，集志怪小説之大成；此外還有顏子推（531－591年？）的《冤魂記》、吳均（469－520年）的《續齊諧記》，以及託名曹丕（187－226年）的《列異傳》、託名陶淵明（365－427年）的《搜神後記》等。

（二）誇飾正史以外的歷史傳聞，主要有託名班固的《漢武帝內傳》和託名東晉王嘉（？－約385年）的《拾遺記》等。前者寫漢武帝劉徹（公元前156－前87年）生前死後的瑣事，也帶有濃厚的神怪色彩；後者記歷史遺聞軼事，亦談仙山靈物和長生不老等。

（三）炫耀地理博物的瑣聞，多記述遠方絕域的山川異物，也雜以神仙道術之事，以託名西漢東方朔（公元前154－？年）的《神異經》、《十洲記》和西晉張華（232－300年）的《博物志》為代表。[5]

上述三類作品之中，以《搜神記》篇幅較大，成就最高，最足以代表

4　魯迅著《中國小説史略（插圖本）》，頁 32。
5　周中明、吳家榮著《小説史話》（北京：社會科學文獻出版社，2012 年），頁 28－35。

志怪小説。[6]作者的本意是宣揚鬼神迷信和封建道德，但書中許多神話故事和民間傳説，反映了人民的願望和要求，表現了人們高尚的品質和智慧，為後世的小説戲曲創作提供了素材和借鑒。例如描寫人神戀愛的《董永》，歌頌抗暴復仇的《三王墓》，表現階級壓迫和堅貞愛情的《韓憑夫婦》，讚揚少女斬死巨蛇、為民除害的《李寄》等，都是膾炙人口而又影響深遠的作品。《搜神記》中也有十分優美動人的愛情故事，例如寫吳王夫差女兒紫玉與韓重相戀的《紫玉》（又作《吳王小女》）等。

此外，重要的志怪小説，還有南朝宋劉義慶（403－444 年）的《幽明錄》、劉敬叔的《異苑》、吳均的《續齊諧記》，南朝梁任昉的《述異記》等。當中有的原書已經散佚，現存片斷見於魯迅所輯《古小説鈎沉》。志怪小説在藝術形式上已粗具小説規模，有情節，有人物，開始注意到人物性格的描寫，有些細節描寫已比較生動。但總的來説，故事情節尚較為簡單和粗糙，人物性格還不夠鮮明和突出，描寫仍欠缺細膩和生動，反映的社會生活仍較簡單和狹窄。

志怪小説雖然採取神鬼怪異的虛構形式，卻又表現了積極進步的現實內容。在中國小説發展史上，志怪小説是一個重要階段，並且為唐代傳奇的出現準備了條件。志怪小説的內容常被後世文人吸收到詩詞之中，有的還被作為進行再創作的題材；宋、元、明、清歷代的筆記小説，均與志怪小説的傳統有密切關係。

6　《搜神記》原有三十卷，傳到宋代已經散佚。今存二十卷本，可能是明代胡元瑞等人重輯。汪紹楹的校注本《搜神記》（北京：中華書局，1979 年），是較好的版本。干寶字令升，初為著作郎，其後任為史官，著西晉史《晉紀》。他搜集神祇靈異、人物變化之事而成《搜神記》，時人譽為"鬼之董狐"。董狐是戰國時晉國史官，被孔子譽為良史。

■志人小説的內容

"志人小説"之名見於魯迅的《中國小説史略》，游國恩的《中國文學史》稱為"軼事小説"，又叫做"清言小説"，顧名思義，就是述説人物軼事，以劉義慶的《世説新語》最為有名。[7]此書主要記載漢末、三國和兩晉士族階層的遺聞軼事，按照內容，分為德行、言語、政事、文學、方正、雅量等三十六個門類；每類若干則，全書共一千多則。作者善於通過一件事、一個細節甚至一兩句話，不加議論，便把人物的性格和風度表現出來，言簡味永，栩栩如生。例如德行類的"管寧割席"[8]，只有六十一個字，便寫了兩件事，一是華歆（157－232年）不能忘情於金錢權貴，二是管寧（158－241年）蔑視金錢權貴的清高情操，兩者均躍然於紙上。《世説新語》的筆法，對後世小説的創作，產生了頗為深遠的影響，歷代都有模擬者。

在《世説新語》之前，早期的志人小説，有三國魏邯鄲淳的《笑林》，東晉裴啟的《語林》和郭澄之的《郭子》，所記都是士大夫品評人物和清談玄理的言行。南朝梁沈約的《俗説》，也是這類作品。志人小説包括瑣言、軼事、笑話，此外還有雜記。[9]

總括而言，六朝小説雖然只是一些"叢殘小語"，並不是結構完整的小説，但寫人記事頗有動人之處，怪異傳聞亦常見積極精神，有不少故事後來演化為著名的小説和戲曲。這時期的藝術經驗，為唐代小説的發展奠

7　《世説新語》現存最早的是宋刊本，通行的有《四部叢刊》影印明嘉靖趣堂刊本等。今人的整理本，有余嘉錫撰《世説新語箋疏》（北京：中華書局，1983年）及徐震堮撰《世説新語校箋》（北京：中華書局，1984年）。

8　世傳管寧曾與華歆同席讀書，有貴顯者過其門，管寧讀如故，華歆出看，管寧遂割席，與華歆分坐。後管寧避亂，居遼東三十餘年，因山為廬，講詩書，明禮讓，非學者不見，清高恬泊，無仕宦意。華歆於東漢末年歷任豫章太守、尚書令、御史大夫、司徒、相國等職，魏黃初元年（220年）改為司徒，魏明帝時進封博平侯，轉遷太尉。

9　齊裕焜主編《中國古代小説演變史》，頁54。

定了基礎。具體地説，降及唐代，志怪小説吸收了志人小説和史傳文學的優點，演變出相當成熟的文言短篇小説——傳奇。

第三節　唐代傳奇和筆記小説

唐代（618 － 907 年）建都長安（今陝西西安），前期國勢鼎盛，在當時是世界上最強大的帝國，經濟繁榮，文化燦然可觀，詩文創作達到巔峰。筆記小説出現了筆記體和傳奇體兩種形式，相對來説，筆記體仍為古體，傳奇體則為新體文言小説。唐代分為四個歷史時期，即初唐、盛唐、中唐、晚唐，"四唐"之説本源於對唐詩的分期，後來也用以劃分唐代歷史。文學與歷史的關係，於此亦可見其端倪。

■傳奇的定義和特色

在中國古代文學史上，"傳奇"有兩種含義：其一，是指唐宋時期的文言短篇小説；其二，是指明、清時期以唱南曲為主的長篇戲曲（即南方戲曲），以別於北方雜劇。就唐宋時期的文言短篇小説而言，當時這類作品的情節比較奇特、神異，因以為名。唐代傳奇的優秀作品，代表了文言小説發展已進入一個新時期；唐代傳奇的形成，標誌着文言小説體制的定型。

晚唐社會動盪，戰爭頻仍，很多人把希望寄託於神出鬼沒、除暴安良的俠客身上，一時遊俠之風頗盛。帶有神秘色彩的豪俠故事，於是成為小説的題材，裴鉶的《傳奇》一書中，《崑崙奴》和《聶隱娘》等都顯示了這一創作傾向。《崑崙奴》描寫某顯宦子崔生家中一個身懷絕技、不畏強暴的崑崙奴磨勒，幫助勳臣的姬妾紅綃妓逃出苦海，並與她傾慕的崔生結為夫婦；《聶隱娘》記述一個飛簷走壁的女俠，為其主報恩效力。[10] 尤其值得注意的是，裴鉶的《傳奇》在唐人小說中有一定的代表性，而"傳奇"這一名稱又概括了"傳寫奇事"的創作特色，所以後人就把這種體裁的小說統稱為"傳奇"。[11]

裴鉶的作品，除《崑崙奴》和《聶隱娘》外，還有《裴航》，是一篇據傳說虛構的故事，描述人和神仙的戀愛。內容寫一個名為裴航的秀才，在藍橋驛遇到一個織麻老嫗的孫女雲英，裴航欲娶她為妻，老嫗告以須用玉杵臼為聘。裴航因而到處尋訪，果然求得玉杵臼，娶得雲英，婚後二人並入玉峰洞為仙。後人詩文中常用的典故"藍橋相會"，即本於此；時代傳奇劇本《藍橋玉杵記》、《藍橋記》、《玉杵記》等，皆據裴鉶此篇演繹而成。主人公名裴航，故事或為作者想望之所託。

明代胡應麟《少室山房筆叢》說："變異之談，盛於六朝，然多是傳錄舛訛，未必盡幻設語，至唐人乃作意好奇，假小說以寄筆端。"魯迅進而指出，小說"至唐代而一變，雖尚不離於搜奇記逸，然敍述宛轉，文辭華艷，與六朝之粗陳梗概者較，演進之跡甚明，而尤顯者乃在是時則始有意為小說。"[12] 較著名的作品，有張鷟（約 658 － 730 年）的《遊仙窟》、沈既濟（750 － 800 年）的《枕中記》、李公佐的《南柯太守傳》及著名詩人元稹（779 － 831 年）的《鶯鶯傳》等。傳奇中許多生動美麗的人物和故事，成為後來許多小說戲曲汲取題材的寶庫。小說從此正式成為一種獨

10　《聶隱娘》寫魏博節度使手下大將聶鋒之女聶隱娘，幼年被一老尼收為徒，學成劍術，能白日刺人於市中，人莫能見，學成後嫁給一個會磨鏡的少年。魏博主帥與陳許節度使不協，派聶隱娘去暗殺他，劉昌裔以禮待聶隱娘夫婦，二人感其情，反而保護了劉昌裔。事後聶隱娘與夫人山歸隱。

11　劉德聯〈傳奇的含義〉，王建輝、易學金主編《中國文化知識精華》最新修訂本（武漢：湖北人民出版社，2004 年），頁 854。

12　魯迅著《中國小說史略（插圖本）》，頁 58。

立的文學樣式，脫離了與歷史相混淆的狀態。

　　"唐傳奇"是魏晉南北朝小說的繼承和發展，展示了一個豐富多彩和充滿喜怒哀樂的人間凡俗世界。與前代小說相比，唐傳奇有幾處不相同的地方：第一，已經有獨立的文學意識，具有小說體裁的必備要素，有人物、有情節，並且有充分的敍述和描寫，不再是正史的附庸。第二，內容更為面對現實，故事的主要題材，已經不再是鬼神靈怪，而是反映了豐富多元的社會生活。第三，人物角色不限於士族階層，既有寫帝王妃嬪、貴族官僚，也有寫文人舉子、商賈藝者、豪俠義士，以及妓女優伶等。

■唐代傳奇的發展

　　初唐的傳奇作品，還帶有志怪小說的痕跡；中唐以後的傳奇已進入興盛期，作品多描寫婚姻和戀愛；到了晚唐，則多寫豪俠故事。當時的傳奇專集有四十多部，著名的有牛僧孺（780 － 848 年）的《玄怪錄》、李復言的《續玄怪錄》、薛用弱的《集異記》、裴鉶的《傳奇》、袁郊的《甘澤謠》、張讀的《宣室志》等，大多是由於北宋《太平廣記》加以輯錄才得到保留，現存的唐代傳奇作品有數百篇。

　　唐代傳奇之中，描寫婚姻戀愛的作品佔了很大比重，為人熟知的名著，有《李娃傳》、《鶯鶯傳》、《霍小玉傳》、《柳毅傳》、《任氏傳》、《離魂記》等。其他題材也有不少優秀作品，例如《紅線》、《郭元振》、《崑崙奴》、《聶隱娘》等寫豪俠故事，宣揚了報恩思想，也反映了唐代社會的不公平和黑暗現象；又如《枕中記》、《南柯太守傳》等寫人生如夢，功名富貴虛幻無常，對熱衷利祿之徒作了諷刺，同時流露出消極避世的思想。

　　《柳毅傳》（原稱《柳毅》）亦作《柳毅傳書》，李朝威著。寫洞庭龍君小女嫁給涇川小龍，其丈夫為侍妾所迷惑，漸漸疏遠了她，龍女向公公婆婆訴苦，但公公婆婆卻袒護兒子，把她貶黜到渭濱牧羊。在河邊遇書生柳毅，託他帶信給父母，後來經過一番周折，龍女終於嫁給柳毅。這篇小說讚揚柳毅救危扶困和不畏強暴的品德，表達了人們對愛情自由的嚮往，藉着神話題材反映父母包辦婚姻所造成的悲劇，還有一夫多妻制出現的問題。故事極富浪漫色彩，後人據此改編為戲劇。

唐代傳奇有不少貴族公子與妓女的戀愛故事，例如《霍小玉傳》就是寫隴西文士李益與妓女霍小玉的愛情。霍小玉自知不能匹配貴族出身的李益，即使在極其歡愛之時，也無法擺脫門第貴賤所造成的疑慮。李益得官辭別霍小玉赴任時，霍小玉只向他要求八年的恩愛，八年之後她削髮出家，任李益另擇佳偶。但她這樣的要求，卻被現實踐踏而粉碎了，李益不久另聘盧氏之女，霍小玉終於含恨而死。《霍小玉傳》的故事內容，既情致委婉，而又辛酸淒惻，是唐代傳奇中婚姻愛情題材的代表作。

傳奇作家大多是有較高文化修養的知識人士，他們一般都有較豐富的生活經歷和體驗，有自己的人生理想和追求，對當時不合理的社會現象較為敏感，因而在作品中表現出一定的現實主義和浪漫主義精神。唐代傳奇已經是成熟的短篇小說，大都具備嚴謹而完整的結構，曲折和感人的故事，以及性格鮮明的人物。文采斐然，有較高的藝術性，是唐代傳奇的特色，也是它的魅力所在。

■唐代傳奇小說舉要

唐代傳奇除了上面提到的專集外，單篇作品有《柳毅傳》、《霍小玉傳》、《長恨傳》、《南柯太守傳》等數十篇。後世家傳戶曉的，也不在少數，試舉述幾種，簡介如下：

一、《霍小玉傳》：蔣防作。寫進士李益騙取了名妓霍小玉的愛情，結為夫婦，後來又從母命另娶高門盧氏為妻，霍小玉憤鬱而死的悲劇。透過社會下層婦女的遭遇，反映了當時的門第觀念，又譴責李益趨炎附勢、利慾熏心的卑劣行徑。語言通俗生動，從正面表現出唐代的現實生活。明代湯顯祖的《紫釵記》取材於此。

二、《遊仙窟》：張鷟作。小說艷情極濃，但表明了中國古代傳奇小說已從志怪小說向寫人間現實轉化。所謂“仙窟”是指妓館，內容表現出士大夫和文化狎妓享樂的腐朽生活。情節生動，注重人物形象。語言採用通俗的駢體，間用民間俗語、諺語，韻文和散文夾雜，這是受到當時“變文”的影響。原書已佚，近代有人從日本抄錄回國。

三、《鶯鶯傳》：又名《會真記》，元稹作。寫小姐崔鶯鶯被書生張生始亂終棄的故事，讚揚崔鶯鶯敢於反抗禮教的精神和善良的性格；但對張生負盟拋棄崔鶯鶯的行為，又予以辯解。文筆通俗優美，情節生動曲折。在藝術上，表明了當時的小說創作技巧正日趨完美，心理描寫細膩，而又注重人物性格的刻畫。後世據此改編的戲曲較多，以元雜劇《西廂記》最為有名。

四、《李娃傳》：白行簡（776－826年）作。白行簡是著名詩人白居易（772－846年）之弟。《李娃傳》寫滎陽公子鄭生與妓女李娃相愛，父怒而逐，公子遂乞討渡日，李娃聞訊後，仗義救護鄭生，並以私蓄贖身，與鄭生結為夫妻。鄭生在李娃勸勉下發奮讀書，求得功名。小說抨擊了封建家長殘暴、虛偽的本質，歌頌了風塵女子高尚、善良的情操，但又宣揚了功名利祿的思想。情節完整曲折，人物性格鮮明，是唐代傳奇中的名作，深受民間歡迎。也有人認為，此小說取材於唐時流行的“一枝花”故事。元代石君寶《曲江池》及明代薛近兗《繡襦記》，均據此改編。

五、《枕中記》：沈既濟作。寫士子盧生在邯鄲客店中遇道士呂翁，向他訴說自己功名不就的苦惱，呂翁授枕而寢，其時客店主人方蒸黃粱；盧生睡夢中娶清河大家崔氏女，並登進士第，任官，歷盡富貴榮華。夢醒後，主人蒸黃粱仍未熟，盧生因而得悟富貴無常，人生虛幻。作品諷刺了當時熱中功名的士人，但也宣揚了"人生若夢"的消極思想，後世"黃粱夢"或"邯鄲夢"之語，皆由此出。情節曲折，幽默詼諧。明代湯顯祖的戲曲《邯鄲夢》，即以此為題材。

六、《南柯太守傳》：李公佐作。寫性格放浪不羈的淳于棼，醉後夢入古槐穴中，成為大槐國王駙馬，拜南柯太守，生五男二女，富貴顯赫。後與檀羅國戰失敗，公主又死，家破人亡，終被遣歸。驚醒時斜陽尚在西垣，杯中殘酒猶存，夢裏倏忽，如度一生。作品反映士子熱中功名，官場爭權奪利，終歸無有，頗有諷刺現實意味。明人湯顯祖據此改編為戲曲《南柯記》，成語"南柯一夢"亦由此而來。

七、《虬髯客傳》：杜光庭作，一說張説作。寫隋末權臣楊素（？－606 年）的侍妾紅拂見李靖（571－649 年）氣度不凡，許身私奔，結為夫妻，同赴太原。途中俠客虬髯客贈以珍寶，並囑李靖輔佐李淵建唐。[13] 情節波瀾迭起，描繪紅拂女聰明而又美麗，虬髯客性格豪爽且有高超本領，極為生動。明人梁辰魚《紅拂劇》、張鳳翼《紅拂記》等傳奇故事或劇本，皆本於此。

唐人傳奇《葉限》是文言小説中善惡搏鬥的佳篇，知道的人似乎不多；但作為著名童話故事《仙履奇緣》（又名《玻璃鞋》）的"原型"，足以令人驚歎。這故事載於唐代段成式（803－863 年）的志怪小説集《酉陽雜俎》中，講述一個穿金鞋子的灰姑娘，被繼母欺凌，得神仙的幫助，後來嫁給國王。段成式此書於九世紀寫成，比外國最早的記述（法國作家於1697 年所寫的）早了八百年；十九世紀初德國出版的《格林童話》，也收錄了這個故事。稍為不同的是，金鞋子變成玻璃鞋而已。

13　李靖精於兵法，唐高祖李淵（566－635 年）時任行軍總管，唐太宗李世民（599－649 年）時，歷任兵部尚書、尚書右僕射等職。

■傳奇小說的保存和承襲

北宋初年，李昉、扈蒙、李穆等奉宋太宗趙匡義（939－997年）命編纂的《太平廣記》，[14]是保存宋代以前文言小説最多的歷史文獻，與《太平御覽》、《文苑英華》、《冊府元龜》等治策類書並稱“宋代四大書”。唐代傳奇作品，全賴《太平廣記》才得以流傳至今。此書對後世文學的影響亦很大，是小説和戲曲的淵藪。

宋代亦有一些較好的傳奇，如《流紅記》、《譚意哥傳》、《李師師傳》、《王幼玉傳》等，但總體成就較為遜色，已沒有唐代傳奇那樣的光芒了。傳奇衰落的原因，主要是由於宋代理學使文人在思想上多少受到規範；而且傳奇是用古文寫的，當民間的説話藝術興起時，這種文體便顯得不合時宜，與社會大眾的距離較遠了。魯迅編《唐宋傳奇集》，是研究唐宋傳奇可資憑信的校錄本。[15]

元代傳奇更趨衰微，作家既少，作品不多，其質量亦無足深論。明初出現了新的轉機，“剪燈系列小説”成為主要標誌；這類小説以《剪燈新話》開其端，因而得名。《剪燈新話》和《剪燈餘話》、《覓燈因話》合稱“剪燈三話”，是明初傳奇小説的代表作，上承唐宋傳奇的餘緒，下開清代《聊齋志異》的先河。

■隋唐五代的筆記小說

從隋代到初唐，志人小説較少，志怪小説較多，是這時期的創作特

14　《太平廣記》為小説總集，共五百卷，另目錄十卷，博採《道藏》、《釋藏》及漢代至宋初的筆記、小説、稗史等，分成九十二大類。

15　《唐宋傳奇集》八卷，選錄唐、宋兩代單篇傳奇小説共四十五篇，並加考訂和校勘，一改明清時期匯編古代小説“妄制篇目，改題撰人”的弊病。書末附《稗邊小綴》一卷，集錄有關資料。

點。中唐時期，傳奇小說達於高潮，筆記小說的創作也較前活躍，志人小說的數量有所增加。

唐末五代時期，傳奇小說創作開始走下坡；由於朝政日非，文人學者追懷盛唐往事，筆記小說的勢頭不減，且有較多專題作品。先前的志怪小說和志人小說，出現了相互融合的現象。

此外，值得注意的是，隋唐五代的筆記小說，由於受到傳奇的刺激和影響，具備了尚奇、尚虛、尚韻等特點，使作品生色不少，在一定程度上，也影響了兩宋時期筆記小說的創作。[16]

第四節　宋元話本和筆記小說

五代十國（907－960年）的分裂局面，至宋代建立始復歸統一。北宋（960－1127年）時期，與統治中國北部的遼國（916－1126年）對峙，其後還有西夏（1038－1227年）；金國（1115－1234年）滅遼和北宋後，與南宋（1127－1279年）對峙超過百年，結果在蒙古和南宋聯合進攻下滅亡。蒙古人建立的元朝（1271－1368年），窮兵黷武，消滅南宋後，統一全國，建都大都（今北京），版圖之大是歷代之冠。宋元時期（960－1368年）前後逾四百年，兩宋與遼、夏、金、元多次戰爭，留下了不少可歌可泣的事跡，成為當時和後世小說創作的題材。

16　孫順霖、陳協琹編著《中國筆記小說縱覽》（上海：華東師範大學出版社，2013年），頁103－104。

■宋元話本的體制

魯迅指出："宋一代文人之為志怪，既平實而乏文彩，其傳奇，又多託往事而避近聞，擬古且遠不逮，更無獨創之可言矣。然在市井間，則別有藝文興起。"[17] 宋代小説的主要成就是在"話本"，即"説話"（説故事）的底本，隨着"説話"藝術發展起來，成為白話小説。"話本"始於唐代流行的"變文"，是一種韻、散合體的説唱文學。唐代寺廟裏的和尚講解佛經分成兩種：以出家的和尚為對象的，叫做"僧講"；以未出家的佛教徒為對象的，叫做"俗講"。俗講的開講人，為了引起聽眾的興趣和營造較好的效果，採用講唱結合的"變文"形式，而且內容也不只佛經故事，還增加了一些歷史掌故和民間傳説。變文中的話本，實際上就是唐代的通俗小説，存數雖然不多，但對中國小説的發展影響很大。有的變文作品如《廬山遠公話》，就直接標名為話本。

宋元話本不同於唐代通俗小説之處，是它與市民生活有密切關係。宋元時期，城市有較大發展，市民階層對娛樂的需要，促使説話藝術興起。北宋的汴京（今開封市）已有相當規模的説話場所，説話藝人各有自己專長的題材；南宋時的臨安（今杭州市），説話藝術更加繁榮，説話藝人不但有細緻的分工，而且還組織了"書會"。

宋元話本的名目很多，主要分為小説話本和講史話本兩大類：（一）"小説"專指短篇的話本，題材包括胭粉、靈怪、傳奇、公案等，現存四、五十篇，著名的有《碾玉觀音》和《錯斬崔寧》等；（二）"講史"是演義歷史的小説，篇幅比小説話本長，是中國長篇小説的開端，現存有《大宋宣和遺事》和"全相平話五種"，包括《武王伐紂平話》、《七國春秋平話》、《秦併六國平話》、《前漢書平話》及《三國志平話》。有詩的稱為

17　魯迅著《中國小説史略（插圖本）》，頁 95。

"詩話"，有詞的稱為"詞話"；有評有話的稱為"評話"或"平話"。此外，還有"說經"（演述佛書）和"渾話"（滑稽詼諧的說話門類）。《大唐三藏取經詩話》雖然亦在"講史"之列，歸為"說經"一類是較為合適的。

■講史話本和說經話本

《大宋宣和遺事》，一作《宣和遺事》，宋、元間講史話本，撰人不詳。分為元、亨、利、貞四集或前後兩集，敍述北宋衰亡至宋高宗趙構（1107 － 1187 年）定都臨安（今浙江杭州）的經過。書中文言部分多取材舊籍，而以口語記載民間故事。先寫宋徽宗趙佶（1082 － 1135 年）荒淫失政，繼敍徽、欽二宗被擄後的遭遇，亦有描述金人入侵、人民受難，及宋江等三十六人在梁山泊聚義始末。當中部分情節如楊志賣刀、晁蓋劫取生辰綱、宋江殺惜、九天玄女授書等，為後來的《水滸傳》所採取。

現存的講史話本都比較簡單粗糙，應當是說話藝人的提綱或簡單記錄，由於講史受到歡迎，便將內容整理刻印出來。講史話本不拘泥於史實，納入大量民間傳說，當中既有進步思想，也有宿命論、因果迷信等觀念。總括而言，宋元話本為明代長篇小說的繁榮預備了條件。

說經話本以《大唐三藏取經詩話》（一作《大唐三藏取經記》）最著名，作者不詳。世或以為宋刊，亦有學者認為是元話本。分上中下三卷，十七章，但缺首章，敍述唐僧玄奘和猴行者西天取經的故事。書中的猴行者，是一白衣秀才，神通廣大，智勇雙全。故事富有浪漫幻想色彩，已略具後代《西遊記》小說的雛形。

■小說話本的內容

小說話本大部分描寫城市中的各個階層，特別是一般民眾的生活，其中寫得最好的，是婚姻愛情和訟獄公案兩類。唐代傳奇寫貴族與妓女的愛情，大多本於士大夫的立場，對青年男女的悲歡離合作出描繪；宋元話本卻多寫下層人民的戀愛，從市井細民的眼光來觀察和敍述，所以話本中的愛情悲劇，不完全是男方在社會壓力下背信棄義，而每每是受到統治力量的直接干預。這方面的典型作品當推《碾玉觀音》，寫裱糊匠女兒璩秀秀與碾玉匠崔寧相愛的故事，表達了對愛情和自由的追求，揭露了權勢者的殘暴罪行。此外如《鬧樊樓多情周勝仙》、《張舜美燈宵得麗女》、《金明池吳清逢愛愛》等，描述愛情婚姻各有特色。也有把愛情故事與社會動亂聯繫起來的，例如《古今小說》中有《楊思溫燕人逢故人》，反映了婦女在戰亂中的悲慘遭遇，同時歌頌了民族氣節；故事後半部對韓思厚的譴責，用意在於批評南宋統治者不顧北方人民，只求苟且偷安的行徑，表達了當時人民的一些看法。

至於訟獄公案類的小說，則較為突出地反映了吏治的腐敗和社會的黑暗。例如《錯斬崔寧》寫崔寧和陳二姐的冤獄，揭露官府麻木昏慣造成不可挽回的錯誤。故事內容是這樣的：劉貴得丈人十五貫錢，回家後向妾陳二姐開玩笑，稱錢為賣陳所得。陳二姐感害怕，連夜逃返娘家，途中遇到身懷十五貫錢的崔寧，二人同行。不料當夜劉貴被靜山大王殺死，官府捉拿陳、崔二人，以為人贓並獲，屈打成招，判定為兇手，將二人枉殺。劉貴之妻因丈夫已死，亦回娘家，途中被靜山大王擄去為妻，後來偶然聽到靜山大王說殺死劉貴一事，前往官府告發，陳、崔二人的冤案至此才得以昭雪。描寫生動，語言通俗，諷刺官府辦事苟且糊塗，揭示社會不平現象。明末馮夢龍將其輯入《醒世恆言》，作《十五貫戲言成巧禍》。清人據此改編成傳奇《十五貫》，又名《雙熊記》。至於《清平山堂話本》中的《簡帖和尚》，則描述一個並不機靈的和尚把皇甫殿直的家庭拆散了，皇甫妻的冤枉，一則由於夫權不允許妻子分辯，二則由於官府無心查明真相，故事暴露了夫權的愚蠢和吏治的昏暗，控訴婦女由於地位低下，即使受了冤屈，也得不到保障。兩個不同的故事，寫出相若的境況。

■小說話本的影響

宋元話本在中國白話小說史上開創了一個嶄新階段，對後世的小說和戲曲都產生了深遠影響。明清時期的白話小說，從體制上看，雖然較多地承襲了宋元講史、說經話本的傳統，在鮮明的人物形象、真實的細節描寫、巧妙的情節結構、簡明的語言風格和多樣化的題材等方面，卻更多地受益於小說話本。明清的短篇小說，且直接從小說話本發展而來。明代文人由加工話本逐漸發展為模擬話本進行創作，這類作品是專供人閱讀的，有別於宋元話本，所以魯迅稱之為"擬話本"。

話本、擬話本的結構形式，大致上是相同的，開頭一般以詩詞引入，稱為"入話"；接着敍述一個與正文主旨相同或相反的簡短故事，稱為"頭回"，然後入正文。正文叫做"正話"，主要用散文敍述，中間穿插一些詩詞韻語，末了用詩句結束。

宋元小說話本又為同時代和後世的戲曲提供了極其豐富的題材，例如清初戲曲家朱素臣採用《錯斬崔寧》的情節，寫成《十五貫》傳奇，歷來盛演不衰，深受觀眾歡迎。從唐代傳奇到宋元話本，與後世戲曲的關係是頗為密切的。

■宋元筆記小說演變

以"筆記"命名作品，始於北宋詩人宋祁（998 － 1061 年）。筆記小說也常以"筆記"為名，例如舊題蘇軾（1037 － 1101 年）的《仇池筆記》等；此外，也有"筆談"、"隨筆"、"筆叢"之類的名目。總之，筆記小說類的主要特點，就是內容駁雜和短小精悍。[18] 北宋採取重文輕武政策，助長了文人好議論之風，但氣度不及唐人恢宏，且多愴涼之感。士人在尊儒的同時，兼崇釋道，使得志怪小說有增無減，並有巨著《夷堅志》的出現。當時崇尚紀實的小說觀，則對作家發揮其創造力有所妨礙。

史學家、文學家洪邁（1123 － 1202 年）的《夷堅志》，四百二十卷，內容駁雜，以神怪荒誕之談居多。然而思想豐富，藝術成就也達於高峰，在志怪小說創作史上，起了承先啟後的作用。續書及仿作迭出，不少白話小說、話本和擬話本小說，都從其中取材或汲取藝術養分。

元代不重文治，殺戮和抑制漢人甚烈，士人地位低微，在很大程度上阻扼了元代文學的發展，筆記小說創作處於消沉狀態，僅有一些雜抄稗販、瑣聞筆記的文言小說而已。這情況要到明代才有所改善，但又遭到當政者的壓抑，潮流時起時伏，以至清代。無論如何，元末明初的社會巨變，筆記小說是留下了時代痕跡的，仍有不少值得注意的地方。

---

18 《中國古代小說百科全書》（上海：中國大百科全書出版社，1993 年），〈筆記小說〉條，頁 13。

第三章　明代前期小說：從文言到白話的巨變

　　中國古代的文言小說——傳奇，在宋代已大不如前，到了明代（1368 －
1644 年），就更加衰落了，僅於《剪燈新話》、《剪燈餘話》和《覓燈因話》
之中，有較可觀的作品而已。另外還有一些較好的單篇傳奇，如馬中錫
的《中山狼傳》、蔡羽的《遼陽海神傳》等。白話小說發展至明代，則大步
走向成熟和繁榮。體裁方面，有長篇小說、中篇小說和短篇小說；題材方
面，有歷史演義小說、英雄傳奇小說、神魔小說（或稱神異小說、神怪小
說）和世情小說（亦作人情小說）。不論是內容抑或形式，明代小說都已
達到很高的水平。

　　明代前期的重要小說，有《三國演義》、《水滸傳》和《西遊記》，不但
是中國文學的瑰寶，也是世界文學寶庫中的珍品。這三部長篇小說與明代
中期的《金瓶梅》，被譽為“四大奇書”。《三國演義》是歷史演義的代表
作，《水滸傳》是英雄傳奇的代表作，《西遊記》是神魔小說的代表作，
《金瓶梅》是世情小說的代表作。《三國演義》、《水滸傳》、《西遊記》和清
代的《紅樓夢》，並稱“四大古典小說”；《紅樓夢》亦為世情小說，是中
國古典長篇小說最高成就之作。

第一節　明代的“剪燈系列小說”

　　明代初年的傳奇小說集《剪燈新話》和《剪燈餘話》，合稱“二話”；

加上其後的《覓燈因話》，而成"剪燈三話"。（表 4）這類作品是明初傳奇小説的代表作，通稱"剪燈系列小説"。"剪燈"即剪去燼餘的燭心，讓燈燭更亮些；以此命名寄寓了作者的深刻用意，並抒發獨特的人生感悟。基本上是借志怪以傳奇，而多取材於近事。有明二百七十多年，"剪燈系列小説"不但對戲曲、小説產生很大影響，且及於易代之後的文言小説，此外又流播域外朝鮮、日本和越南。上述作品俗稱"三燈"，此外尚有一些"剪燈"類著作甚至連書名也相同，例如周禮撰《剪燈餘話》，就與李昌祺所撰小説同名。

表 4　明代的"剪燈三話"

名稱	作者	篇幅
1.《剪燈新話》	瞿佑	4 卷，附錄 1 卷，共 21 篇
2.《剪燈餘話》	李禎（昌祺）	5 卷，22 篇
3.《覓燈因話》	邵景詹	2 卷，8 篇

■瞿佑的《剪燈新話》

瞿佑的《剪燈新話》，成書於洪武十一年（1378 年）前後，四卷，附錄一卷，共二十一篇。形式仿唐人傳奇小説，在文題和意境方面亦規摹唐人，情節新奇生動，辭藻綺麗。當中出現以市民為主角的作品，顯示了題材的擴大；其敍述方式也已擺脫史傳的影響，而形成自己的特色。以婚姻戀愛為題材的作品如《金鳳釵記》、《翠翠傳》、《綠衣人傳》等，反映了封建婚姻制度的不合理；以鬼神怪異為題材的作品，多數滲透着因果報應的思想。當中也反映了元明之際一些黑暗的社會現實，還有文人的牢騷和不平。

《翠翠傳》寫青梅竹馬的兒女戀情以至夫妻生離死別的遭遇，是《剪

燈新話》中最優秀的作品;《渭塘奇遇記》是青年男女夢中相會而終成夫
婦的故事,寫景尤為妙筆生花。《剪燈新話》在藝術技巧方面並非上乘之
作,惟因明初文網甚密,文壇冷落,是以煙粉、靈怪之類故事,足新耳
目,刊行之後,讀者甚眾。明清戲曲和擬話本作者,常於此書擷取題材。
清代各種坊刻本均非足本,而以日本慶長、元和間所刊篇數最全。

瞿佑(1341 - 1427 年)亦作瞿祐,字宗吉,號存齋,錢塘(今浙江
杭州)人。做過教諭、訓導、長史之類的小官,一生懷才不遇,永樂年間
曾因詩獲罪下獄,謫戍保安(今陝西志丹縣)十年,後遇赦放還,恢復原
職,內閣辦事。除《剪燈新話》外,還著有《香台集》、《歸田詩話》、《存
齋遺稿》等。《剪燈新話》一出,響應者甚眾,推動了明初文言小說的復
興,可見其影響之巨。[1]

■李禎的《剪燈餘話》

李禎的《剪燈餘話》,成書於永樂十八年(1420 年),五卷,二十二
篇。此書是仿《剪燈新話》體裁之作,主要敘述男女婚戀、幽異神怪之類
的故事,較著名的有《芙蓉屏記》、《鞦韆會記》、《田洙遇薛濤聯句記》
等。《芙蓉屏記》是一個引人入勝的公案小說,內容無限曲折,憑人力破
案,最終卻能團圓結局。這類作品表達了作者對人性的尊崇,有反封建的
傾向。

李禎(1376 - 1452 年),字昌祺,以字行,廬陵(今江西吉安縣)人。
永樂年間進士,授翰林院庶吉士,預修《永樂大典》,擢禮部郎中;遷廣
西左布政使,坐事謫役,後復原職,改任河南左布政使。為官清廉方正,
為人寬厚剛直,因病退隱,居家二十二年。《剪燈餘話》中穿插了許多與

1　孫順霖、陳協琹編著《中國筆記小說縱覽》,頁 282 - 283。

正文無關的詩詞，論者或云有故意炫耀才學之嫌，其敍事宛轉曲折，有一定的藝術水平。

■邵景詹的《覓燈因話》

正統七年（1442 年），國子祭酒李時勉上書，以《剪燈新話》之類的書，"假托怪異之事，飾以無根之言"，"不惟市井輕薄之徒爭相誦習，至於經生儒士多舍正學不講，日夜記憶，以資談論。"朝廷因而採取禁毀措施。此後一段時間，沒有出現模仿《剪燈新話》的小説。半世紀後，文禁漸為寬鬆，成化以後，"剪燈系列小説"再次出現高峰。

邵景詹的《覓燈因話》，二卷八篇，成書於萬曆二十年（1592 年），亦是模仿《剪燈新話》的傳奇小説集。"蓋燈已滅而復舉，閱《新話》而因及，皆一時之高興"，而命名為《覓燈因話》。內容多勸善懲惡故事，文筆樸實遒勁，而少辭藻渲染，對明末擬話本小説有相當影響。書中較好的篇章，是《桂遷夢感錄》和《姚公子傳》，前者的主人翁忘恩負義而終能悔悟，後者的主人翁是豪爽而又放縱性情的公子。邵景詹別號自好子，齋名遙青閣，籍里與生平事跡均無考。除《覓燈因話》外，另有《剪燈叢話》十二卷，收錄歷代文言筆記小説及傳奇一百三十七篇，在保留古籍方面有一定功勞。

此外，還有趙弼的《效顰集》等仿效之作。此書上卷十一篇為傳記，中、下卷十四篇多記鬼神靈怪之事，表現了作者崇尚忠節、痛恨奸佞的政治態度，也有心憂天下、平慰世人的懷抱。明代中後期的"剪燈系列小説"，多以描寫人情世態為主要內容，旨在感發人心，挽救日趨頹廢的社會風氣，而較少詞采方面的鋪陳，志怪的成分也相對減少，文筆樸素，下開清初《聊齋志異》的創作風格。

第二節　羅貫中的《三國演義》

元末明初羅貫中撰《三國演義》，亦作《三國志演義》，全稱《三國志通俗演義》，是中國第一部歷史題材的章回小説。最早刊印於明朝嘉靖元年（1522 年），今傳本為清朝康熙年間毛綸、毛宗崗父子的一百二十回修訂本。羅貫中在人民群眾集體創作的基礎上加工改編，將歷史因素與藝術因素、歷史人物與藝術形象成功地結合起來，代表着古代歷史小説的最高成就，《三國演義》因而成為中國第一部傑出的長篇章回小説。後世仿效者日眾，形成一個創作歷史演義的文學傳統。

論者指出：“歷史演義小説的主要歷史事實與歷史人物面貌要符合歷史真實，虛構要有一定的限度，否則就不是歷史演義小説，而是一般小説。”[2]《三國演義》作為中國歷史演義小説的典範，完全做到這一點，而又不失其為小説，是其他同類作品難以匹比的。

■羅貫中的生平和著作

羅貫中（約 1330 － 約 1400 年），元末明初太原（今屬山西）人。名本，以字行，別號湖海散人。一説錢塘（今浙江杭州）人，亦作廬陵（今江西吉安）人。生平事跡不詳，且存在多種説法。相傳他曾師事施耐庵，有政治抱負，做過民變首領張士誠（1321 － 1367 年）的幕僚。明朝建立後，他隱居不出，專心致力於文學創作。[3] 著有《三國志通俗演義》、《殘唐五代

2　齊裕焜主編《中國古代小説演變史》，頁 182。
3　或謂羅貫中生活的年代，約在 1315 年至 1385 年之間。參袁行霈主編《中國文學史（第二版）》第四卷（北京：高等教育出版社，2005 年），頁 22。

史演義》、《隋唐志傳》，或謂《三遂平妖傳》為羅貫中編撰。[4] 一般認為，長篇小說《水滸傳》是由他與施耐庵先後創作潤飾而完成的。此外，羅貫中還著有雜劇三種，今存《趙太祖龍虎風雲會》。

■《三國演義》的內容和特色

在羅貫中撰《三國志通俗演義》之前，三國故事早在唐代已盛傳於民間；宋代有專說“三分”的藝人，元代刊印了講史話本《三國志平話》。羅貫中吸收了民間傳說和說話藝術的成果，根據陳壽（233 － 297 年）《三國志》及裴松之（372 － 451 年）注、范曄（398 － 445 年）《後漢書》所載史實加工整理和創造，寫成《三國志通俗演義》，內容情節大體符合歷史事實，雖然有不少虛構成分，但基本上是合情理的。論者有“七實三虛”之說，即七分根據史實，三分虛構想像，但絲毫不減後人對這部小說的喜愛。

此書主要刻畫魏、蜀、吳三國的對立和紛爭，描述了漢靈帝中平元年（公元 184 年）至晉武帝太康元年（280 年）將近一個世紀的政治和軍事，作者以蜀漢為主位，由劉備（161 － 223 年）、關羽（？ － 219 年）、張飛（？ － 221 年）桃園結義說起，把仁政理想寄托於劉備、諸葛亮（181 － 234 年）等人物身上，鮮明地表露了“尊劉抑曹”的正統思想。小說中的曹操（155 － 220 年）是個狡點權詐的奸雄，反映出當權者的醜惡面貌。劉備、曹操二人的鮮明對比，表達了人們嚮往仁政、反對暴政的願望。

全書結構宏偉，人物眾多，情節完整，在小說藝術史上是傑出的創

4　《三遂平妖傳》亦作《平妖傳》，四卷二十回。內容描寫北宋時貝州王則、永兒夫婦利用彌教起事，情節荒誕離奇。“三遂”是指文彥博得馬遂、李遂、諸葛遂之力，對起事加以鎮壓。小說從多方面反映了當時的社會生活，風俗人情可見一斑。現今的通行本由馮夢龍增補而成。

造；內容按照時間順序，着力描述關鍵性的歷史事件，場面壯大，人物性格和神態活現，成為其後歷史演義小說的模式。書中四百多個人物，大多刻畫得有聲有色，如足智多謀的諸葛亮、忠義勇武的關羽、勇猛粗獷的張飛、機智好勝的周瑜（175－210年）等，使讀者留下深刻印象。作者在塑造人物形象上的成功，得力於以下手法的運用：首先，是歷史真實與藝術真實的統一；其次，是寫出人物的複雜性，突出其性格的主要特徵；再者，是善於使用烘托對比的方法，使人物形象更為鮮明。[5]

《三國演義》中有大小四十多次戰役，不論是成千上萬人參加的大戰場面，抑或是百數十人搏鬥的情節，都寫得有聲有色，令人驚心動魄，描寫建安五年（200年）官渡之戰、建安十三年（208年）赤壁之戰等尤為世人所稱道。主要將領的思想性格，敵我雙方戰略戰術的運用，戰爭勝負的關鍵等等，彼此交織成一幅完整的圖景。"文不甚深，言不甚俗"，所用的語言既是淺近的文言，又相當於白話，簡潔明快，雅俗共賞。[6]

■在政治歷史與倫理道德之間

羅貫中在《三國演義》中表現出來的，不僅有政治、歷史的標準，而且還有倫理道德的標準，他面對浩瀚史料的時候，是按照自己的倫理標準作出選擇和判斷的，他的政治倫理標準就是："天下者，非一人之天下，乃天下人之天下，惟有德者居之。"

書中所表現的道德悲劇，是它具有永久生命力的重要原因之一。作者常在事業與道德之間發生矛盾時，展開道德悲劇的描寫；還寫到命運與道德原則的矛盾而造成的悲劇，以及從品德上的缺點表現人物的悲劇。論者

5　周中明、吳家榮著《小說史話》，頁 81－84。
6　劉洪仁著《古代文史名著提要》（成都：巴蜀書社，2008 年），〈三國演義〉條，頁378。

指出：

> 羅貫中有兩個天平。一是政治歷史的天平，一是道德倫理的
> 天平。用政治歷史的天平來衡量時，對曹、劉、孫的英雄業績大
> 加肯定和讚揚，譜寫了亂世英雄的頌歌；用倫理道德的天平來衡
> 量時，歌頌劉備集團的仁義，而貶斥曹操的奸詐。仁義之師失敗
> 了，"奸雄"的事業卻成功了，作者哀歎這道德淪喪的悲劇。這
> 兩個標準，有時還出現從政治歷史上予以肯定、在道德上予以譴
> 責，理智上予以肯定、感情上又予以貶斥的矛盾現象。[7]

■《三國演義》的影響及其仿作

　　受到《三國志通俗演義》的影響，明代講史小說蓬勃，出現了一系列
作品，覆蓋面很廣，上至春秋戰國，下迄明代當朝，歷代史事幾乎都被
寫成演義，對普及歷史知識起了很大作用。著名作品如余邵魚的《列國
志傳》，刊於嘉靖、隆慶年間，描述東周列國為爭奪權霸，展開了連串惡
鬥，當中雜糅了不少民間傳說。明末馮夢龍將《列國志傳》改寫成《新列
國志》，共一百零八回，由二十八萬字擴展到七十多萬字，並集中寫春秋
戰國時代；因其史學氣息較濃，文學色彩反而不強。清代蔡元放加以評
點，略為刪改和潤色，改名《東周列國志》，成為影響較大的歷史演義小
說。

　　此外，明代甄偉的《西漢演義傳》也較有影響；此書與謝詔的《東漢
演義傳》合刻，成為《東西漢通俗演義》。無名氏的《說唐演義全傳》，是
清代歷史演義中另一部較好的作品，雖然也取材於隋唐故事，但主要寫瓦
崗寨好漢的風雲聚散，充滿浪漫主義傳奇色彩，表現了由歷史演義向英雄

7　齊裕焜主編《中國古代小說演變史》，頁 189 － 191。

傳奇轉化的特點。[8]

第三節　施耐庵的《水滸傳》

　　《水滸傳》又名《忠義水滸傳》，明代施耐庵作，一說羅貫中著（或謂二人合作），是中國第一部以農民起事為題材的章回小說。《水滸傳》差不多與《三國志演義》同時出現，兩書都是作家在長期民間流傳的基礎上加工完成的作品，是中國古代英雄傳奇的代表作，《水滸傳》在較大程度上突破歷史事實的制約，將目光移向民間生活和普通人民，亦體現了由英雄傳奇向世情小說邁進的趨勢。

■施耐庵的生平和著作

　　施耐庵（約 1296 － 1370 年），元末明初江浙人。文獻中絕少關於其生平事跡的記載，且多有參差之處。或謂為蘇州（今屬江蘇）人，原名耳，又名子安，以字行。傳說他曾中進士，出仕浙江錢塘。又傳他曾參與元末張士誠起事，明初為避禍，遷居興化（在今江蘇）。他據《大宋宣和遺事》及民間傳說、話本，作《忠義水滸傳》，描述北宋末年宋徽宗不理國事，終日沉迷在藝術書畫和青樓名妓之間，貪官污吏結合地方惡霸，魚肉百姓，一些江湖好漢不願再受欺凌，宋江等一百零八將在梁山泊起義，與朝廷對抗的始末。

　　據史書記載，宋江約於宋徽宗宣和元年（1119 年）前以三十六人聚眾起義，相傳曾駐兵梁山泊（在今山東梁山、鄆城等縣間），前後攻略十郡，

8　袁行霈主編《中國文學史（第二版）》第四卷，頁 30 － 31。

數萬宋軍不敢與抗。宣和二年底至三年初攻海州（今江蘇東海），遇襲失敗投降。以後事跡不詳，南宋人所撰史書，多謂宋江以裨將身份參加鎮壓方臘起義，另有一說謂宋江投降是在方臘被俘之後。宋江起義事跡，因小說《水滸傳》而在民間廣為流行。

■《水滸傳》的內容和特色

關於北宋末年梁山泊的傳說，在話本《大宋宣和遺事》中已粗具規模，元雜劇中的 "水滸戲"，已經有相當豐富和生動的細節。施耐庵的《水滸傳》同樣是在前人的基礎上再創作的，現存三種版本，即一百回本、一百二十回本和七十回本。百回本出現較早，比較接近原作；一百二十回的《忠義水滸全傳》，較全面地反映了作者的創作意圖。[9]

此外還應注意，《水滸傳》雖然是一部長篇小說，不過在結構上基本屬於單元性，某幾回集中寫一個人物，因此某一人物的故事，往往能夠相對獨立。以人物或事件為中心，組成鎖鏈式的段落，一環緊扣一環，情節安排大體上是單線縱向發展。上半部至七十回以人為單元，將一批批英雄人物串聯起來；下半部由七十一回起以事為順序，寫兩贏童貫（1054 － 1126 年）、三敗高俅（？－ 1126 年）、受招安、征遼國、平方臘。[10] 這種處理故事的方式，說明它還保留着話本的痕跡。口語化的文字，洗練明快；對話切合人物個性，描寫極為生動；由人物的說話，可以看出其教養、身份、性格和心理。總的特色，是富於民間色彩。

9　明代嘉靖年間武定侯郭勳刻印的《忠義水滸傳》，是一百回本；天啟、崇禎間楊定見刻印的《忠義水滸全傳》，是一百二十回本。明末清初金聖歎評點的《第五才子書施耐庵水滸傳》，截取《水滸傳》前七十回，其餘全部刪掉，另於卷首加個引子，而以盧俊義的夢，暗示英雄事業化成悲慘結局。

10　袁行霈主編《中國文學史（第二版）》第四卷，頁 47。

　　《水滸傳》描寫北宋末年一群英雄人物被逼上梁山的故事，表現了下層人民對現實的不滿和反抗。作品以忠義為基本思想，梁山泊英雄聚義的旗幟是"替天行道"，所以他們接受招安，招安後又去打方臘。小說把結局寫得很悲慘，多少予人感到委曲求全依然得不到統治者的寬容。這部小說的偉大成就，在於塑造了許多不朽的人民英雄形象，如宋江、李逵、魯智深、林冲、武松等，在中國幾乎是家喻戶曉的人物；宋江的忠義，吳用的智慧，燕青的機靈，都深深地留在讀者的腦海之中。一百零八個人物的性格，真是一百零八個樣貌。故事間接道出元末政治腐敗、社會黑暗，又表達了人民遭受剝削和壓迫的不平心聲，作者在歌頌梁山英雄的同時，描繪了人民心目中一個理想的社會模式，"有福同享，有禍同當"，彼此平等友愛，從而達到"八方共域，異姓一家"的幸福境界。至於其思想傾向，論者則有不同的意見。

　　《水滸傳》寫人物，有血有肉，性格鮮明，比《三國演義》的深線條刻畫更為豐富和有所提高。故事曲折緊張，細密周詳，家傳戶曉的情節，如武松打虎、江州劫法場、野豬林、三打祝家莊等，既引人入勝，而又令人信服。但有些戰爭場面的描寫落入程式化，是《水滸傳》在藝術上的不足之處。

■《水滸傳》的影響及其仿作

　　《水滸傳》中的英雄好漢，在現實社會中既活生生的存在，又是富有傳奇色彩的理想化人物，近於英雄傳奇小說，與歷史演義小說《三國演義》，是有所不同的。《水滸傳》對後世英雄傳奇小說有示範意義，奠定了英雄人物的基本類型，其情節模式和表現方式，也常為後世英雄傳奇小說所借鑒。

　　自明至清，從《大宋中興通俗演義》、《楊家府演義》到《兒女英雄傳》、《三俠五義》，模仿《水滸傳》的作品甚多，英雄傳奇小說由此蔚為大觀。當中以熊大木的《北宋志傳》影響最大，作者把以往有關楊家將的傳說匯集起來，為後來同一題材的作品提供了材料，也使楊家將故事有了基本框架。清代在英雄傳奇的創作方面也取得一定成就，最具影響力的作品有《水滸後傳》和《說岳全傳》。

第四節　吳承恩的《西遊記》

　　《西遊記》是明代吳承恩創作的神魔小說，也是現實社會的曲折反映，影射了種種黑暗，表現了人民對光明世界的嚮往，使神話描寫與現實批判兩者結合起來，成為中國古代神魔小說的代表作。在神幻奇異的故事之中，詼諧滑稽的筆墨之外，蘊涵着某種深意和主旨，宣揚了人的自我價值。歷來廣泛受到歡迎，並出現了不少續作；此外，還有一些為神仙立傳的作品，以及一些與歷史故事相交融的作品，後者如《封神演義》、《三寶太監西洋記》、《三遂平妖傳》等都有一定的特色和重要性。

■吳承恩的生平和著作

　　吳承恩（約1500－1582年），明淮安山陽（今江蘇淮安）人，字汝忠，號射陽山人。少時家貧，自幼以文才聞於鄉里，但仕途不順，四十三歲始補歲貢生。曾為長興縣丞，因不願逢迎長官，旋即辭職，縱情詩酒，專意著述。性敏而多慧，博覽群書，詩文下筆立成，清雅流麗。又善諧謔，豪邁放達。所著雜記數種，名震一時，現存《射陽先生存稿》四卷。

　　吳承恩自幼喜讀稗官野史、志怪小說，晚年專事著述，作《西遊記》一百回，敍述唐高僧玄奘帶領徒弟孫悟空等歷經磨難，從西天取得真經而

回的故事。他根據唐代玄奘法師前赴天竺（今印度）取經的史實和民間傳
説，運用幻想和誇張手法，使故事情節既神奇而又充滿生活氣息，書中把
神仙、妖怪和凡人結合起來的構思，尤為吸引讀者。

■《西遊記》的內容和特色

宋元話本已有《大唐三藏取經詩話》，元代有吳昌齡《唐三藏西天取
經》雜劇，唐僧、孫悟空的故事在民間流傳，吳承恩在這些基礎上創作了
《西遊記》，寫孫悟空、豬八戒、沙僧保護唐僧往西天取經，一路上歷盡艱
險，除妖降魔，在"九九八十一難"之後，終於取得真經歸來的經過。作
者具有豐富而奇特的想像，書中虛幻的情節卻曲折地反映了現實生活；幽
默和恢諧是此書的特色，而其浪漫主義風格又流露了作者對社會現實的深
刻體會。

《西遊記》中的四個重要角色，形象都很鮮明：玄奘慈悲軟弱，善惡
不辨；孫悟空機靈慧黠，嫉惡如仇；豬八戒（悟能）癡愚懶惰，喜好女
色；沙和尚（悟淨）沉默寡言，樸實守拙。故事中的孫悟空，原是仙石
迸出的石猴，自封"齊天大聖"，有七十二變化的本領，能夠翻一個筋斗
遠至十萬八千里。[11] 有關他的故事，尤其深入人心。其他如白骨精、牛魔
王、鐵扇公主等，都廣泛為人所知。

《西遊記》共一百回，內容大致分為三個部分：（一）前七回寫孫悟空
的來歷，和他大鬧天宮的故事；（二）第八回至十二回寫唐僧的來歷，和
他西行取經的緣由；（三）第十三回以後至結尾，寫唐僧師徒前往西天取

11　孫悟空的來源可以追溯到宋代一本題為《大唐三藏法師取經史話》的小説，內容講述
　　猴王幫助玄奘取經的故事。小説中的猴王形象並非原創，而是源於印度史詩《臘瑪廷
　　邦》。這部世界文學史上的巨著約寫於公元前二世紀，當中有神通廣大、嫉惡如仇的猴
　　王幫助臘瑪回國做國王的情節。

經的艱苦歷程。《西遊記》創造了一個奇幻瑰麗的神話世界，充滿浪漫主義色彩。從天庭、龍宮、地府到花果山，由神仙、鬼怪、妖魔以至奇蟲異獸，構成一幅神奇的畫卷，令人驚訝讚歎不已。至於《西遊記》的主旨，歷來眾說紛紜，其實是有雙重主題："大鬧天宮" 重在表現對傳統勢力的反抗，"取經故事" 則重在表現對理想光明的追求，而兩者又統一在共同具有的正義性之中，統一在孫悟空這個理想主義的英雄形象之中。[12]

　　至於歷史上的玄奘西行取經，大致是這樣的：玄奘（602 － 664 年），本名陳禕，通稱三藏法師，俗稱唐僧，洛州緱氏（今河南偃師）人。貞觀三年（629 年），他從涼州出玉門關西行，抵達天竺（今印度），在那爛陀寺從戒賢法師受學。其後遊學天竺各地，與當地僧眾辯論，名震一時。貞觀十九年（645 年）攜帶六百五十多種佛教書籍回到長安，後來譯出經、論七十五部，共一千三百三十五卷，成為佛教大翻譯家。玄奘口述、辯機編撰的《大唐西域記》，詳細記述了一百三十多個國家的情況，是研究印度、尼泊爾、巴基斯坦和中亞地區古代歷史地理的重要資料。玄奘對中國與南亞各國的文化交流，作出了重大貢獻。[13]

■《西遊記》的影響及其續作

　　繼《西遊記》之後，有明末無名氏的《續西遊記》（一百回）、清初無名氏的《後西遊記》（一百一十回）及明末董說的《西遊補》（十六回）等續作，後者是《西遊記》問世後唯一有驚人之筆的小説，較受重視。以後的神魔小説創作，基本上是沿襲《西遊記》所開闢的道路而前進的。在《西遊記》強大影響下產生的作品，以《四遊記》為典型，包括《東遊記》、《南

12　郁賢皓主編《中國古代文學教程》（北京：高等教育出版社，2007 年），頁 427。
13　周佳榮編著《人物中國歷史・2(第三版)》（香港：香港教育圖書公司，2006 年），頁 28。

遊記》、《北遊記》和《西遊記傳》四種。

　　另一方面，由於《西遊記》廣泛流傳，孫悟空成為家喻戶曉的神話英雄，大大引起人們對神怪題材的興趣，並出現不少借歷史事件寫神魔鬥爭故事的作品。《封神演義》是較傑出的一部，表現了懲暴君、反暴政的進步思想傾向，有託古諷今的意味，折射了明代中葉以後廠衛橫行、民不聊生的政治現實。此外有《三寶太監西洋記通俗演義》等。

第五節　　洪楩編《清平山堂話本》

　　明代洪楩編《清平山堂話本》，分為《雨窗集》、《長燈集》、《隨航集》、《欹枕集》、《解閑集》、《醒夢集》，每集分上、下卷，每卷五篇，總名《六十家小說》，約成書於嘉靖年間，是中國現存最早的一部短篇話本集。原收錄宋、元至明代話本六十篇，今存二十七篇（內五篇有殘缺），另殘文兩篇。[14] 洪楩字子美，嘉靖時錢塘（今浙江杭州）人，生平失記，其書有明嘉靖刊本。近人根據書板刻有"清平山堂"字樣，稱為《清平山堂話本》。

　　較具特色的著名篇章，有《合同文字記》、《快嘴李翠蓮記》、《楊溫攔路虎傳》、《陳巡檢梅嶺失妻記》等著名篇章。原文質樸，未經潤飾，《快嘴李翠蓮記》在刻畫人物性格方面頗具功力，是較優秀的作品。書中亦保留了一些美麗的民間故事，如《董永遇仙記》；至於《錯認屍》和《戒指兒記》，則已具有公案小說的雛形。必須指出，由於成書時代較早，保存了

14　《清平山堂話本》通行本二十七篇，是用日本內閣文庫藏殘本十五篇和天一閣舊藏殘本十二篇拼合而成。另有阿英發現《翡翠軒》和《梅杏爭春》兩篇，因殘缺太甚，未印。

話本的原來面貌，是研究話本發展的重要材料。

明末清初，馮夢龍把書中的一些故事收入他的"三言"，並進行文字修訂，包括《簡帖和尚》、《西湖三塔記》、《羊角哀死戰荊軻》、《柳耆卿詩酒翫江樓》等。《六十家小説》的刊行擴大了話本小説的社會影響，引起文人的關注，從而更好地推動了文人擬話本的發展，為"三言"、"二拍"的編創奠定了基礎。

第六節　明代前期文學與社會

■戲曲和小説昌盛

在中國文學史上，明代是戲曲和小説昌盛的時代。由於印刷術的發達，資訊傳播較前迅速，人們逐漸認識到，戲曲、小説等通俗文學能夠更靈活和具體地反映複雜的人性和社會各個層面的情況。"明傳奇"是盛行於明代的戲曲形式，即在宋、元"南戲"的基礎上，吸收北方雜劇的長處發展而來。元代雜劇多為人們未見的奇特故事，與唐代的短篇文言小説一樣，也被稱之為"傳奇"。

但到了明、清時期，"傳奇"一詞已演變成南方戲曲作品的專稱，以別於北方雜劇，與唐代的"傳奇"同名而異義。明代傳奇，劇本長短自由，情節務求新奇，最具代表性的作品是湯顯祖的《牡丹亭》。相傳此劇一出，家傳戶誦，轟動一時，後世亦譽為長篇傳奇佳作。[15]

明、清時期趨於成熟和蓬勃的章回小説，是由宋、元講史話本發展而

15　黃淑貞著《用年表讀通中國文學史》（台北：商周出版・城邦文化事業股份有限公司，2011 年），頁 279。

來。元末明初，文人根據話本加工，再創作而成長篇小說，例如《三國演義》，全書分成若干卷，每卷又分若干則，每則各有一單句的七字標題。當時的小說雖然尚未分回標目，但已可以看到章回小說的大體形式了。

■小説創作的趨勢

　　明代前期包括洪武至正德年間，前後近一百五十年，小說創作的數量並不多，且主要集中於明初的五十多年間，但在明清小説史上有非常重要的地位。文言小說創作以“剪燈系列小説”為主，繼承和發展了唐傳奇的傳統和藝術精神，挽回了宋元傳奇小説創作的頹勢，一度形成興盛的局面。《三國演義》、《殘唐五代史演義傳》、《隋唐兩朝志傳》和《水滸傳》，實現了宋元平話到章回小説的飛躍，確立了明清白話長篇小説的主要文體形式，標誌着章回小説的正式誕生。《三遂平妖傳》開神魔小說的先河，為明代中葉以後神魔小説的崛起做了準備。在明初的繁榮後，小説創作於宣德年間開始進入蕭條期，一直持續到正德年間，幾達百年之久。

　　明代前期的重要作品，有一個共同的特點，就是總結前代民間流傳的大量創作，經由文人改寫、加工和修訂，推陳出新，而成為劃時代的巨構。《三國演義》、《水滸傳》和《西遊記》，都各有作為依據的祖本，有關的故事，於成書之前，早已在民間流傳。在相當程度上是“集大成”之作，卻不影響這些名著的文學成就，其本身又成為新的創作泉源，啟發和影響了後世的眾多作家。

　　明代歷史教育的普及，促進了講史演義的興起，加上民間講史為其生成提供了必要的藝術條件，講史演義遂得以成為明清章回小説的主要類型之一。南宋著名理學家朱熹（1130 － 1200 年）的《資治通鑒綱目》等書，是科舉考試和蒙學的輔助讀物，得到廣泛流傳，在明代中葉以降助長了通俗歷史教育的風行。講史演義就是汲取民間講史的素材，繼承其敘事特點，將史書通俗化，向民眾傳播歷史知識的途徑之一。換言之，講史演義因其植根於中國悠久的歷史政治、深厚的道德倫理，以及得到文學藝術的滋潤，而具有豐厚的文化內涵。[16]

■筆記小説的狀況

從元朝末年開始，匯編小説總集成為風氣，但因明初的統治者對《剪燈新話》的禁毀，使筆記小説的創作一度不振，要到明代中葉以後，筆記小説才又發展起來。小説總集不但對明末清初的筆記小説創作起了一定的推動作用，並且為後世保存了不少珍貴的作品和文獻材料。

概括而言，明代筆記小説的成就不如文言傳奇小説，明代前期的作品不如後期，志怪小説不如志人小説。話本小説從筆記小説中汲取養分，經過加工和演繹，並且面向社會大眾，從而進入創作高峰。話本小説的作者同時又是筆記小説的作者或輯錄者，反過來推動了筆記小説的創作。[17]

關於明代的志怪小説，論者認為可分為六個階段：一、明初重振和新變時期（1368 － 1435 年）；二、低落與蕭條期（1436 － 1487 年）；三、全面復興期（1488 － 1521 年）；四、興盛前期（1522 － 1566 年）；五、全盛時期（1567 － 1620 年）；六、式微時期（1621 － 1643 年）。有明一代，這類作品多達二百種。[18]

16　譚帆主編《明清小説分類選講》，頁 2 － 3。
17　孫順霖、陳協琹編著《中國筆記小説縱覽》，頁 278 － 279。
18　陳國軍著《明代志怪傳奇小説敍錄》（北京：商務印書館國際有限公司，2016 年），李劍國〈序言〉，頁 6。

董永遇仙傳

入話：

> 典身因葬父，不愧業為傭。
>
> 孝感天仙至，滔滔福自洪。

話說東漢中和年間，去至淮安潤州府丹陽縣董槐村，有一人，姓董名永，字延平，年二十五歲。少習詩書，幼喪母親，止有父親，年六十餘歲。家貧，惟務農工，常以一小車推父至田頭樹陰下，以工食供父。如此大孝。時直荒旱，井內生煙，樹頭生火，米糧高貴，有錢沒處買。董永心思："離村十里之外，有一傅長者，專一濟窮拔苦，不免去求他。"乃對父曰："如此饑荒，無飯得吃。天色寒冷，孩兒欲去傅長者家，借些錢米來過活。"父言："你去，借得與借不得，便回，免交我記念。"

董永辭別父親，三步作兩步而行，正是十二月半天氣，地冷天寒，西北風大作，腹中又飢，身上又冷，捱着飢寒而走。不想紛紛揚揚，下落一天雪來：

> 盡道豐年瑞，豐年瑞若何？
>
> 長安有貧者，為瑞不宜多。

話分兩頭。卻說傅長者正在家中與媽媽賞雪。這長者見雪下得大，叫院子王仝，去庫中取一千貫錢，倉中搬米十石，在門前散施。不問男女，皆得救濟。當時董永也來到門首，見散錢米，遂得錢十貫，米一斗，謝了長者，火急回身。正是：

求人須求大丈夫，濟人須濟急時無。

董永迎風冒雪，靠着錢米回家。其父見兒子回來，喜不自勝。董永將錢買柴米，與父烘火，做飯吃了，看那雪時，到晚來越下得緊。正是：

拳頭大塊空中舞，路上行人只叫苦。

父子二人過了半月有餘，其父因飢寒苦楚成病，忽然一臥不起。董永心中好苦，要請醫人調治，又無錢物。指望捱好，不想父親病得五六日身亡。董永哀哭不止，昏絕幾番。端的是：

屋漏更遭連夜雨，行船又撞打頭風。

董永自父死後，舉手無措，尋思：「止有我娘舅在東村內往，只得去求他，借些財物買棺木。」當時迳到娘舅家，備告喪父無錢之事。娘舅見說，又無現錢，遂將布二匹，絹一匹，借與董永。董永換具棺木回家，盛停在家中，早晚哭泣。日間與人耕種度日。欲要殯葬，又無錢使。

荏苒光陰，不覺過了一年有餘，無錢殯送，心思一計：「不免將身賣與人傭工，得錢揭折。」當日離家，迳投傅長者家，見了院子，央他報說賣身之事。傅長者出廳，叫董永入來，備問其事。董永道：「小人姓董名永，丹陽縣董槐村人氏。自幼喪母。今年又喪父，停柩在家，無錢殯葬。今日特告長者，情願賣身與長者，欲要千貫錢回家葬父，便來長者家傭工三年。望長者慈悲方便！」長者見說，乃言：「你是大孝之人！」便教院子取一千貫錢付與董永。董永拜別長者出門。正是：

從空伸出拿雲手，提起天羅地網人。

董永將錢回家，至次日，僱倩鄉人扛抬棺木，往南山祖墳安葬已畢。過了一夜，次日收拾隨身行李，鎖了大門，迤邐便行。行至一株大樹下，歇腳片時，不覺睡着在樹下。

卻說董永孝心，感動天庭。玉帝遙見，遂差天仙織女降下凡間，與董永為妻，助伊織絹償債，百日完足，依舊昇天。當時織女奉敕，下降於槐樹下。董永睡着，抬頭見一女子，生得：

月裏嫦娥無比，九天仙女難描。玉容好似太真嬌，萬種風流絕妙。

行動柳腰裊娜，秋波似水遙遙。金蓮小筍生十指，羞花閉月清標。

那女子啟一點朱唇，露兩行碎玉，向前道個萬福，問："郎君何故在此？"董永答禮，道："小人姓董名永，董槐樹人氏。自幼失母。年前喪父，因停柩在家，不能安葬，因此賣身。葬父已了，今往傅長者家還債。行走困倦，少歇於此。娘子尊問，只得實告。"道罷，兩淚交流。仙女道："元來如此大孝。好交官人得知，奴是句容縣人。公婆父母皆喪。不幸先夫過世，難以營生，欲嫁一個好心之人，甘當伏事。"董永道："娘子請便，小人告辭。"仙女道："今見官人如此大孝，情願與官人結為夫婦，同到傅家還債。官人心下如何？"董永答道："多蒙娘子厚情，又無媒人，難以成事。"仙女道："既無媒人，就央槐樹為媒，豈不是好？"

董永再四推卻。仙女怒道："非奴自賤，因見官人是個大孝之人，故此情願為妻。你到反意推卻！豈不聞古人云：'有緣千里能相會，無緣對面不相逢。'此亦是緣分，何必生疑！"董永無可奈何，只得結成夫婦，攜手而行，乃云："我前日在傅長者面前，只說傭工三年准債。今日見我夫妻二人入門，只恐焦皂。"仙女道："不妨。我自幼會得織綢綾綿絹，他必喜歡。"

　　迤邐行到，二人拜見長者，具言同妻織絹之事。長者大喜，便問："要多少絲？"仙女道："起首要十斤，一日織十匹。"長者見說："我不信，難道生百隻手？既然如此，我只要你織三百匹紵絲，便放你回去。"當時便與絲十斤，令董永夫妻二人去織。果然一日一夜織成十匹紵絲，呈上長者。長者並家中大小皆驚："不曾見如此手快之人。"原來仙女到夜間，自有眾仙女下降幫織，以此織得快。

　　光陰撚指，一月之期，織成紵絲三百餘匹，呈上長者。長者大喜，言稱："世間少有這般婦人。"乃問董永："你妻非是凡人；若是凡人，如何一月織得三百匹紵絲？"董永答道："實不相瞞，是小人路上相遇此婦人，他見我說孝心之事，他便情願嫁我，相幫還債。"長者道："有如此之事！你真是孝心所感。當初說傭工三年，如今止是三月。我與你黃金十兩，將去別作生理。"

　　董永當時拜謝長者，領妻出門。行至舊日槐陰樹下暫歇。仙女道："當初我與你在此槐樹下結親，如今又三月矣！"不覺兩淚交流。董永道："賢妻何故如此？"仙女道："今日與你緣盡，因此煩惱。實不相瞞，我非是別人，乃織女也。上帝憐你孝意，特差我下降與你為妻，相助還債，百日滿足。奴今懷孕一月，若生得女兒，留在天宮；若生得男兒，送來還你。你後當大貴，不可洩漏天機。"道罷，足生祥雲，冉冉而起。董永欲留無計，仰天大哭："指望夫妻偕老，誰知半路分離！"哭罷，一逕回到墳前，又哭一場，結一草廬，看守墳塋，不在話下。

　　卻說傅長者在家無甚事，打開仙女所織之紵絲看時，上面皆是龍文鳳樣，光彩映日月。長者大驚，不敢隱藏，將此事申呈本府。府尹問知，有如此孝感之事，具表奏上朝廷。漢天子覽表，龍顏大悅，曰："朕即位已來，累有孝行之人，未嘗有如此大孝之人。"遂命近臣修詔書一道，宣董永入朝面君。

即日，天使到潤州，府尹着人請董永到府敍禮。董永大驚，拜道：「董永是一介小人，有何德能，敢勞大人如此敬重！」府尹道：「不必謙辭！閣下乃大孝之人，天子有表在此。」只見天使取出表來開讀，董永與府尹跪聽。其表云：

奉天承運皇帝詔曰：為臣者忠，為子者孝，此人道之大敦，立身之大要也。故忠者為邦國之權衡，而孝者乃齊家之珍器也。今據潤州府奏嗚董永之孝感，蓋起自棘籬之間，而知《孝經》大意。則數居顛沛之際，猶存傭樂之心，此非我國有將興之機乎？而孝子起於郊野者矣！詔書到日，着董永即使觀闕，量才擢用，豈不有感發將來者？欽哉！欽哉！

董永聽罷，望闕謝恩已畢，請天使在驛中安下。董永回家即辭別親鄰，到次日，拜別府尹，一同天使起程。正是：

皇恩宣詔往宸京，躍馬揚鞭莫暫停。
一色杏花紅十里，春風得意馬蹄輕。

董永同天使不只一日到京，近臣引見漢天子。天子大喜，封為兵部尚書，蒞任為官。不在話下。

卻說傅長者因進貢異樣紵絲，朝廷亦封為僉判之職。長者有一女兒，名喚做賽金娘子，生得十分容貌，未曾招親。當日長者與院君商議：「何不將賽金招董永為婿，卻不是好？」遂央媒人與董永說知此事。董永聞知，十分歡喜，乃言：「前者之恩，未曾補報。今又招親，此恩難忘。」便令媒人拜上傅長者：「小生一聽尊命。」乃選吉良時，下財納禮，成親已畢。正是：

清風明月兩相宜，女貌郎才天下奇。

在天願為比翼鳥，入地願為連理枝。

不說董尚書夫妻和睦。且說天宮織女自與董永別後，不覺十月滿足，生下一子，已得一月，取名叫做董仲舒，遂自送下界來，與董永撫養。

卻說董尚書升廳，只見牌坊下立着一個婦人。董尚書交人喝問："那婦人是何人？敢窺望朝臣？"只見仙女高聲叫道："忘卻織絹之恩，到來喝我？"董永聽得，慌忙下廳看時，卻是前妻，吃了一驚，相抱而哭，便道："今日有何緣，得遇賢妻下降？手中抱者何人？"仙女道："是你兒子，今日特送還你。"董永拜謝，道："多感賢妻之恩，不知曾取名否？"仙女道："玉帝已取名了，喚做仲舒。"董永大喜，接了孩兒，便道："自別之後，又早一年有餘。今日相逢，與你同享榮華，偕老百年。"仙女笑道："相公差了。夫妻自有天數，不可久留。"說罷，雲生腳下，冉冉而起。董尚書仰天大哭。只見傅氏夫人聽得，出來看時，便問："相公如何煩惱？手中抱者何人？"董永把上項事說了一遍。夫人大喜，乃命奶子撫養。

光陰撚指，正是：

鳥亂飛，兔不歇，朝來暮往何時徹？女媧會煉補天石，豈會熬膠黏日月？

倏爾已經十餘年，董仲舒年登一十二歲。父母教他上學讀書，九經書史，無所不通。一日，正在書院中讀書，只見同學小兒戲罵仲舒道："無娘子！"仲舒被罵，不敢回言，逕回來，看着董尚書，一把扯往，大哭起來："不知因何，別人皆罵我做'無娘子'？今日定要見個明白！定要見我親娘！"董尚書乃言："你娘是天宮仙女，如何得見？"仲舒聽罷，放聲大哭，道："若見得母親，便死也瞑目。若說見不得，就撞死在此。"董尚書道："孩兒盡可焦皂！此去長安市上，有一賣卦嚴君平先生，能測過去未來之事。你可去問他。"

仲舒見說，便將了十文錢，逕來問卦。嚴君平問道："小官人欲占何卦？"仲舒備言欲見母親之事："望先生指引只個。"先生看卦已了，乃言："你母乃天仙織女，如何得見？"仲舒聽罷，哭拜在地："萬望先生指引，死生不忘。"先生道："難得這股孝心。我與你說，可到七月七日，你母親同眾仙女下降太白山中採藥，那第七位穿黃的便是。"仲舒道："不知此去太白山，有多少路？"先生道："約有三千餘里。"仲舒道："我到彼，娘如何肯認我？"先生道："那穿黃的，你一把扯住，拜哭起來，他便認你。若問何人教你來，切不可說是我！"

仲舒取錢拜謝先生而去，逕回府中，見父母，備言："嚴先生教我往太白山中見母，今日拜別便行。"董尚書道："此去太白山三千餘里，虎狼極多，孩兒年幼，如何去得？"仲舒道："便死無恨，去心難留！"董尚書見他拼命要去，只得教老王付與盤纏："伏事孩兒去。"

當日拜別登程，在路飢飡渴飲，夜住曉行，不只一日，來到一座山下，問人時，正是太白山。行過一重山，只見野鹿含花，山猿獻果；又一重山，只見鮮花翠草亂紛紛，瀑布飛流，此時正是七月七日，忽見一群仙女下來洗藥瓶，仲舒便教老王躲過了，慌走上前，看着第七位穿黃的納頭便拜，扯住了只叫："母親，丟得孩兒好苦！"

仙女問道："你是何家孩兒？甚人叫你來？"仲舒道："孩兒便是董仲舒，爹爹教我來拜見母親。"仙女道："孩兒快回去！此處豺狼傷人，不可久居！"仲舒道："孩兒千山萬水到此，如何便打發我回去？"仙女道："雖然母子之情難捨，猶恐天上得知，見罪非輕。你可回去，拜上父親，善養天年。此必是嚴君平老子饒舌教你來。你可將此金瓶寄與嚴先生，謝他卦靈。又與你一個銀瓶，瓶內有米數合，你將回去，每日只吃一粒，切不可吃多！"說罷，雲生腳下，眾仙女一齊冉冉而起。仲舒欲要拖住，又去遠了，只得仰天大哭。老王聽得走來，勸了，挑了行李急回去。

不只一日，已達長安，拜見父母，具說見母之事："多多拜上父親。寄此金瓶與嚴先生。此一銀瓶，與孩兒戲耍。"董尚書大喜，便道："既是你母寄與嚴先生的金瓶，不可有違，快寄將去！"

仲舒即時將了金瓶，逕往嚴先生家裏來。先生正在門前坐，仲舒拜罷，遞上金瓶與先生，道："母親多多謝上先生，無物相酬，特將此金瓶相謝。"先生接得看時，光彩射目，口中不道，心下思量："此物乃世上大寶，人所罕見，乃天宮金淨瓶。"翻來覆去看。把手去開這瓶蓋時，吃了一驚。只見從瓶口內飛出一星火來，將上元甲子並知過去未來之書，盡數燒了。這先生手忙腳亂，急救火時，被煙一衝，不想將雙目皆衝瞎了。至今流傳瞎子背記蠢子之書，自此始。

仲舒驚得目睜口呆，急奔回家，將銀瓶內米傾出看時，約有七合，呵呵大笑："母親教我一日吃一粒，如何得飽？不如將此米一頓煮來吃了。"不想吃飯之後，一日，二日，三日，身已長大魁肥，飯食不吃亦不飢，沒半月光景，身長一丈，腰大十圍，自亦心中驚異，夜不安枕，沒藥可救。父母見了大驚。不期其父董永一者受驚，二者年老多病，一疾烏乎。

這仲舒見父已故，哀痛之甚，備衣衾棺槨，送柩同鄉。安葬已了，守孝三年，不思飲食。忽一日，對人言道："前者母親與我仙米，我卻不知，一頓吃了，不料形體變異。今玉帝差火明大將軍宣我上天，封為鶴神之職。每遇壬辰癸巳上天，辛亥己酉遊歸東北方，四十四日後還天上一十六日也。"直至於今，萬古千年，在太歲部下為鶴神也。

第四章　明代中期小説：文學創作進入新階段

　　明代中葉，道教和佛教都很盛行，神魔小説紛然而出，當中比較有名的是《封神演義》。此書大約著成於隆慶、萬曆之間，內容描述公元前十一世紀"武王伐紂"的歷史，即商代末年周族領袖姬發（周武王）聯合其他部落舉兵討伐商王事跡，但博採民間傳説，加上虛構和幻想，並以殷的"暴政"與周的"仁政"兩者之間的衝突作為情節的基礎，宣揚了儒家的政治觀點，同時又糅雜着一些宿命論和迷信思想。

　　萬曆年間，古典小説的發展到了新的階段，這時期出現的長篇小説《金瓶梅詞話》，於藝術上有重大突破。其作者"蘭陵笑笑生"究為何人，眾説紛紜，但可以肯定，這是一部文人獨創的作品。此書描述西門慶其人無惡不作的故事，同時反映了當時的民情風俗，對於研究明代城市經濟和文化，都有一定的價值。但因其內容受到一些人的批評，流風所及，影響了此書在文學上應有的席位，以至於今。

第一節　神魔小説的興起

■神魔小説的特色

　　明代中後期，以儒釋道"三教合流"為文化背景，在《西遊記》的示範和影響下，神魔小説迅速興起並且蔚為大觀。內容多以神佛魔怪的出身修行、鬥法飛升等為題材，故事情節奇譎詭異、真幻相間，對社會上出現的種種矛盾，包括政治、倫理和宗教等多方面的衝突，變相地加以展示。
直至清代末年，這類作品的數量達到八十多種。

　　明代最早出現的神魔小説是《三遂平妖傳》，而激發這類小説編創熱
潮的則是《西遊記》。《三遂平妖傳》是馮夢龍據元末羅貫中的二十回本
《平妖傳》改寫增補而成的，四十回，成書於萬曆四十八年（1620 年），
寫北宋大臣文彥博（1006 － 1097 年）得諸葛遂智、李遂、馬遂之力，鎮
壓王則起義的故事。書中稱王則、永兒夫婦是張昌宗（? － 705 年）、武
則天（624 － 705 年）轉世，情節荒誕離奇，但內容從多方面反映了當時
的社會生活，風俗人情可見一斑。從萬曆後期至天啟末年，就湧現了以
下多種作品：

　　一、羅懋登的《三寶太監西洋記通俗演義》，又名《西洋記》，一百回，
成書於萬曆二十五年（1597 年），寫鄭和（1371 － 1433 年）下西洋擒妖伏
怪故事，部分內容取自《西遊記》和《封神傳》；

　　二、余象斗的《華光天王南遊志傳》，或作《五顯靈官大帝華光天王
傳》，又名《南遊記》，十八回，敍述華光救母故事，有一定的可讀性；

　　三、余象斗的《北方真武祖師玄天上帝出身志傳》，又名《北遊記》，
二十四回，記真武大帝成道降妖的故事；

　　四、吳元泰的《八仙出處東遊記》，又名《東遊記》，五十六回，連綴
了鐵拐李等八仙得道的故事。

　　余象斗是明末書商和通俗小説編著者，又名世騰、象烏，字仰止，
自號三台山人。福建建陽人，主要活動於萬曆年間。他把楊志和編《西遊
記傳》[1]與《東遊記》、《北遊記》、《南遊記》編成小説合集《四遊記》（在明

1　楊志和一作楊至和，所編《西遊記傳》是吳承恩《西遊記》的節本，四十一回，稱為
　　《唐三藏西遊全傳》。

代無合刊本），內容皆為寫佛教修身鬥法的故事，後兩種是他自己所著。
（表 5）《四遊記》雖在民間頗為流行，但藝術價值不高。

表 5 《四遊記》內容概略

名稱	作者	篇幅	説明
1.《東遊記》(又名《上洞八仙傳》)	吳元泰撰	2 卷 56 回	敍述八仙得道經過，保存了不少民間傳説
2.《南遊記》(又名《五顯靈官大帝華光天王傳》、《南遊華光記出身傳》)	余象斗編	4 卷 18 回	敍述華光救母事。語言頗生動，想像力豐富
3.《北遊記》(又名《北方真武玄天上帝出身志傳》、《北遊記玄帝出身傳》)	余象斗編	4 卷 24 回	記真武大帝降妖故事，內容荒誕不經
4.《西遊記傳》	題"齊雲楊志和編"	4 卷 41 回	吳承恩《西遊記》一書的節本，但其意趣與原書相去甚遠

　　魯迅認為，這類小説"凡所敷敍，又非宋以來道士造作之談，但為人
民閭巷間意，蕪雜淺陋，率無可觀。然其力之及於人心者甚大，又或有文
人起而結集潤色之，則亦為鴻篇巨製之胚胎也。"[2] 此外，還有鄧志謨《鐵
樹記》、《咒棗記》、《飛劍記》，朱星祚《二十四尊得道羅漢傳》，朱鼎臣《南
海觀音菩薩出身修行傳》，朱開泰《達摩出身傳燈傳》，楊爾曾《韓湘子全
傳》，許仲琳《封神演義》等，總共二十餘部。

■《封神演義》的內容

　　《封神演義》又名《封神榜》、《封神傳》、《武王伐紂外史》、《商周列
國全傳》，許仲琳作，一説陸西星作。一百回，以《武王伐紂平話》為基

2　魯迅著《中國小説史略（插圖本）》，頁 137 － 142。

礎，參考了其他古籍中的釋道神仙故事，並採錄民間傳說寫成。小說以商、周易代的歷史為背景，描述姜太公（子牙）輔佐周文王（姬昌）、周武王（姬發）討伐商紂時，天上諸神分成助周和助商兩派，支持周王的是闡教（有道、釋兩家），擁護商紂的是截教，兩派展開激烈大戰，雙方互有死傷，結果截教戰敗，紂王自焚。姜子牙祭壇封戰死諸神，周武王分封諸侯列國。

《封神演義》用虛幻的形式，反映了商周時期統治階層內部的複雜矛盾，描寫紂王（帝辛）等君主的醜惡，揭露了統治者荒淫無恥的生活。內容充滿人神鬥法的神異色彩，雖有歷史演義的成份，不過大大增加了神怪因素，並創造出很多神話人物如哪吒、託塔天王等，體現了歷史演義與神魔小說的合流，是假借歷史作為引子的一部神魔小說。小說中多仙佛鬥法情節，結尾為封神封侯，道、佛、儒三教思想與神靈混雜，而道家方士之言尤多，迷信色彩頗為濃厚，因此魯迅認為其根柢是“方士之見而已”。[3] 由於書中的情節多奇幻誇張，所以向來歸類為神魔小說是合適的。

《封神演義》共一百回，內容情節的安排大致是這樣的：(一) 第一回是序幕，開卷以一百《古風》概括全書內容；(二) 第二回至三十回，主要描寫紂王暴虐無道；(三) 第三十一回至六十六回，分述三十六路兵馬伐紂的失敗情形；(四) 第六十七回至九十七回，重點記敍武王興師、諸侯會盟、商朝覆滅的經過；(五) 最後三回，以周武王分封諸侯作結。全書的主線是武王伐紂，表達了仁政與暴政兩者的尖銳矛盾；“成湯氣數已盡，周室天命當興”的論調，成為貫串內容情節的中心思想。結尾安排對立雙方陣亡的人物都“進入封神台”，論者有不同的看法，有人認為模糊了是非界限，有人則認為是對軍士執行命令而戰死的一種肯定。總的來

3　魯迅著《中國小說史略 (插圖本)》，頁 153。

説，《封神演義》在描寫方面偏於敘事，忽略揭示人物的內心活動，除哪吒、申公豹等的性格較為鮮明外，大多數缺乏特徵，情節發展也有不夠嚴謹之處。不過，妲己、姜子牙等人物形象影響甚大，神仙妖怪故事亦能引起讀者的濃厚興趣，深入民間。

第二節　"第一奇書"《金瓶梅詞話》

《金瓶梅》是中國第一部以家庭日常生活為主要題材的長篇小説，據卷首"欣欣子"的〈序〉説，作者是"蘭陵笑笑生"，但至今未能知道究竟是誰。此書有不同的版本，首先是萬曆年間的《金瓶梅詞話》，其次是崇禎年間的《原本金瓶梅》），後來通行的本子，是清初張竹坡據此整理和評點而編成的《第一奇書金瓶梅》。《金瓶梅》描摹市井生活尤其是兩性生活的真實程度，令古今批評家都感到非常難堪，但談到中國古代小説，卻又無法迴避這部"奇書"。[4]

■《金瓶梅詞話》的作者

《金瓶梅詞話》（通稱《金瓶梅》）的作者署名"蘭陵笑笑生"，其真實姓名和生平事跡殆不可考。蘭陵是山東嶧縣（今棗莊市）舊稱，書中大量採用山東方言；這部長篇小説大約成書於明朝隆慶（1567 － 1572 年）、萬曆（1573 － 1620 年）年間，所以笑笑生應當是這時期的山東人。但究係何人，歷來眾說紛紜。沈德符《萬曆野獲編》謂為"嘉靖間名士"，袁中道《遊居柿錄》謂為"紹興老儒"，謝肇淛《金瓶梅跋》謂為"金吾戚里"門

4　謝謙主編《中國文學・明清卷（修訂版）》（成都：四川人民出版社，2006 年），頁 116。

客，謝頤《金瓶梅序》謂為王世貞（1526－1590 年）的門人，此外，也有人疑此書作者為王世貞、李漁等。另有今人考證，認為此書成於萬曆年間，作者或為屠隆，但欠確鑿證據。

《金瓶梅》的書名是從書內三個主要女性潘金蓮、李瓶兒、春梅的名字中，各抽出一個字拼接而成的。潘金蓮在《水滸傳》中出現過，又是《金瓶梅》中的主要人物，她的名字廣泛為人所知，幾乎成為淫婦、毒女人的代名詞。潘金蓮從一個聰明、美麗的女子，墮落成一個殘忍、狠毒的潑婦，不論世人對她作甚麼評論，總之《金瓶梅》是把這個人物寫活了；後世對《金瓶梅》的評價是好是壞，是否公允，抑或有點冤屈，實亦可以作如是觀。

論者對《金瓶梅》此書提出三點見解：第一，"讀書，要講究版本；讀《金瓶梅》，就得讀貨真價實《金瓶梅詞話》，至少要讀影刻萬曆本，不能讀後來刪改過的版本。"第二，"要了解晚明生活，這本書就是活脫脫的生活百科，巨細靡遺，算是另類的社會生活史料。"第三，"學術研究講求實事求是，根本就不應該去推測《金瓶梅》的作者，因為沒有確鑿的文獻證據。"[5] 在紛紜的議論中，這三點實有助於讀者撥開雲霧。

■《金瓶梅詞話》的內容

《金瓶梅詞話》一百回，借《水滸傳》中的西門慶、潘金蓮故事為線索，鋪陳為長篇人情小說，大致分為四部分：（一） 第一回至二十八回主要寫西門慶得官以前的狀況，從破落戶變為暴發戶的經過；（二） 第二十九回至五十四回，寫西門慶如何由暴發戶變成有權有勢的大官人；（三） 第五十五回至七十九回，寫西門慶放蕩淫亂的生活；（四） 第八十回

5　鄭培凱〈研究金瓶梅〉，《明報》2012 年 12 月 9 日"世紀"版。

至一百回，寫西門慶死後眾妻妾的結局。書中描述帶有濃厚市井色彩的反面角色西門慶如何無惡不作、飛黃騰達，亦反映了當時的民情風俗，對於研究明代城市經濟和文化現象，有一定的價值。內容觸及明代後期社會生活的眾多方面，從政治現象到經濟狀況，從社會風尚到倫理道德，將衰世末俗的眾生相展示出來。小說善於刻畫人物，描摹人情世態頗為細緻，語言傳神，抒情濃郁，在中國小說發展史上，具有一定的地位；然而由於淫穢描寫過多，對後世小說亦產生了不良影響。

清初李漁的芥子園刻印《三國演義》、《水滸傳》、《西遊記》和《金瓶梅》，合稱“四大奇書”；《金瓶梅》書名前面，更冠以“第一奇書”字樣。在推廣明代“四大奇書”方面，李漁是有一定功勞的，所以對於他的生平，也不妨略作介紹。李漁（1611－1680年），字笠翁，號覺世稗官，亦稱湖上笠翁、新亭客樵、隨庵主人，浙江蘭溪人。早年一邊讀書習文，一邊兼習醫藥，後因鄉試失利，從事農耕。三十九歲時出遊錢塘（今浙江杭州），以賣賦為生，大約住了十年，從事小說和戲曲寫作，其詩賦得以迅速傳播，因而有才子之譽。移家至金陵（今江蘇南京），經營書店，號“芥子園”，在金陵近二十載，晚年返回錢塘。撰著宏富，通俗小說方面有《無聲戲》、《十二樓》（又名《覺世名言》）等，或謂《肉蒲團》亦是他的作品，但無實確證據。

必須指出，在《金瓶梅》成書之前，長篇小說大多取材自民間話本，再由文人加工改編。《金瓶梅》雖取《水滸傳》的一段情節作為開頭，但其後的內容多為作者原創，所以向來被視為中國文學史上第一部由文人獨立創作的長篇章回小說。再者，書中以現實社會和家庭生活為題材，特別着重描寫市井人物的面貌與個性，且開創人情小說的先河。書中描寫性的篇幅有兩萬多字，從而使本書背上了淫書的惡名。不過此書有其深刻的思想意蘊，讀者通過書中的描述可以對晚明社會有形象的認識，對於複雜的人性問題，也可以進行深入的思考。

　　如上所述，《金瓶梅》是第一部以絕大篇幅描寫市井家庭生活的作品，是章回小說中最早的家常之作。顧名思義，家常小說的描寫對象是市井家庭的日常生活，諸如衣食住行、兩性關係、家庭糾紛以至風俗人情等等。《金瓶梅》的故事有兩條線索，一條是圍繞着金錢、權勢的社會生活，一條是圍繞着色慾、爭寵的家庭生活，西門慶穿梭往來於兩條線索之間，這種雙線結構的敘事方式，較諸《三國演義》的繩辮式結構、《水滸傳》的扣環式結構、《西遊記》的珠鏈式結構，無疑是一個不小的進步。[6]

■《金瓶梅》的版本和續作

　　《金瓶梅》約成書於明代隆慶二年（1568 年）至萬曆三十年（1602 年）之間，其版本大致可以歸納為兩個系統：一個是明代萬曆四十五年（1617 年）"東吳弄珠客"序的《新刻金瓶梅詞話》（即《金瓶梅詞話》，通稱"詞話本"或"萬曆本"）系統，另一個是明代崇禎年間的《新刻繡像批評原本金瓶梅》（即《原本金瓶梅》，通稱"崇禎本"）系統，兩者均為一百回。《金瓶梅詞話》比崇禎本《金瓶梅》早出現，較接近原書的本來面目；崇禎本《金瓶梅》的回目對仗工整，山東方言已經刪改，文辭也經過修飾。此外，較為流行和影響較大的，是清代乾隆年間張竹坡評本，即《皋鶴堂批評第一奇書金瓶梅》（通稱"第一奇書本"或"張評本"），在崇禎本的基礎上，增加了大量對小說正文的評語。

　　總的來說，《金瓶梅》是明清長篇世情小說的第一部代表作，此書的問世，標誌着世情小說作為一種小說類型已經成熟。其巨大的影響，要在

6　石麟著《中國古代小說文本史》，頁 183 － 184。

明末清初的小說創作中才顯露出來。清初丁耀亢（1599－1671年）於順治十七年（1660年）作《續金瓶梅》，寫西門慶等人死後再世，遭受惡報，宣揚因果報應，有勸世之意。作者加大諷諫在小說中的比重，同時在對宋金史事的描寫中，曲折地寫出明清易代之際的變遷，表達對清朝的憤懣之情。主要由於這個原因，《續金瓶梅》成為清代第一部被明令禁毀的小說。

《金瓶梅》的續書，還有《隔簾花影》、《金屋夢》等。《隔簾花影》（全稱《三世報隔簾花影》）四十八回，作者佚名，魯迅說：“一名《三世報》，殆包舉將來擬續之事；或並以武大被酖，亦為夙業，合數之得三世也。”[7] 此書約刊於康熙年間，當中刪去描寫金兵燒殺擄掠的部分。《金屋夢》六十回，實乃據《續金瓶梅》並參以《隔簾花影》刪改而成，民國初年在《鶯花雜誌》刊出，無足深論。

《金瓶梅》對後世的影響，主要不在於有幾部續書，或為其他文學樣式提供素材，而是為以後的世情小說奠定了基礎，包括一派以才子佳人故事和家庭生活題材來描摹世態的作品，及另一派以社會生活為題材、用譏刺筆法來暴露黑暗的作品。[8]

■文人獨創型小說的特徵

張燕瑾主編《中國古代小說專題》指出，《金瓶梅》在藝術上所體現的文人獨創型特徵，有以下四點：

第一，是對人物性格的重視，這從其書名構成上可以看出，“金瓶梅”是由潘金蓮、李瓶兒、龐春梅三個女性角色的名字縮寫而成的，從中透露出作者立志寫人的創作動機。《金瓶梅》大大降低了故事在作品中的

7　魯迅著《中國小說史略（插圖本）》，頁168。
8　袁行霈主編《中國文學史（第二版）》第四卷，頁151。

地位，而將人物塑造上升為創作的主要目的，注意描寫人物性格的特徵及其心理世界。

第二，是此書的網狀結構，在以前的累積型小説中，其結構無論是《三國演義》的板塊形式，抑或是《水滸傳》和《西遊記》的線性形式，故事一般都保持着完整性和沒有間斷，《金瓶梅》則採用了立體網狀形式，以西門慶及其家庭為中心，然後向整個社會輻射，從而組成一個意脈相連、情節相通、互為因果的立體網絡。

第三，是敍事形態上從講述型到呈現型的轉變，《金瓶梅》的情節敍述與場面描寫，作者正在淡化其主觀色彩。呈現的敍事形態是文人獨創型小説的重要特徵，《金瓶梅》首開其端，後來的《儒林外史》和《紅樓夢》，都是如此。

第四，是小説語言更貼近世俗生活，《金瓶梅》的描述市井人物和市井題材，其語言的市井化是必然的要求，正如欣欣子《金瓶梅序》所説，是 "市井之常談，閨房之瑣語"。這種市井化的語言具有樸實鮮活和富於表現力的優點，但同時也往往會造成粗俗隱晦的負面效果。凡此種種，都顯示了從傳統累積型向文人獨創型新模式的轉折。[9]

第三節　明代中期文學與社會

■擬古主義的風行

明初由台閣大臣領導的 "台閣體" 盛行，內容多為歌功頌德的應酬作

9　張燕瑾主編《中國古代小説專題》第 2 版（北京：高等教育出版社，2008 年），頁 140
－ 144。

品；其後"前七子"李夢陽（1473 － 1530 年）、何景明（1484 － 1522 年）等不滿台閣體萎弱文風，於是力倡復古運動，主張摹擬古詩文的形式和技巧，所以稱為"擬古主義"。明代中葉，擬古主義聲勢極盛，文人大多偏重於摹擬古文形式，以致內容缺乏創新。擬古主義的風潮持續百年之久，其後歸有光（1507 － 1571 年）等人起來反對擬古主義的論點，主張作品要直抒胸臆和富有本色，但作用不大，未能擺脫文學復古主義思潮的影響。[10]

至於章回小說方面，大約到了明代中葉，經過文人整理潤飾的《水滸傳》、《三國演義》、《封神演義》、《金瓶梅》等刻本，已明確地標出回目，只是有些回目用單句，有些是雙句，上、下各六字、七字或八字句，雙句回目的對仗也不很工整。

■歷史演義和英雄傳奇

明代小說前期的發展，在經歷了近百年的蕭條之後，隨着當政者高壓控制的放鬆和商業、印刷出版的繁榮，小說創作在嘉靖元年（1522 年）前後開始逐步復蘇。在《三國演義》、《水滸傳》刊印流行的巨大影響下，很快就掀起歷史演義和英雄傳奇小說的創作熱潮，嘉靖年間湧現出《皇明開運英武傳》、《大宋中興通俗演義》、《唐書志傳》、《南北宋志傳》、《列國志傳》等作品；萬曆年間，又陸續出現《征播奏捷傳通俗演義》、《楊家府演義》、《三國志後傳》、《承運傳》、《西漢通俗演義》、《東西晉演義》等十幾種作品。茲舉述其要者如下：

一、《西漢通俗演義》：又稱《西漢演義傳》，甄偉撰，八卷，一百零一則，內容從秦公子異人被擄入趙開始，至漢高祖去世為止。以文學形式

10　黃淑貞著《用年表讀通中國文學史》，頁 220。

總結劉邦、項羽的成敗得失，但文筆比較枯澀。甄偉為萬曆時人，生平事跡不詳。

二、《南北兩宋志傳》：熊大木撰，分為《北宋志傳》和《南宋志傳》，各有十卷五十回。《北宋志傳》又名《楊家將》，描寫楊業（？－986年）一家世代抵抗契丹的事跡，使長期流傳於民間的楊家將故事自此定型，並一掃舊話本小説對婦女的偏見，是明代講史小説的佳品。《南宋志傳》起自石敬瑭征蜀，而止於曹彬定江南。

三、《楊家府演義》：全稱《楊家府世代忠勇通俗演義》，無名氏撰，八卷，萬曆三十四年（1606年）刊行。寫楊業一家抗擊遼、夏的事跡，最後以楊文廣（？－1074年）之子懷玉因宋帝聽信讒言，憤而率全家歸太行山作結束，當中也有不滿朝中權臣迫害忠良引起激憤的情節。內容與《北宋志傳》略有不同，在藝術描寫上也有自己的特點。作者塑造了一系列楊門女將的形象，為英雄傳奇小説增添了色彩，佘太君百歲掛帥、穆桂英大破青龍陣、楊宣娘率十二寡婦西征等情節，尤其膾炙人口。

■神魔小説和世情小説

萬曆二十年（1592年）左右，《西遊記》刊行，在其影響下，《封神演義》、《西洋記》、《南遊記》、《東遊記》、《北遊記》、《三教開迷歸正演義》等相繼問世，形成了新的神魔小説創作流派。另一方面，在《西遊記》刊行前後，世情小説的開山之作《金瓶梅詞話》幾乎同時問世，開始時以抄本的形式流傳。

與《三國演義》、《水滸傳》、《西遊記》等“世代累積型”的作品不同，《金瓶梅詞話》基本上是由個人在現實社會生活中取材而獨立完成的作品，屬於“個人獨創型”，因為《金瓶梅》遲至萬曆四十五年（1617年）左右才刊印出版，其巨大影響要到明末清初始於小説創作中顯現出來。

　　明代中期，章回小說經歷了由歷史演義、英雄傳奇到神魔小說、再到世情小說的演進過程，終於形成了四大主流類型齊頭並進的創作態勢。與此同時，其編創方式也起了變化，實現了由世代累積型向個人獨創型的過渡，在創作上開始走向成熟。

第五章　明代後期小説：白話短篇和中篇的繁榮

　　明代後期，白話短篇小説和中篇小説都出現了繁榮的局面。馮夢龍編纂的《古今小説》（後改名為《喻世明言》）、《警世通言》和《醒世恆言》總稱"三言"，是宋、元、明三代短篇小説的選集，共收作品一百二十篇，其中約三分之二是明代的作品。繼"三言"之後，凌濛初創作了《拍案驚奇》和《二刻拍案驚奇》，總稱"二拍"，共收小説七十八篇。馮夢龍的"三言"只是做了選編及為作品加工，"二拍"則是凌濛初個人的創作，他看到了明代政治腐敗和種種弊端，因而在小説中較多地觸及社會問題。

　　"三言"和"二拍"合稱"三言二拍"，所收作品都是模仿話本形式創作的小説，因而稱為"擬話本"。當中包含着一些保守和庸俗的內容，如因果報應、低級趣味等，這情況以"二拍"較為嚴重，反映了明代後期話本小説的通病。總的來說，"三言二拍"引起了人們對白話短篇小説的濃厚興趣，直接刺激了明末清初的創作熱潮，一時之間仿作紛起。[1]明末短篇小説集還有十多部，以周楫的《西湖二集》、席浪仙的《石點頭》、金木散人的《鼓掌絕塵》等較為著名。

1　　齊裕焜主編《中國古代小説演變史》，頁 137。

第一節 "三言二拍"和《今古奇觀》

■馮夢龍的"三言"

明代小說家、戲曲家馮夢龍（1574 － 1646 年），蘇州長洲（今江蘇蘇州）人，字猶龍，別署龍子猶、顧曲散人、平平閣主人、墨憨齋主人等。明末崇禎時以貢選壽寧知縣，清兵渡江，他參與抗清活動。清朝順治初年，馮夢龍著《中興偉略》，記唐王朱聿鍵監國福州事。其人才情跌宕，詩文麗藻，尤明經學，所著《春秋指目》、《衡庫》二書，均為舉業家所宗。又編選小說、戲曲等通俗文學作品，成果豐碩。所纂《喻世明言》（初名《古今小說》）、《警世通言》、《醒世恆言》尤為著名，世稱"三言"。所收作品着重描寫人情世態，悲歡離合，具有很高藝術水平。此外，馮夢龍還改編過長篇小說《平妖傳》、《新列國志》，編有時調集(民歌)《桂枝兒》、《山歌》，散曲集《太霞新奏》，筆記《笑府》、《古今譚概》、《情史》和《智囊補》，戲曲《墨憨齋定本傳奇》等。

"三言"的成書年代和內容概略如下：(一)《喻世名言》成書於明末，有不少作品反映了明代後期社會生活和黑暗沒落的情形。(二)《警世通言》成書於天啟四年（1624 年），當中以《杜十娘怒沉百寶箱》、《白娘子永鎮雷峰塔》流傳較廣。(三)《醒世恆言》成書於天啟七年（1627 年），當中以《灌園叟晚逢仙女》、《十五貫戲言成巧禍》、《喬太守亂點鴛鴦譜》等較為有名。馮夢龍對他所收集的作品，都作了統一整理和藝術加工，以及文字上必要的潤色，當中有些採用舊本的故事情節和人物描述，甚至重新撰寫，此外也有不少是馮夢龍自己的作品。作者曾敍其纂輯緣起時，指出"說話人當場描寫，可喜可愕，可悲可涕，可歌可舞，……怯者勇，淫者貞，薄者敦，頑鈍者汗下。雖日誦《孝經》、《論語》，其感人未必如是之捷且深也。"

"三言"之中，頗多以婚姻和愛情為題材的作品，並對"門當戶對"和"父母之命，媒妁之言"等傳統觀念，加以抨擊和大膽否定。其中又以描寫婦女被壓迫的作品最為出色，例如《杜十娘怒沉百寶箱》、《賣油郎獨佔花魁》、《玉堂春落難逢夫》等，描寫被糟踐婦女的悲慘社會地位，表達了她們對自由、幸福的嚮往和追求。《杜十娘怒沉百寶箱》無論在思想上、藝術上，都可視為中國古代白話小說的代表作。

"三言"中有些作品描寫了冷酷等級社會中的友誼，如《俞伯牙摔琴哭知音》、《施潤澤灘闕遇友》等。另外，還有一些作品暴露了當政者的猙獰面目和無恥行為，如《沈小霞相會出師表》、《盧太學詩酒傲王侯》、《灌園叟晚逢仙女》等，都有一定深度和鮮明特色。

據統計，現存宋代"小說"話本約四十種，其中十七種皆因收入"三言"之中而得以傳世；其餘二十多種雖見於其他話本小說集，但流傳不廣，且有失落，當中十二種在"三言"中亦有，因而廣為流傳。換言之，"三言"保存了近三十種宋代小說話本。現存元代"小說"話本不足二十種，當中有八種僅見於"三言"，另有三種重複見於"三言"，現存元代"小說"話本，有一半以上是在三言之中。保存宋、元舊編，馮夢龍實在功不可沒，對明代小說的貢獻，更是有目共睹的。

■凌濛初的"二拍"

凌濛初（1580－1644年），明湖州烏程（今浙江吳興）人，字玄房，號初成，別號迪知子、即空觀主人。崇禎中，以副貢授上海縣丞，署海防事，清鹽場積弊，擢徐州通判。後入何騰蛟幕中，獻《剿寇十策》。崇禎十七年（1644年）初，李自成軍攻徐州時，率部抵抗，激戰數日，拒絕投降，嘔血而死。所作短篇小說集《初刻拍案驚奇》、《二刻拍案驚奇》，世稱“二拍”，各四十篇，共八十篇（小説實為七十八篇）[2]，與馮夢龍“三言”並列，但又有所不同，“三言”乃編輯古話本，“二拍”均為自作，只有個別作品是舊傳話本的改編，例如《二刻拍案驚奇》中的《贈芝麻識破假形》。另著有戲曲理論著作《譚曲雜札》、《南音三籟》，及《國門集》等。

　　“二拍”的成書年代和內容概略如下：（一）《初刻拍案驚奇》成書於天啟七年（1627年），取材自《太平廣記》、《説郛》、《堅夷志》等，內容以宣揚封建思想和因果報應較多，也有一些反映新興市民意識的作品。（二）《二刻拍案驚奇》成書於崇禎五年（1632年），取材於《剪燈餘話》、《五雜俎》、《涑水記聞》等，內容多迷信色彩，宣揚因果報應和宿命論等思想。扼要地説，《初刻》多述人事，《二刻》多講鬼神，都是他的自作，屬文人“擬話本”。凌濛初創作的動機，直接源於書商的慫恿，明顯可見，其書名即具有廣告效應。

　　“二拍”的故事內容主要分成兩類：第一類是揭露官府貪婪刻毒和社會黑暗的作品，有《進香客莽看金剛經，出獄僧巧完法會分》、《青樓市探人蹤，紅花場假鬼鬧》、《王漁翁舍鏡崇三寶，白水僧盜物喪雙生》、《遲取券毛烈賴原錢，失還魂牙僧索剩命》等；第二類是反映明代社會商人心理的作品，有《轉運漢遇巧洞庭紅，波斯胡指破鼉龍殼》、《疊居奇程客得助，三救厄海神顯靈》等，寫商人經商致富的故事，反映了商人追求金錢的慾望和精神狀態。此外，還有一些抨擊科舉制度不合理和司法制度弊病的作品。整體來説，因題材多取自古籍，致使作品的現實意義不強。但個別的公案故事和愛情故事仍能展示當時的社會狀況，一些描寫商人活動的作品，體現了新興市民意識。

2　《二刻拍案驚奇》中，第二十三篇《大姐魂遊完宿願，小妹病起續前緣》與《初刻拍案驚奇》重複；第四十篇《宋公明鬧元宵雜劇》，是戲曲不是小説。

■ "三言"與"二拍"的異同

"三言"與"二拍"雖然並稱為擬話本的代表性作品，但兩者之間仍有一些區別。在讀者的市民化與性質的通俗化方面，兩者是相同的，不過"三言"大都是宋元舊本的搜集整理，性質是改編；"二拍"雖亦大多有本事來源，但基本上是作者的獨立創造，其書面化特徵比前者更為突出。

相對於"三言"，"二拍"較能表現出作者的時代感受。例如將朱熹寫成一個迂腐而刻薄的儒者，只有在晚明王學流行、思想活躍的時代才可能出現，在宋、元及明代前期，這是不大可能的。在表現市民經商的題材上，"三言"寫市民發財致富是靠道德與勤勞，"二拍"中則是靠冒險與機遇，渴求一本萬利的發財心理，只有在商業畸型發達的晚明社會中，才會表現得如此強烈。

"二拍"寫男女之情，往往突出"欲"的成份，認為情慾是人的基本生理需求，應該得到滿足而不是壓抑；正因如此，"二拍"不可能寫出像"三言"中的《杜十娘怒沉百寶箱》、《賣油郎獨佔花魁》那樣富於詩意的精品，有時甚至容易流於色情的宣言。

"二拍"在選材時，更注意於平凡普通的日常生活中發掘其價值；正如〈二刻拍案驚奇序〉所說，是"不奇之奇"。而在人物性格的刻畫上，則更注意其真實性和心理深度。"二拍"中所表現出來的長處，有時又可以說是其短處，例如作者主觀因素的過多介入，使教訓的目的大為加強，議論文字太多，損害了小說的藝術形象。明顯可見，作品不少是以議論開頭，首先表明一種觀點，然後再用故事加以證明。雖然這在"二拍"中尚不過分突出，沒有從根本上損害其藝術效果，卻顯示了一種趨勢，對後來的擬話本創作產生了不良影響。

總括來說，"三言"多為編輯古本，"二拍"多為自作，各有所長。兩者的異同，無損其一脈相承、前後輝映的事實。（表6）在藝術上，"三言"、"二拍"都有所發展和創新:首先,是曲折工巧的敍事藝術;其次,是細緻入微的心理描寫;再者,是體式和語言的變化。作為短篇白話小說的藝術寶庫,多側面地反映了宋、元、明三個時代的社會生活面貌。[3]

表 6 "三言"與"二拍"的異同

馮夢龍的"三言"	凌濛初的"二拍"
1. 多為宋元舊本的搜集整理,屬改編性質	1. 多有本事來源,基本上是作者獨立創造,突顯書面化特徵
2. 作者反映了不同時代的內容	2. 更能表現作者的時代感受
3. 寫市民發財致富是靠道德與勤勞	3. 寫靠冒險與機遇以求一本萬利
4. 有富詩意的作品	4. 寫男女之情時容易流於色情

■《型世言》與《西湖二集》

　　稍後於"二拍"的《型世言》,更注重教訓勸誡,包括對奸兇貪淫的斥責,及對忠孝節義的表彰。《型世言》,十二卷四十回,明陸人龍著,書名是"樹型今世"、"以為世型"之義,可見其創作目的,是要為世人樹立道德楷模。篇首有"敍",篇末有"總評",行文中還有眉批,或概述作品大意,或寄託作者感慨,或評點藝術技巧。這種形式,在明代白話短篇小說中是絕無僅有的。書中寫的全都是明代本朝故事,有的主人公甚至在《明史》中有傳;從小說文體自身來說,《型世言》顯然較為枯燥迂腐。不妨認為,《型世言》代表了後期擬話本的特徵,至於擬話本衰落的原因,從中也可得到説明。陸人龍,字雨侯,別署平原孤憤生,齋名崢霄館,浙江錢塘(今杭州)人,為著名書坊主陸雲龍之弟,除《型世言》外,另著有小說《遼海丹忠錄》。

3　郁賢皓主編《中國古代文學教程》,頁 429 - 430。

明末周楫（清源）撰《西湖二集》，是短篇小説集，三十四卷，每卷一篇。當中有許多作品表現了作者對各種現實社會弊端和不良世風的反映、感慨和針砭，以及懷才不遇、對現實不滿的憤懣，字裏行間常有抑鬱不平之氣。所述都是與西湖有關的故事，或借南宋史實喻世，或讚洪武盛世之時，歌頌忠臣烈士，鞭撻奸佞貪酷，從不同角度反映了知識人士的心態和命運，是其特色，但有時則議論過多。[4] 作者寫作的目的是"借他人之酒杯，澆自己之塊壘"，以小説作為抒寫自我的"言志"之具，寄寓了自己對社會人生的獨特思考和認識。小説的內容，主要是勸世、頌聖和抒發孤憤。勸世乃白話小説的共同特點，頌聖則藉以表達對現實的不滿，作者也對社會上各種弊病予以揭露，從帝王、宮廷的黑暗腐敗到市井百姓的艱難困苦都有所涉及。[5] 所編《西湖一集》（又名《西湖初集》），已佚。

■《今古奇觀》及其續編

明末姑蘇抱甕老人從諸書中選錄四十篇，題為《今古奇觀》（又名《喻世明言二刻》），其自序謂宋元話本皆為馮夢龍搜括殆盡，"因復取古今來雜碎事，可新聽睹佐談諧者，演而暢之。"有一説認為，《今古奇觀》的輯者可能是馮夢龍的友人。

《今古奇觀》在崇禎時已有刻本流行，當中二十九篇選自"三言"，十一篇選自"二拍"，並略加增刪和潤飾。（表7）所選作品以明代為限，不收宋元舊作，選錄較精，是當時一部較好的擬話本選集。在"三言"、"二拍"曾經一度失傳的情況下，《今古奇觀》廣為流傳，在十九世紀初，還被介紹到西方。同類著作有《今古奇聞》二十二卷、《續今古奇觀》

4　孫順霖、陳協琹編著《中國筆記小説縱覽》，頁351。
5　徐朔方、孫秋克著《明代文學史》（杭州：浙江大學出版社，2006年），頁416。

三十卷，魯迅認為應該是咸豐、同治年間出版的選本。[6]

表 7 "三言二拍" 和《今古奇觀》

作品	內容	篇數
三言 （馮夢龍選編）	• 《喻世明言》（《古今小說》）40 篇 • 《警世通言》40 篇 • 《醒世恆言》40 篇	120 篇
二拍 （凌濛初作）	• 《拍案驚奇》（《初刻拍案驚奇》）40 篇 • 《二刻拍案驚奇》40 篇	80 篇 （小說實為 78 篇）
《今古奇觀》 （姑蘇抱甕老人選編）	• 選自"三言"29 篇 • 選自"二拍"11 篇	40 篇

第二節　歷史小說和神魔小說

■歷史小說《新列國志》

　　明代中葉余邵魚編撰《列國志傳》（全稱《春秋五霸七雄列國志傳》），演述春秋戰國時期的歷史，起於妲己驛堂被魅，以迄秦始皇統一天下，較全面地記述了列國故事，共八卷 226 節。其後馮夢龍據此改編而成《新列國志》，一百零八回，從二十八萬字發展到七十六萬字左右，於崇禎年間刊行。清代乾隆時，蔡元放修訂並加評語，改名《東周列國志》，分為二十三卷。雖增入若干虛構情節，但基本符合史載資料。書中內容，對暴君的荒淫無恥作了批判。語言通俗，注重用細節來刻畫人物性格。順帶一提，蔡元放對講史演義作評點，"聊以豁讀者之心目，於史學或亦不無小裨焉。"

6　　魯迅著《中國小說史略（插圖本）》，頁 184。

《新列國志》一方面是要傳授歷史知識，另一方面是要總結歷史經驗，全書綱舉目張，脈絡清晰，在波瀾起伏的情節中刻畫人物，突出人物的主要性格特點。馮夢龍對《春秋》作過極深入的研究，其《新列國志》善於在史實的基礎上進行敷衍和潤色，使歷史事件故事化和歷史人物傳奇化，堪稱《三國演義》準史書體的嫡傳。

■神魔小說《西遊補》

明末董說著《西遊補》（一名《新西遊記》），十六回，成書於崇禎十三年（1640年），取材於唐僧師徒西天取經故事。內容敍述唐僧師徒闖過火焰山之後，孫悟空為鯖魚精所迷，漸入夢幻後所見所聞的古今奇事，變化莫測，後得虛空尊者一呼，始醒悟過來，離開夢境。文筆詼諧，諷刺深刻，託幻象譏彈明末社會風氣，如腐敗政治及浮薄士風。書中富有寓意的情節，昭示了作者眼見明朝大廈將傾，卻無力回天的絕望情緒；寫行者出入“三世”、歷經“六夢”，實融進了作者對世事變遷、人生無常的感悟，是對社會時局充滿憂患意識的作家心態的寫照。

董說（1620－1686年），字若雨，號西庵，浙江烏程（今吳興縣）人。明末諸生，曾參加復社。明亡後於蘇州出家為僧，更名南潛，號月涵。著述甚豐，有《董若雨詩文集》。崇禎十四年（1641年），《西遊補》即有嶷如居士序本刊行。明末清初時局動盪，社會急劇變遷，民眾的注意力轉移到反映現實社會的世情小說和描寫政治狀況的時事小說，神魔小說也就逐漸不受注意了。

第三節　中篇傳奇和筆記小說

■中篇傳奇小説

　　明代嘉靖前後，出現了一批篇幅在一萬字至四萬字之間的中篇傳奇小說，篇幅長於短篇而短於長篇，文字則介於話本和擬話本之間。每篇作品多為四至十回，如《鍾情麗集》、《雙卿筆記》、《懷春雅集》、《劉生覓蓮記》等，形成了一個獨特的文言小說創作流派，直接影響了明末清初才子佳人小說的產生和發展。例如玉峰主人（後人多考證為邱濬，1421 － 1495 年）的《鍾情麗集》四卷，寫書生辜輅與姑表妹的愛情故事，肯定他們為爭取自主婚姻而進行反抗，幾經波折，終成願望，是明代小說中的佳作。盧民表的《懷春雅集》二卷，敍元代的一個愛情故事，宣揚男女自由相愛，而又主張青年人要有為國效力的高遠志向。[7]

　　大體來説，明代後期的中篇小説反映了日趨窳敗的社會風氣，另一方面，則歌頌了自由的愛情；善於採用對比的方法刻畫人物，突顯出人物的個性和形象，又以輕鬆、幽默的筆調，達到絕妙的諷刺效果。這類小説的作者，大概介乎民間藝人與文人之間，文化水平高於民間藝人，而又低於嫻習科舉制藝的文人。[8]

■才子佳人小説

　　明代後期的中篇小説，主要以青年男女婚戀故事為題材，因為主角都是飽學書生和美貌小姐，所以稱為"才子佳人小説"。如《吳江雪》、《玉支璣》等，內容大抵都是一個模式：男才女貌，一見傾心，但遭小人從中攪

7　孫順霖、陳協琹編著《中國筆記小說縱覽》，頁 287、335。
8　徐朔方、孫秋克著《明代文學史》，頁 391 － 392。

亂，或為權貴作梗，經過波折之後，才子高中狀元，一對有情人終成眷屬。

這類才子佳人小說，在一定程度上繼承了唐傳奇描寫戀愛婚姻的傳統，但摒棄了其中神、靈、鬼、怪、奇的成份，而接受了《金瓶梅》表現內容日常生活化的影響。才子佳人小說在清代前期至中葉大為盛行，其篇幅不長，多數在十至二十四回之間，語言比較清麗典雅。

■筆記小說《情史》

《情史》全稱《情史類略》，又名《情天寶鑒》，筆記小說集。題"詹詹外史"編，一般認為是馮夢龍所編。書中按"情貞"、"情緣"、"情私"、"情俠"等分為二十四類，每類一卷，凡 882 條。主要選自歷代筆記、小說、史籍等作品中有關男女之情的事錄，經加工潤飾編纂而成，亦有部分內容是編者從傳聞得來的。故事上起周代，下至明季，包括各時代男女間的不同情態，反映了各個時代和不同階層的婚姻價值觀念。作者認為，文學應該發於人的衷情，表達人的性情，書中較有價值之處，是收集、保留了明代一些市井故事和傳聞，以及當時白話小說及戲曲的素材來源。有"東溪堂藏版"。[9]

筆記小說對愛情的處理，一般只視為正當而平凡的欲求，不必過分張揚，這與傳奇體是有所不同的。愛情是人生的一部分，不能以此覆蓋或取代人生的其他側面，因而既不把男女之大慾視為洪水猛獸，也不贊成將愛情放在高於一切的位置。筆記小說作家大多是在中年以後才開始創作，他們承擔着政治、社會、家庭、事業各方面的責任，較注重感情方面的平衡和中庸，這與多數傳奇體作者顯然有所不同。傳奇中出現的愛情每每是在

9　同上註，頁 329。

婚前，作家熱衷於描述風流艷遇，或者是在風月場所的情節等等，而非日常夫妻生活。

第四節　明代後期文學與社會

晚明時期，文學家袁宏道（1568 － 1610 年）針對擬古主義，提出"獨抒性靈，不拘格套，非從自己胸臆流出，不肯下筆"，強調作品的獨創精神，重視作家真情流露的表現，認為文學作品的表現形式因時而異，必須隨時代的發展、隨作者的思想感情需要而有所變化。一個具有影響力的"反擬古主義"始告形成，一種題材多樣、形式自由、風格清新的散文趁勢而起，這就是晚明小品文。[10] 明代中葉以後，筆記小說再度發展；小說創作於明代後期起了變化，且於明末清初流露了新的思想趨向。

■小說創作的變化

明朝中期嘉靖年間，洪楩收集當時單篇流行的宋元小說家話本和明朝前期話本小說，整理出版了最早的話本小說集《六十家小說》，為明末"三言"、"二拍"等話本小說的繁榮奠下了基礎。明末清初，話本小說文體出現了比較突出的雅化趨向，文人在參與話本小說創作的過程中，更多地將自己的思想意識和審美情趣投入到作品當中，使其具有濃厚的文人色彩。這些作品或藉以"載道"，或藉以"救世"，或藉以"言志"，在在顯示了文人獨具匠心的志趣。

萬曆年間，余象斗等人編撰了《包龍圖判百家公案》、《詳刑公案》、

10　黃淑貞著《用年表讀通中國文學史》，頁 279。

《皇明諸司公案》等一批短篇公案小説集，因受讀者歡迎，出現了不少模仿作品，如《律條公案》、《詳情公案》等，形成了一個公案小説創作流派。《龍圖公案》最為晚出，是明代公案小説的代表作。當時的法律書籍，對公案小説的文體有一定程度的影響。

隨着通俗小説創作和傳播日益繁盛，通俗小説理論批評也開始以序跋、評點等形式發展起來。另一方面，文言小説的整理、創作也逐漸呈現盛況。嘉靖初年，《世説新語》、《太平廣記》、《夷堅志》等小説集重新刊刻流行，使中斷了多年的文言小説創作傳統恢復過來，隨後陸續有《覓燈因話》等傳奇小説集、《志怪錄》等志怪小説集、《語林》等志人小説集問世，形成了較繁榮的創作局面。此外，以馮夢龍為首的文士，收集和整理出版了《情史》、《劍俠傳》、《艷異編》、《國色天香》等文言小説專集或總集。文言小説的整理和創作，為明末清初的進一步發展提供了良好的環境和氣氛。[11]

■明末清初小説的類型

明末清初，小説回目逐漸採用對仗工整的偶句，此時文人創作的中篇、長篇小説，或者是就前人作品加工的話本，多以章回小説的形式書寫。具體地説，就是以"回"標目，將全書分成若干章節，故事連接而又段落整齊。明末清初是一個大動盪時代，這時期的小説亦從多方面、多角度描繪民生百態，在一定程度上也流露了新的思想趨向，以及對政治、社會狀況的批評。

明末清初小説的內容，大抵分為以下幾類：第一類作品表現於農民反抗和起事，反映了愛國主義思想；第二類作品以諷刺時世為主要內容，對

---

11 譚帆主編《明清小説分類選講》，頁 5－6。

善和惡都揮筆直書；第三類作品以愛情和婚姻為題材，暴露人心善惡和世態炎涼，也有提出新觀點和新思想，質疑甚至否定現實社會上的倫理道德和價值觀；此外，還有一些警世勸誡的作品，但良莠不齊，甚至出現消極效果，對社會造成不良影響。無論如何，明末清初的小說為這個巨變時代留下了豐盛的記錄。

■關於《醒世姻緣傳》

《醒世姻緣傳》（原名《惡姻緣》）一百回，是直接受《金瓶梅》影響而出現的世情小說，以家庭為描寫中心，而以婚姻關係為暴露對象。作者原署“西周生輯著”，清代有人認為即蒲松齡，近代學者胡適亦認同此說，但近年來學界多持反對意見。現時只能說，《醒世姻緣傳》成書於明代末年或清代初期。此書前二十二回寫前世姻緣，後七十八回寫今世姻緣，基本上宣揚因果報應、禍福輪迴的思想，是晚明社會的一幅“浮世繪”。本意在勸人為善，但也充斥着色情描寫。

相對於才子佳人小說一類的作品，《醒世姻緣傳》是着意於描述世態炎涼情節的市井小說，故事的主人翁是日常生活所見的普通男女，現實性較為強烈。人物形象鮮明，且以山東方言土語為主，既生動活潑，又具有濃郁的鄉土氣息。但結構冗長，情節瑣碎，往往令讀者難以終卷，是其缺點。無論如何，《醒世姻緣傳》仔細描寫家庭生活和不合理制度下的夫妻關係，是以前的小說很少涉及的領域，別開生面。

■筆記小說再度發展

明代中葉以後，一度表現不振的筆記小說又再發展起來。這時期筆記小說的傾向是通俗化，針對市民生活和人們關心的問題，例如王同軌的《耳談》和《耳談類增》，以大量篇幅描寫平民生活，無奇不收，對白話小説影響很大；[12] 張應俞的《杜騙新書》，記述市民最關心的問題，分詐哄騙、牙行騙、引賭騙、衙役騙、婚娶騙、拐帶騙、僧道騙、煉丹騙等二十四類，共有八十多則行騙故事，反映了明代中晚期的商品經濟發展，對當時的社會秩序和道德觀念造成巨大衝擊，並出現了千奇百怪的現象，為後代的小説戲曲提供了豐富素材。

　　鄭仲夔的《耳新》雖記瑣事，亦涉仙鬼怪異，並且寓指時世，令人耳目一新。此書於崇禎七年（1634年）刻竣傳世，所記多為萬曆、天啟年間的事情，包括當時發生的著名事件。[13] 十年之後，明朝就滅亡了。

12　《耳談》有五卷本和十五卷本，其後經作者修訂和類編，成為《耳談類增》五十四卷，分為二十二類，記事一千三百三十一則，有如《夷堅志》。收錄的準則是"以奇耳者也，不奇不耳"。

13　孫順霖、陳協琴編著《中國筆記小説縱覽》，頁358。

《警世通言》 杜十娘怒沉百寶箱

掃蕩殘胡立帝畿，龍翔鳳舞勢崔嵬；左環滄海天一帶，右擁太行山萬圍。

戈戟九邊雄絕塞，衣冠萬國仰垂衣；太平人樂華胥世，永永金甌共日輝。

這首詩，單誇我朝燕京建都之盛。說起燕都的形勢，北倚雄關，南壓區夏，真乃金城天府，萬年不拔之基。當先洪武爺掃蕩胡塵，定鼎金陵，是為南京。到永樂爺從北平起兵靖難，遷於燕都，是為北京。只因這一遷，把個苦寒地面，變作花錦世界。自永樂爺九傳至於萬曆爺，此乃我朝第十一代的天子。這位天子，聰明神武，德福兼全，十歲登基，在位四十八年，削平了三處寇亂。那三處？

日本關白平秀吉、西夏哱承恩、播州楊應龍。

平秀吉侵犯朝鮮，哱承恩、楊應龍是土官謀叛，先後削平。遠夷莫不畏服，爭來朝貢。真個是：

一人有慶民安樂，四海無虞國太平。

話中單表萬曆二十年間，日本國關白作亂，侵犯朝鮮。朝鮮國王上表告急，天朝發兵泛海往救。有戶部官奏准：目今兵興之際，糧餉未充，暫開納粟入監之例。原來納粟入監的，有幾般便宜：好讀書，好科舉，好中，結末來又有個小小前程結果。以此宦家公子，富室子弟，到不願做秀才，都去援例做太學生。自開了這例，兩京太學生，各添至千人之外。內中有一人，姓李名甲，字干先，浙江紹興府人氏。父親李布政所生三兒，惟甲居長。自幼讀書在庠，未得登科，援例入於北雍。因在京坐監，與同鄉柳遇春監生同遊教坊司院內，與一個名姬相遇。那名姬姓杜名媺，排行第十，院中都稱為杜十娘，生得：

> 渾身雅豔，遍體嬌香，兩彎眉畫遠山青，一對眼明秋水潤。臉如蓮，分明卓氏文君，唇似櫻桃，何減白家樊素。可憐一片無瑕玉，誤落風塵花柳中。

那杜十娘自十三歲破瓜，今一十九歲，七年之內，不知歷過了多少公子王孫，一個個情迷意蕩，破家蕩產而不惜。院中傳出四句口號來，道是：

> 坐中若有杜十娘，斗筲之量飲千觴；院中若識杜老媺，千家粉面都如鬼。

卻說李公子，風流年少，未逢美色，自遇了杜十娘，喜出望外，把花柳情懷，一擔兒挑在他身上。那公子俊俏龐兒，溫存性兒，又是撒漫的手兒，幫襯的勤兒，與十娘一雙兩好，情投意合。十娘因見鴇兒貪財無義，久有從良之志；又見李公子忠厚志誠，甚有心向他。奈李公子懼怕老爺，不敢應承。雖則如此，兩下情好愈密，朝歡暮樂，終日相守，如夫婦一般，海誓山盟，各無他志。真個：

> 恩深似海恩無底，義重如山義更高。

再說杜媽媽女兒，被李公子佔住，別的富家巨室，聞名上門，求一見而不可得。初時李公子撒漫用錢，大差大使，媽媽脅肩諂笑，奉承不暇。日往月來，不覺一年有餘，李公子囊篋漸漸空虛，手不應心，媽媽也就怠慢了。老布政在家聞知兒子關院，幾遍寫字來喚他回去。他迷戀十娘顏色，終日延捱。後來聞知老爺在家發怒，越不敢回。古人云："以利相交者，利盡而疏。"那杜十娘與李公子真情相好，見他手頭愈短，心頭愈熱。媽媽也幾遍教女兒打發李甲出院，見女兒不統口，又幾遍將言語觸突李公子，要激怒他起身。公子性本溫克，詞氣愈和，媽媽沒奈何，日逐只將十娘叱罵道："我們行戶人家，喫客穿客，前門送舊，後門迎新，門庭鬧如火，錢帛堆成垛。自從那李甲在此，混帳一年有餘，莫說新客，連舊主顧都斷了，分明接了個鍾馗老，連小鬼也沒得上門。弄得老娘一家人家，有氣無煙，成甚麼模樣！"杜十娘被罵，耐性不住，便回答道："那李公子不是空手上門的，也曾費過大錢來。"媽媽道："彼一時，此一時，你只教他今日費些小錢兒，把與老娘辦些柴米，養你兩口也好。別人家養的女兒便是搖錢樹，千生萬活，偏我家晦氣，養了個退財白虎，開了大門，七件事般般都在老身心上。到替你這小賤人白白養着窮漢，教我衣食從何處來？你對那窮漢說：有本事出幾兩銀子與我，到得你跟了他去，我別討個丫頭過活卻不好？"十娘道："媽媽，這話是真是假？"媽媽曉得李甲囊無一錢，衣衫都典盡了，料他沒處設法。便應道："老娘從不說謊，當真哩。"十娘道："娘，你要他許多銀子？"媽媽道："若是別人，千把銀子也討了，可憐那窮漢出不起，只要他三百兩，我自去討一個粉頭代替。只一件，須是三日內交付與我。左手交銀，右手交人。若三日沒有銀時，老身也不管三七二十一，公子不公子，一頓孤拐，打那光棍出去。那時莫怪老身！"十娘道："公子雖在客邊乏鈔，諒三百金還措辦得來。只是三日忒近，限他十日便好。"媽媽想道："這窮漢一雙赤手，便限他一百日，他那裏來銀子。沒有銀子，便鐵皮包臉，料也無顏上門。那時重整家風，媺兒也沒得話講。"答應道："看你面，便寬到十日。第十日沒有銀子，不干老娘之事。"十娘道："若十日內無銀，料他也無顏再見了。只怕有了三百兩銀子，媽媽又翻悔起來。"

媽媽道："老身年五十一歲了，又奉十齋，怎敢說謊？不信時與你拍掌為定。若翻悔時，做豬做狗。"

　　　　從來海水斗難量，可笑虔婆意不良；料定窮儒囊底竭，故將財禮難嬌娘。

　　是夜，十娘與公子在枕邊，議及終身之事。公子道："我非無此心。但教坊落籍，其費甚多，非千金不可。我囊空如洗，如之奈何！"十娘道："妾已與媽媽議定只要三百金，但須十日內措辦。郎君遊資雖罄，然都中豈無親友，可以借貸。倘得如數，妾身遂為君之所有，省受虔婆之氣。"公子道："親友中為我留戀行院，都不相顧。明日只做束裝起身，各家告辭，就開口假貸路費，湊聚將來，或可滿得此數。"起身梳洗，別了十娘出門。十娘道："用心作速，專聽佳音。"公子道："不須分付。"公子出了院門，來到三親四友處，假說起身告別，眾人到也歡喜。後來敘到路費欠缺，意欲借貸。常言道："說着錢，便無緣。"親友們就不招架。他們也見得是，道李公子是風流浪子，迷戀煙花，年許不歸，父親都為他氣壞在家。他今日抖然要回，未知真假。倘或說騙盤纏到手，又去還脂粉錢，父親知道，將好意翻成惡意，始終只是一怪，不如辭了乾淨。便回道："目今正值空乏，不能相濟，慚愧！慚愧！"人人如此，個個皆然，並沒有個慷慨丈夫，肯統口許他一十二十兩。李公子一連奔走了三日，分毫無獲，又不敢回決十娘，權且含糊答應。到第四日又沒想頭，就羞回院中。平日間有了杜家，連下處也沒有了，今日就無處投宿。只得往同鄉柳監生寓所借歇。柳遇春見公子愁容可掬，問其來歷。公子將杜十娘願嫁之情，備細說了。遇春搖首道："未必，未必。那杜媺曲中第一名姬，要從良時，怕沒有十斛明珠，千金聘禮。那鴇兒如何只要三百兩？想鴇兒怪你無錢使用，白白佔住他的女兒，設計打發你出門。那婦人與你相處已久，又礙卻面皮，不好明言。明知你手內空虛，故意將三百兩賣個人情，限你十日。若十日沒有，你也不好上門。便上門時，他會說你笑你，落得一場褻瀆，自然安身不牢，此乃煙花逐客之計。足下三思，休被其惑。據弟愚意，不如早早開交為上。」公子聽說，半晌無言，心中疑惑不定。遇春又道：「足下莫要錯了主意。你若真個還鄉，不多幾兩盤費，還有人搭救。若是要三百兩時，莫說十日，就是十個月也難。如今的世情，那肯顧緩急二字的。那煙花也算定你沒處告債，故意設法難你。」公子道：「仁兄所見良是。」口裏雖如此說，心中割捨不下。依舊又往外邊東央西告，只是夜裏不進院門了。公子在柳監生寓中，一連住了三日，共是六日了。杜十娘連日不見公子進院，十分着緊，就教小廝四兒街上去尋。四兒尋到大街，恰好遇見公子。四兒叫道：「李姐夫，娘在家裏望你。」公子自覺無顏，回復道：「今日不得功夫，明日來罷。」四兒奉了十娘之命，一把扯住，死也不放。道：「娘叫嗒尋你。是必同去走一遭。」李公子心上也牽掛着婊子，沒奈何，只得隨四兒進院。見了十娘，嘿嘿無言。十娘問道：「所謀之事如何？」公子眼中流下淚來。十娘道：「莫非人情淡薄，不能足三百之數麼？」公子含淚而言，道出二句：

「不信上山擒虎易，果然開口告人難。」

一連奔走六日，並無銖兩，一雙空手，羞見芳卿，故此這幾日不敢進院。今日承命呼喚，忍恥而來，非某不用心，實是世情如此。十娘道：「此言休使虔婆知道。郎君今夜且住，妾別有商議。」十娘自備酒肴，與公子懽飲。睡至半夜，十娘對公子道：「郎君果不能辦一錢耶？妾終身之事，當如何也？」公子只是流涕，不能答一語。漸漸五更天曉。十娘道：「妾所臥絮褥內藏有碎銀一百五十兩，此妾私蓄，郎君可持去。三百金，妾任其半，郎君亦謀其半，庶易為力。限只四日，萬勿遲誤。」十娘起身將褥付公子，公子驚喜過望。喚童兒持褥而去。逕到柳遇春寓中，又把夜來之情與遇春說了。將褥拆開看時，絮中都裹着零碎銀子，取出兌時果是一百五十兩。遇春大驚道：「此婦真有心人也。既係真情，不可相負。吾當代為足下謀之。」公子道：「倘得玉成，決不有負。」當下柳遇春留李公子在寓，自出頭各處去借貸。兩日之內，湊足一百五十兩交付公子道：「吾代為足下告債，非為足下，實憐杜十娘之情也。」李甲拿了三百兩銀子，喜從天降，笑逐顏開，欣欣然來見十娘，剛是第九日，還不足十日。十娘問道：「前日分毫難借，今日如何就有一百五十兩？」公子將柳監生事情，又述了一遍。十娘以手加額道：「使吾二人得遂其願者，柳君之力也。」兩個歡天喜地，又在院中過了一晚。次日十娘早起，對李甲道：「此銀一交，便當隨郎君去矣。舟車之類，合當預備。妾昨日於姊妹中借得白銀二十兩，郎君可收下為行資也。」公子正愁路費無出，但不敢開口，得銀甚喜。說猶未了，鴇兒恰來敲門叫道：「媺兒，今日是第十日了。」公子聞叫，啟戶相延道：「承媽媽厚意，正欲相請。」便將銀三百兩放在桌上。鴇兒不料公子有銀，嘿然變色，似有悔意。十娘道：「兒在媽媽家中八年，所致金帛，不下數千金矣。今日從良美事，又媽媽親口所訂，三百金不欠分毫，又不曾過期。倘若媽媽失信不許，郎君持銀去，兒即刻自盡。恐那時人財兩失，悔之無及也。」鴇兒無詞以對。腹內籌畫了半晌，只得取天平兌准了銀子，說道：「事已如此，料留你不住了。只是你要去時，即今就去。平時穿戴衣飾之類，毫釐休想。」說罷，將公子和十娘推出房門，討鎖來就落了鎖。此時九月天氣。十娘纔下床，尚未梳洗，隨身舊衣，就拜了媽媽兩拜。李公子也作了一揖。一夫一婦，離了虔婆大門。

鯉魚脫卻金鈎去，擺尾搖頭再不來。

公子教十娘且住片時：「我去喚個小轎擡你，權往柳榮卿寓所去，再作道理。"十娘道:"院中諸姊妹平昔相厚,理宜話別。況前日又承他借貸路費,不可不一謝也。"乃同公子到各姊妹處謝別。姊妹中惟謝月朗徐素素與杜家相近,尤與十娘親厚。十娘先到謝月朗家。月朗見十娘禿髻舊衫,驚問其故。十娘備述來因。又引李甲相見。十娘指月朗道:"前日路資,是此位姐姐所貸,郎君可致謝。"李甲連連作揖。月朗便教十娘梳洗,一面去請徐素素來家相會。十娘梳洗已畢,謝徐二美人各出所有,翠鈿金釧,瑤簪寶珥,錦袖花裙,鸞帶繡履,把杜十娘裝扮得煥然一新,備酒作慶賀筵席。月朗讓臥房與李甲杜媺二人過宿。次日,又大排筵席,遍請院中姊妹。凡十娘相厚者,無不畢集。都與他夫婦把盞稱喜。吹彈歌舞,各逞其長,務要盡歡,直飲至夜分。十娘向眾姊妹,一一稱謝,眾姊妹道:"十姊為風流領袖,今從郎君去,我等相見無日。何日長行,姊妹們尚當奉送。"月朗道:"候有定期,小妹當來相報。但阿姊千里間關,同郎君遠去,囊篋蕭條,曾無約束,此乃吾等之事。當相與共謀之,勿令姊有窮途之慮也。"眾姊妹各唯唯而散。是晚,公子和十娘仍宿謝家。至五鼓,十娘對公子道:"吾等此去,何處安身?郎君亦曾計議有定着否?"公子道:"老父盛怒之下,若知娶妓而歸,必然加以不堪,反致相累。展轉尋思,尚未有萬全之策。"十娘道:"父子天性,豈能終絕。既然倉卒難犯,不若與郎君於蘇杭勝地,權作浮居。郎君先回,求親友於尊大人面前勸解和順,然後攜妾于歸,彼此安妥。"公子道:"此言甚當。"次日,二人起身辭了謝月朗,暫往柳監生寓中,整頓行裝。杜十娘見了柳遇春,倒身下拜,謝其周全之德:"異日我夫婦必當重報。"遇春慌忙答禮道:"十娘鍾情所歡,不以貧窶易心,此乃女中豪傑。僕因風吹火,諒區區何足掛齒!"三人又飲了一日酒。次早,擇了出行吉日,僱倩轎馬停當。十娘又遣童兒寄信,別謝月朗。臨行之際,只見肩輿紛紛而至,乃謝月朗與徐素素拉眾姊妹來送行。月朗道:"十姊從郎君千里間關,囊中消索,吾等甚不能忘情。今合具薄贐,十姊可檢收,或長途空乏,亦可少助。"說罷,命從人挈一描金文具至前,封鎖甚固，正不知甚麼東西在裏面。十娘也不開看，也不推辭，但殷勤作謝而已。須臾，輿馬齊集，僕夫催促起身。柳監生三盃別酒，和眾美人送出崇文門外，各各垂淚而別。正是：

他日重逢難預必，此時分手最堪憐。

再說李公子同杜十娘行至潞河，舍陸從舟，卻好有瓜洲差使船轉回之便，講定船錢，包了艙口。比及下船時，李公子囊中並無分文餘剩。你道杜十娘把二十兩銀子與公子，如何就沒了？公子在院中得衣衫藍縷，銀子到手，未免在解庫中取贖幾件穿着，又製辦了鋪蓋，剩來只勾轎馬之費。公子正當愁悶，十娘道：「郎君勿憂，眾姊妹合贈，必有所濟。」乃取鑰開箱。公子在傍自覺慚愧，也不敢窺覷箱中虛實。只見十娘在箱裏取出一個紅絹袋來，擲於桌上道：「郎君可開看之。」公子提在手中，覺得沉重。啟而觀之，皆是白銀，計數整五十兩。十娘仍將箱子下鎖，亦不言箱中更有何物。但對公子道：「承眾姊妹高情，不惟途路不乏，即他日浮寓吳越間，亦可稍佐吾夫妻山水之費矣。」公子且驚且喜道：「若不遇恩卿，我李甲流落他鄉，死無葬身之地矣。此情此德，白頭不敢忘也。」自此每談及往事，公子必感激流涕。十娘亦曲意撫慰，一路無話。不一日，行至瓜洲，大船停泊岸口，公子別僱了民船，安放行李。約明日侵晨，剪江而渡。其時仲冬中旬，月明如水，公子和十娘坐於舟首。公子道：「自出都門，困守一艙之中，四顧有人，未得暢語。今日獨據一舟，更無避忌。且已離塞北，初近江南，宜開懷暢飲，以舒向來抑鬱之氣，恩卿以為何如？」十娘道：「妾久疏談笑，亦有此心，郎君言及，足見同志耳。」公子乃攜酒具於船首，與十娘鋪氈並坐，傳盃交盞。飲至半酣，公子執卮對十娘道：「恩卿妙音，六院推首。某相遇之初，每聞絕調，輒不禁神魂之飛動。心事多違，彼此鬱鬱，鸞鳴鳳奏，久矣不聞。今清江明月，深夜無人，肯為我一歌否？」十娘興亦勃發，遂開喉頓嗓，取扇按拍，嗚嗚咽咽，歌出元人施君美《拜月亭》雜劇上〈狀元執盞與嬋娟〉一曲，名小桃紅。真個：

聲飛霄漢雲皆駐，響入深泉魚出遊。

卻說他舟有一少年，姓孫名富字善賚，徽州新安人氏。家資巨萬，積祖揚州種鹽。年方二十，也是南雍中朋友。生性風流，慣向青樓買笑，紅粉追歡，若嘲風弄月，到是個輕薄的頭兒。事有偶然，其夜亦泊舟瓜洲渡口，獨酌無聊。忽聽得歌聲嘹喨，鳳吟鸞吹，不足喻其美。起立船頭，佇聽半晌，方知聲出鄰舟。正欲相訪，音響倏已寂然。乃遣僕者潛窺蹤跡，訪於舟人。但曉得是李相公僱的船，並不知歌者來歷。孫富想道：「此歌者必非良家，怎生得他一見？」展轉尋思，通宵不寐。挨至五更，忽聞江風大作。及曉，彤雲密布，狂雪飛舞。怎見得，有詩為證：

千山雲樹滅，萬徑人蹤絕；扁舟蓑笠翁，獨釣寒江雪。

因這風雪阻渡，舟不得開。孫富命艄公移船，泊於李家舟之傍，孫富貂帽狐裘，推窗假作看雪。值十娘梳洗方畢，纖纖玉手，揭起舟傍短簾，自潑盂中殘水，粉容微露，卻被孫富窺見了，果是國色天香。魂搖心蕩，迎眸注目，等候再見一面，杳不可得。沉思久之，乃倚窗高吟高學士梅花詩二句，道：

雪滿山中高士臥，月明林下美人來。

李甲聽得鄰舟吟詩，舒頭出艙，看是何人。只因這一看，正中了孫富之計。孫富吟詩，正要引李公子出頭，他好乘機攀話。當下慌忙舉手，就問：「老兄尊姓何諱？"李公子敍了姓名鄉貫，少不得也問那孫富。孫富也敍過了。又敍了些太學中的閒話，漸漸親熟。孫富便道："風雪阻舟，乃天遣與尊兄相會，實小弟之幸也。舟次無聊。欲同尊兄上岸，就酒肆中一酌，少領清誨，萬望不拒。"公子道："萍水相逢，何當厚擾？"孫富道："說那裏話！'四海之內，皆兄弟也'。"喝教梢公打跳，童兒張傘，迎接公子過船，就於船頭作揖。然後讓公子先行，自己隨後，各各登跳上涯。行不數步，就有個酒樓，二人上樓，揀一副潔淨座頭，靠窗而坐。酒保列上酒肴。孫富舉杯相勸，二人賞雪飲酒。先說些斯文中套話。漸漸引入花柳之事。二人都是過來之人，志同道合，說得入港，一發成相知了。孫富屏去左右，低低問道："昨夜尊舟清歌者，何人也？"李甲正要賣弄在行，遂實說道："此乃北京名姬杜十娘也。"孫富道："既係曲中姊妹，何以歸兄？"公子遂將初遇杜十娘，如何相好，後來如何要嫁，如何借銀討他，始末根由，備細述了一遍。孫富道："兄攜麗人而歸，固是快事，但不知尊府中能相容否？"公子道："賤室不足慮。所慮者，老父性嚴，尚費躊躇耳！"孫富將機就機，便問道："既是尊大人未必相容，兄所攜麗人，何處安頓？亦曾通知麗人，共作計較否？"公子攢眉而答道："此事曾與小妾議之。"孫富欣然問道："尊寵必有妙策。"公子道："他意欲僑居蘇杭，流連山水。使小弟先回，求親友宛轉於家君之前。俟家君回嗔作喜，然後圖歸，高明以為何如？"孫富沈吟半晌，故作愀然之色，道："小弟乍會之間，交淺言深，誠恐見怪。"公子道："正賴高明指教，何必謙遜？"孫富道："尊大人位居方面，必嚴帷薄之嫌，平時既怪兄遊非禮之地，今日豈容兄娶不節之人。況且賢親貴友，誰不迎合尊大人之意者？兄枉去求他，必然相拒。就有個不識時務的進言於尊大人之前，見尊大人意思不允，他就轉口了。兄進不能和睦家庭，退無詞以回復尊寵。即使留連山水，亦非長久之計。萬一資斧困竭，豈不進退兩難！"公子自知手中只有五十金，此時費去大半，說到資斧困竭，進退兩難，不覺點頭道是。孫富又道："小弟還有句心腹之談，兄肯俯聽否？”公子道：“承兄過愛，更求盡言。”孫富道：“疏不間親，還是莫說罷。”公子道：“但說何妨。”孫富道：“自古道：‘婦人水性無常。’況煙花之輩，少真多假。他既係六院名姝，相識定滿天下；或者南邊原有舊約，借兄之力，挈帶而來，以為他適之地。”公子道：“這個恐未必然。”孫富道：“即不然，江南子弟，最工輕薄，兄留麗人獨居，難保無踰牆鑽穴之事。若挈之同歸，愈增尊大人之怒。為兄之計，未有善策。況父子天倫，必不可絕。若為妾而觸父，因妓而棄家，海內必以兄為浮浪不經之人。異日妻不以為夫，弟不以為兄，同袍不以為友，兄何以立於天地之間？兄今日不可不熟思也！”公子聞言，茫然自失，移席問計：“據高明之見，何以教我？”孫富道：“僕有一計，於兄甚便。只恐兄溺枕席之愛，未必能行，使僕空費詞說耳！”公子道：“兄誠有良策，使弟再覩家園之樂，乃弟之恩人也。又何憚而不言耶？”孫富道：“兄飄零歲餘，嚴親懷怒，閨閣離心，設身以處兄之地，誠寢食不安之時也。然尊大人所以怒兄者，不過為迷花戀柳，揮金如土，異日必為棄家蕩產之人，不堪承繼家業耳！兄今日空手而歸，正觸其怒。兄倘能割衽席之愛，見機而作，僕願以千金相贈。兄得千金，以報尊大人，只說在京授館，並不曾浪費分毫，尊大人必然相信。從此家庭和睦，當無間言。須臾之間，轉禍為福。兄請三思，僕非貪麗人之色，實為兄效忠於萬一也！”李甲原是沒主意的人，本心懼怕老子，被孫富一席話，說透胸中之疑，起身作揖道：“聞兄大教，頓開茅塞。但小妾千里相從，義難頓絕，容歸與商之。得其心肯，當奉復耳。”孫富道：“說話之間，宜放婉曲。彼既忠心為兄，必不忍使兄父子分離，定然玉成兄還鄉之事矣。”二人飲了一回酒，風停雪止，天色已晚。孫富教家僮算還了酒錢，與公子攜手下船。正是：

逢人且說三分話，未可全拋一片心。

卻說杜十娘在舟中，擺設酒果，欲與公子小酌，竟日未回，挑燈以待。公子下船，十娘起迎。見公子顏色匆匆，似有不樂之意，乃滿斟熱酒勸之。公子搖首不飲。一言不發，竟自床上睡了。十娘心中不悅。乃收拾杯盤，為公子解衣就枕，問道："今日有何見聞，而懷抱鬱鬱如此？"公子嘆息而已，終不啟口。問了三四次，公子已睡去了。十娘委決不下，坐於床頭而不能寐。到夜半，公子醒來，又嘆一口氣。十娘道："郎君有何難言之事，頻頻嘆息？"公子擁被而起，欲言不語者幾次，撲簌簌掉下淚來。十娘抱持公子於懷間，軟言撫慰道："妾與郎君情好，已及二載，千辛萬苦，歷盡艱難，得有今日。然相從數千里，未曾哀戚。今將渡江，方圖百年歡笑，如何反起悲傷，必有其故。夫婦之間，死生相共，有事盡可商量，萬勿諱也。"公子再四被逼不過，只得含淚而言道："僕天涯窮困，蒙恩卿不棄，委曲相從，誠乃莫大之德也。但反覆思之，老父位居方面，拘於禮法，況素性方嚴，恐添嗔怒，必加黜逐。你我流蕩，將何底止？夫婦之歡難保，父子之倫又絕。日間蒙新安孫友邀飲，為我籌及此事，寸心如割。"十娘大驚道："郎君意將如何？"公子道："僕事內之人，當局而迷。孫友為我畫一計頗善，但恐恩卿不從耳！"十娘道："孫友者何人？計如果善，何不可從？"公子道："孫友名富，新安鹽商，少年風流之士也。夜間聞子清歌，因而問及。僕告以來歷，並談及難歸之故，渠意欲以千金聘汝。我得千金，可藉口以見吾父母；而恩卿亦得所天。但情不能捨，是以悲泣。"說罷，淚如雨下。十娘放開兩手，冷笑一聲道："為郎君畫此計者，此人乃大英雄也。郎君千金之資，既得恢復，而妾歸他姓，又不致為行李之累，發乎情，止乎禮，誠兩便之策也。那千金在那裏？"公子收淚道："未得恩卿之諾，金尚留彼處，未曾過手。"十娘道："明早快快應承了他，不可挫過機會。但千金重事，須得兌足交付郎君之手，妾始過舟，勿為賈豎子所欺。"時已四鼓，十娘即起身挑燈梳洗道："今日之，乃迎新送舊，非比尋常。"於是脂粉香澤，用意修飾，花鈿繡襖，極其華豔，香風拂拂，光采照人。裝束方完，天色已曉。孫富差家僮到船頭候信。十娘微窺公子，欣欣似有喜色，乃催公子快去回話，及早兌足銀子。公子親到孫富船中，回復依允。孫富道：「兌銀易事，須得麗人妝臺為信。」公子又回復了十娘，十娘即指描金文具道：「可便擡去。」孫富喜甚。即將白銀一千兩，送到公子船中。十娘親自檢看，足色足數，分毫無爽。乃手把船舷，以手招孫富。孫富一見，魂不附體。十娘啟朱唇，開皓齒道：「方纔箱子可暫發來，內有李郎路引一紙，可檢還之也。」孫富視十娘已為甕中之鱉，即命家童送那描金文具，安放船頭之上。十娘取鑰開鎖，內皆抽替小箱。十娘叫公子抽第一層來看，只見翠羽明璫，瑤簪寶珥，充牣於中，約值數百金。十娘遽投之江中。李甲與孫富及兩船之人，無不驚詫。又命公子再抽一箱，乃玉簫金管。又抽一箱，盡古玉紫金玩器，約值數千金。十娘盡投之於大江中。岸上之人，觀者如堵。齊聲道：「可惜可惜！」正不知甚麼緣故。最後又抽一箱，箱中復有一匣。開匣視之，夜明之珠，約有盈把。其他祖母綠，貓兒眼，諸般異寶，目所未睹，莫能定其價之多少，眾人齊聲喝采，喧聲如雷。十娘又欲投之於江。李甲不覺大悔，抱持十娘慟哭，那孫富也來勸解。十娘推開公子在一邊，向孫富罵道：「我與李郎備嘗艱苦，不是容易到此，汝以奸淫之意，巧為讒說，一旦破人姻緣，斷人恩愛，乃我之仇人。我死而有知，必當訴之神明，尚妄想枕席之歡乎！」又對李甲道：「妾風塵數年，私有所積，本為終身之計。自遇郎君，山盟海誓，白首不渝。前出都之際，假託眾姊妹相贈，箱中韞藏百寶，不下萬金。將潤色郎君之裝，歸見父母，或憐妾有心，收佐中饋，得終委託，生死無憾。誰知郎君相信不深，惑於浮議，中道見棄，負妾一片真心。今日當眾目之前，開箱出視，使郎君知區區千金，未為難事。妾櫝中有玉，恨郎眼內無珠。命之不辰，風塵困瘁，甫得脫離，又遭棄捐，今眾人各有耳目，共作證明，妾不負郎君，郎君自負妾耳！」於是眾人聚觀者，無不流涕，都唾罵李公子負心薄倖。公子又羞又苦，且悔且泣，方欲向十娘謝罪。十娘抱持寶匣，向江心一跳。眾人急呼撈救。但見雲暗江心，波濤滾滾，杳無蹤影。可惜一個如花似玉的名姬，一旦葬於江魚之腹。

三魂渺渺歸水府，七魄悠悠入冥途。

當時旁觀之人，皆咬牙切齒，爭欲拳毆李甲和那孫富。慌得李孫二人，手足無措，急叫開船，分途遁去。李甲在舟中，看了千金，轉憶十娘，終日愧悔，鬱成狂疾，終身不痊。孫富自那日受驚，得病臥床月餘，終日見杜十娘在傍詬罵，奄奄而逝。人以為江中之報也。

卻說柳遇春在京坐監完滿，束裝回鄉，停舟瓜步。偶臨江淨臉，失墜銅盆於水，覓漁人打撈。及至撈起，乃是個小匣兒。遇春啟匣觀看，內皆明珠異寶，無價之珍。遇春厚賞漁人，留於床頭把玩。是夜夢見江中一女子，凌波而來，視之，乃杜十娘也。近前萬福，訴以李郎薄倖之事。又道：“向承君家慷慨，以一百五十金相助，本意息肩之後，徐圖報答。不意事無終始；然每懷盛情，悒悒未忘。早間曾以小匣托漁人奉致，聊表寸心。從此不復相見矣。”言訖，猛然驚醒，方知十娘已死，嘆息累日。後人評論此事，以為孫富謀奪美色，輕擲千金，固非良士；李甲不識杜十娘一片苦心，碌碌蠢才，無足道者。獨謂十娘千古女俠，豈不能覓一佳侶，共跨秦樓之鳳，乃錯認李公子，明珠美玉，投於盲人，以致恩變為仇。萬種恩情，化為流水，深可惜也！有詩嘆云：

不會風流莫妄談，單單情字費人參；若將情字能參透，喚作風流也不慚。

第六章　清代盛世氣象：古典小説的巔峰時期

清朝建立初期至乾隆末年是中國古典小説的極盛時代，無論數量和質量、內容及形式、風格與流派，都是前代不可比擬的，重要作品有《聊齋志異》、《水滸後傳》、《隋唐演義》、《説岳全傳》、《醒世姻緣傳》、《儒林外史》、《紅樓夢》等。《聊齋志異》在藝術上繼承了六朝志怪小説和唐人傳奇的優良傳統，而又有所突破和創造，情節曲折動人，既表現了故事主題，同時也刻畫了人物，是中國文言短篇小説達於巔峰狀態的作品。

《紅樓夢》則代表中國古典長篇小説的最高成就，此書對晚期封建社會生活的概括和表現，其他作品實在無出其右，是一部世界性的文學巨著。《紅樓夢》與明代的《三國演義》、《水滸傳》和《西遊記》，並稱"四大古典小説"（表 8）。平心而論，作為世情小説開山的《金瓶梅詞話》，應與四大古典小説並列，合為"五大古典小説"。清代盛世以降對小説的政策和觀點，是應該隨着時代進展而有所調整和改變的。《聊齋志異》、《儒林外史》與清末的《二十年目睹之怪現狀》和《官場現形記》，合稱"四大諷刺小説"。概括而言，清代是章回小説的鼎盛期，更發展出諷刺小説、俠義公案小説、狹邪小説、譴責小説等多個流派。

表 8 四大奇書與四大古典小説

四大奇書	四大古典小説	作者
1.《三國演義》	1.《三國演義》	元末明初、羅貫中
2.《水滸傳》	2.《水滸傳》	元末明初、施耐庵

3.《西遊記》	3.《西遊記》	明代·吳承恩
4.《金瓶梅》	4.《紅樓夢》（又名《石頭記》）	明代·蘭陵笑笑生 清代·曹雪芹

第一節　從世情小說到艷情小說

明清之際的擬話本小說，處於由整理、改編邁向獨創的過渡時期，摹寫世情的小說佔了主導地位，小說集有《醉醒石》、《豆棚閑話》、《照世杯》等。而在創作上最有特色的，是李漁的《無聲戲》和《十二樓》。

■李漁的短篇小說

戲曲作家、小說家李漁（1611 － 1680 年）原名仙侶，字謫凡，號笠翁、隨庵主人、覺世稗官，浙江蘭溪人。因鄉試失利，從事農耕。三十九歲時出遊錢塘（今浙江杭州市），一度以賣賦為生，大約住了十年，他的小說和戲曲頗多作於此時。四十八歲時移家至金陵（今江蘇南京市），經營書店，號“芥子園”，編印過《芥子園畫譜》、《笠翁詩韻》、《笠翁詞韻》等書，居留近二十年，至晚年返回錢塘。一生未嘗為官，然與社會名流如王士禎、周亮工、尤侗、吳偉業等人頗有交往。著述甚豐，有《笠翁一家言文集》、《笠翁十種曲》及通俗小說《無聲戲》十二回、《十二樓》十二卷三十八回等。

李漁將小說集題名《無聲戲》，意即不演唱的戲曲。《十二樓》包括十二篇小說，每篇都寫一“樓”，並以樓名標題，故名。兩部小說集共有三十個短篇，內容包括社會家庭間的財產、婚姻、子嗣，以及個人的立身處世問題，所顯示的，並不是真實的生活，而是他別出心裁的經驗之談和遊戲人生的意趣。論者認為，“在白話小說創作中，李漁是最早勇敢地投入自己、表現自己的作家",“但卻過分地強調了創造的自由性"。[1]

■清初的才子佳人小説

清初各類小説之中,以才子佳人小説數量最多。成為一大類型,且與此前的作品不同,故事中的才子佳人因相慕而結合,每多超越了世俗情慾並且追求共同的理想。最著名的作品,有《玉嬌梨》、《平山冷燕》、《定情人》等。清初有《天花藏七才子書》,是《玉嬌梨》和《平山冷燕》兩書的合刊,因《玉嬌梨》是三才子,《平山冷燕》是四才子,所以合稱為七才子。

大體而言,清初的才子佳人小説具有以下幾個特點:第一,充分肯定少男少女、尤其是貴族青年男女的“真情至性";第二,大力弘揚女子的才德、才華和治家、治國之才;第三,重情節結構而忽略了對人物形象的塑造。[2] 康熙以後出現的作品,如《好逑傳》、《駐春園小史》等,則增加了世情方面的描寫,加入俠義乃至神怪的情節。

■《肉蒲團》及其他艷情小説

《肉蒲團》又名《覺後禪》、《耶蒲緣》、《野叟奇語》、《鍾情錄》、《循環報》、《巧姻緣》、《巧奇緣》,六卷二十回。題“情痴反正道人"編次,別署“情隱先生"編次,有人認為是清初李漁編纂,但無確鑿證據。小説主要寫未央生的艷遇,可稱為艷情小説(猥褻小説)之最。所謂懲戒乃是外衣,猥褻方為主旨。此書有清光緒二十年(1894年)排印本、光緒間石印本。

1　袁行霈主編《中國文學史(第二版)》第四卷,頁 255－256。
2　石麟著《中國古代小説文本史》,頁 271－278。

　　《金瓶梅》面世之後，世情小説創作中值得注意的一個動向，是大量艷情小説的出現，明末清初是艷情小説的鼎盛時期，可知的約有六十種。除《肉蒲團》外，有《桃花影》、《燈草和尚》、《巫山艷史》等。艷情小説或稱風流小説，是清代禁毀書目中的主體部分。《桃花影》十二卷，作者佚名，有清初寫刻本；《燈草和尚》十二回，作者託名高則誠，當為清初作品；《巫山艷史》又名《意中情》，十六回，作者佚名，有康熙年間刊本。

第二節　蒲松齡的《聊齋志異》

■蒲松齡的生平和著作

　　《聊齋志異》的作者蒲松齡（1640－1715年），字留仙，一字劍臣，別號柳泉居士，世以其齋名尊稱他為聊齋先生。生於山東淄川（今淄博市）。自幼穎悟多才，從父讀書，十九歲始應童子試，以縣、府、道三個第一補博士弟子生員，但其後連應鄉試，皆名落孫山。三十一歲時，到寶應縣（今屬江蘇）做過一年幕客。此後，任鄉村塾師長達四十年；其中在本縣富紳畢際有家坐館，竟至三十年之久。年逾古稀，才撤帳還家。他一邊教書，一邊寫作，筆耕不輟，著述豐富，且涉及廣泛的文學領域，除了以二十年左右時間完成的《聊齋志異》，還留下大量詩文，包括《聊齋文集》、《聊齋詩集》和《聊齋俚曲》，以及關於農業、醫學等通俗讀物多種。[3]

3　今人路大荒輯《蒲松齡集》，有文 458 篇，詩 929 首，詞曲 102 首，戲曲 3 種（《考詞九轉貨郎兒》、《鍾妹慶壽》、《鬧館》），《聊齋》俚曲 14 種（多為《聊齋》故事改編），雜著 8 種（《省身語錄》、《懷刑錄》、《曆字文》、《日用俗字》、《農桑經》、《藥崇書》、《婚嫁全書》、《家政內外篇》）。

■《聊齋志異》的內容和類別

《聊齋志異》是一部文言短篇小説集，成書於康熙年間，鑄雪齋抄本為十二卷，乾隆三十一年（1766 年）刻本為十六卷。[4] 共有小説四百九十一篇，較著名的篇章有《促織》、《王者》、《席方平》、《司文郎》、《青鳳》、《連瑣》、《紅玉》等，按照故事內容，可以分為四類：

第一類作品暴露社會黑暗和政治腐敗，抨擊貪官污吏和土豪劣紳，同情善良百姓的悲慘遭遇。例如《促織》描寫老百姓在荒淫專制的皇帝統治下走投無路，竟化為促織以供消遣，故事有非常深刻的寓意。

第二類作品揭露科舉制度的不合理，抨擊以八股文取士的弊端。例如《司文郎》寫一個盲僧用鼻子可以嗅出文章好壞，諷刺科舉顛倒黑白。

第三類作品描寫愛情婚姻，數量較多，如《嬰寧》、《阿寶》、《香玉》等，優美動人，反映了青年男女在禮教壓迫下追求自由和幸福的願望；其中有些作品寫花妖狐魅與人的戀情，尤為膾炙人口，這些故事表現了男女之間真摯的愛，具有浪漫主義色彩。

第四類作品寄寓某些人生哲理，例如：《勞山道士》對好逸惡勞和企圖僥倖得利的品性，作出了諷刺；《畫皮》描述惡鬼常常披着美麗的畫皮，告誡人們必須注意識別。

近人將《聊齋志異》中的作品做了一個分類，更具體地突出了此書的主題：（一）孝悌忠順；（二）科舉教育；（三）吏治公案；（四）情愛婚姻；（五）友情節氣；（六）復仇報恩；（七）逸聞勸善。[5] 書中亦不免有些宣揚因果報應的篇章，反映出作者的宿命論思想。總的來説，這些作品以談狐説鬼的形式，對社會黑暗和官吏罪惡多所暴露，亦批判了科舉制度和封建

---

4 張友鶴輯校《聊齋志異》（上海：上海古籍出版社，1986 年）較完備，另有朱其鎧主編《全本新注聊齋志異》（北京：人民文學出版社，1989 年）等。

5 吳丹櫻選註《〈聊齋志異〉分類選注》（上海：東方出版中心，2012 年）。

禮教，並以同情筆調，描繪了青年男女真誠相愛的故事。作者自己生活貧困，了解民間疾苦，構思奇妙，語言生動，刻畫細膩，引人入勝。在中國小説史上，《聊齋志異》佔有很高的位置。

■仿《聊齋》和反《聊齋》的作品

魯迅《中國小説史略》謂《聊齋志異》"用傳奇法而以志怪"，一書而兼二體，取得巨大成就，產生了深遠影響，使文言小説創作迅速臻於鼎盛，形成唐傳奇以來的第二次高潮。但環繞着《聊齋志異》的創作方面，產生了兩種不同的態度，摹仿讚頌者眾，至紀昀而有微辭。

（一）仿《聊齋》的作品：有沈起鳳（1741－？年）的《諧鐸》，樂鈞的《耳食錄》、和邦額的《夜譚隨錄》、浩歌子的《螢窗異草》、宣鼎的《夜雨秋燈錄》，還有王韜（1828－1897年）的《遁窟讕言》、《淞隱漫錄》、《淞濱瑣話》等。《諧鐸》十二卷，共一百二十二篇，故事詼諧，情節曲折，是"聊齋類型"當中成就最大的一種。順帶一提，清末有《繪圖女聊齋》。[6]

（二）反《聊齋》的作品：有袁枚的《子不語》、紀昀的《閱微草堂筆記》、俞蛟的《夢厂雜著》、俞樾的《右台仙館筆記》等。俞蛟是清中葉人，生平、籍里不詳，長期為人幕僚，走遍大江南北，並把自己的閱歷和見聞寫成筆記小説集。[7]

其實不論是"仿"抑或"反"，都是《聊齋志異》的仿作，以及企圖突

6　《繪圖女聊齋》，題"古吳靚芬女史賈茗輯"。此書搜羅數千年來貞女、才女、俠女、情女之魂，匯為一編；輯錄者素崇拜蒲松齡的著作，而尤傾倒於《聊齋志異》一書，嘗自顏其齋曰"女聊齋"，以志其慕。近人校註此書，改題《華夏奇女魂》。"歷代筆記小説叢書"本，題為《女聊齋志異》（濟南：齊魯書社，2004年）。

7　俞蛟的《夢厂雜著》十卷，分為七部分：《春明叢説》、《鄉曲枝辭》、《齊東妄言》的內容以神鬼怪異和俠客義行為主，《遊蹤選勝》是風光名勝遊記，《臨清寇略》敍清水教王倫起事至失敗經過，《讀畫閑評》記清代名畫家事跡和作品，《潮嘉風月》則多錄廣東潮州一帶船妓的故事。

破《聊齋志異》的樊籬，在在表明了《聊齋志異》本身具有巨大的藝術感召力。蒲松齡的文言風格，對清中葉以後的文言小説有較大影響，直以清末的林紓（1852 － 1924 年）且以《聊齋志異》的筆法來翻譯西洋小説。[8]

■文學創作與人生問題

文學創作離不開人生問題，與愛情生活尤有密切關係，古今如是，中外皆然。問題是甚麼類型的愛情，最為文學家所選取？中國古典小説之中，一直為世人所傳誦的，應以唐代傳奇描寫才子佳人相遇和愛戀的浪漫故事為最早，這傳統並為後世的傳奇體作品所繼承。

宋代是傳奇走向衰落的時期，明代《剪燈新話》等小説中，也有描寫作者本人的愛情悲劇的；至清代再度出現高潮，《聊齋志異》之中涉及愛情的作品，約有一百二十節，佔全書四分之一篇幅。大體來説，傳奇體作家喜歡寫一些不尋常的故事，筆記體作家則較安詳地看待人生，對愛情的見解大都不迂腐。紀昀的《閱微草堂筆記》，亦可作如是觀。

第三節　吳敬梓的《儒林外史》

諷刺小説是以"譏彈"為主要手段，批判現實主義的一種文學作品。吳敬梓的《儒林外史》是其代表作，這部小説雖然假託明代，實則寫的是與作者同時代的江南科場和文壇，是一部完全寫實的作品，既不語怪力亂神，也不談浪漫風情，這在傳統小説中，是絕無僅有的。[9]作者基於儒家

8　齊裕焜主編《中國古代小説演變史》，頁 126。
9　謝謙主編《中國文學・明清卷（修訂版）》，頁 305。

的道德準則，針對當時士林中的醜類，揭露科舉制度對讀書人的毒害，筆致深婉而又趣味文雅，非有相當修養與生活閱歷者，不能體會其妙處，故其讀者以文人居多，影響亦主要在士林。諷刺的技法有兩種，即誇張和對比；同語詼諧、幽默，是諷刺小說區別於其他批判現實主義作品的一個重要特點。作為諷刺小說流變的譴責小說，則不可同日而語了。

■吳敬梓的生平和著作

　　吳敬梓（1701－1754年），字敏軒，號文木，全椒（今屬安徽）人。出身世代科第家庭，但到他那一代已家業衰落。二十三歲時考取秀才，但此後屢困科場，未能中舉，乃放情詩酒，漫遊大江南北，以著述自娛。不善治產業，性豪邁不羈，不到十年，家產揮霍幾盡。曾舉博學鴻詞，託病拒絕，旋移家金陵（今南京），與友人集資建先賢祠於雨花山麓。晚年自號文木老人、秦淮寓客，僑居揚州，賣文為生，更加落拓貧困。精《文選》、詩賦，對《詩經》有獨特見解，著《詩說》一書，但已失傳；然生平最惡科舉，所著長篇小說《儒林外史》，從多方面對科舉制度和封建禮教進行批判。有《文木山房集》十二卷，今存四卷。

■《儒林外史》的內容

　　吳敬梓著《儒林外史》是諷刺小說的經典作品，用十多個既獨立而又有聯繫的故事，生動地描寫了一班受科舉荼毒和市儈薰染的讀書人，通過對這些人物的刻畫，展開了一幅廣闊的社會圖景。作者善於使用白描手法，往往三言兩語，便使人物性格活現於紙上，顯露無遺。雖說是長篇小說，但書中沒有貫串首尾的主角，實際上是許多短篇的連綴；不過，由於有一種內在的思想邏輯把各個故事聯繫起來，所以情節顯得並不鬆散。語言明快洗煉，並且富幽默感。

　　《儒林外史》之中，范進、匡超人是一類典型人物，他們在貧窮時還比較誠實，一旦考中秀才或舉人，便吹牛説謊，招搖撞騙。范進中舉的故事，尤其深刻地諷刺了科舉制度的腐朽和敗壞。取得功名的讀書人，有的做了貪官，例如王惠任南昌太守時，巧取豪奪，貪殘刻薄，令人髮指；沒有做官的，有些成為劣紳，如嚴貢生掠奪和霸佔他人財物，險惡欺詐，不知羞恥。小説中也有一些正面人物，如杜少卿、王冕等輕視功名，不肯同流合污，作者在他們身上寄托了自己的理想。此外，也有一些自食其力的小市民形象。書中通過描寫不同類型的人物，呈現了當時的社會環境，揭露了政治、制度方面的腐敗現象，並且探討了世風墮落的根源所在。作者成功地運用了諷刺藝術的手法，委婉、含蓄而又真實，在取笑中發人深省而又不流於庸俗，對後來的譴責小説有很大影響。

　　《儒林外史》成書之後，就有抄本流傳，引起人們廣泛注意，並且獲得好評。光緒三十年（1904 年）和 1929 年，先後有人仿照《儒林外史》寫過《新儒林外史》；前者載《中國白話報》，後者由上海大東書局出版。魯迅十分推崇《儒林外史》，論者指出“他本人所具有的深刻的批判現實的文學傳統，特別是對於諷刺藝術手法的運動，與《儒林外史》的關係也頗為密切。”[10]

第四節　曹雪芹的《紅樓夢》

　　《紅樓夢》規模宏大，結構謹嚴，是中國古典長篇小説的頂峰之作，

10　王俊年著《吳敬梓和儒林外史》（上海：上海古籍出版社，1980 年），頁 84 - 86。

也是世界文學的瑰寶。前八十回是曹雪芹著，後四十回一般認為是高鶚
所續。乾隆年間，程偉元將前八十回和後四十回一起排印，而成現時的
一百二十回本。歷來都有專家學者致力於研究《紅樓夢》的內容、版本
和作者等問題，甚至出現論爭，時至今日，"紅學"已成為一門世界性的
學問。《紅樓夢》的面世，將小說由俗變雅，由消閒文學一變而為嚴肅文
學，具有劃時代的意義。

■ **曹雪芹的生平**

　　曹雪芹（1716 ？ － 1763 或 1764 年），名霑，字夢阮，號雪芹，又號
芹圃、芹溪居士，清漢軍正白旗（一說滿洲正白旗）人。自曾祖曹璽起三
代任江寧織造，祖父曹寅是康熙皇帝的親信；其父曹頫於 1727 年（雍正
五年）獲罪，家產被抄，曹雪芹隨家遷居北京，家庭屢遭巨變，益趨潦
倒，後移居西郊。多才多藝，工書善畫，性情高傲，嗜酒健談。痛感世態
炎涼，憤而著書，以十年時間寫成《石頭記》八十回，按即《紅樓夢》，未
成而卒，年僅四十餘歲。

　　《紅樓夢》今流行本一百二十回，一般認為後四十回是高鶚續作。小
說內容以賈、史、王、薛四大家族為背景，而着重描寫賈家與榮、寧二府
的興衰史，情節發展合理自然，人物形象眾多而又性格鮮明，語言豐富並
且優美生動，反映了清代社會生活的狀況；書中亦表達了作者對國家民族
的憂慮情懷，表露了不滿現實而又找不到出路的悲涼情緒，是中國文學史
上成就最高的古典小說，是世界文學的瑰寶。

■ **《紅樓夢》的內容**

　　《紅樓夢》原名《石頭記》，又有《風月寶鑒》、《情僧錄》、《金陵十二
釵》諸稱。書中歌頌了具有叛逆精神的貴族青年和奴婢的反抗行為，廣泛

和深刻地反映了當時的社會矛盾，作者流露了希望為封建社會"補天"的幻想，亦有虛無主義思想。後四十回續作與曹雪芹的創作原意有所違背，削弱了前八十回的反封建意義。

曹雪芹的《紅樓夢》，描寫一個貴族大家庭由盛而衰的變遷，多達數百個的人物，配置恰到好處；情節頭緒複雜，脈絡清晰貫通。全書結構天然渾成，反映了一個時代的社會面貌。賈寶玉、林黛玉和薛寶釵的愛情婚姻故事，且展現了一群青年女子的悲劇命運。

《紅樓夢》的主角是賈寶玉，他出身世家大族，但討厭貴族環境，追求自由而誠實的生活。他與林黛玉的戀愛，違背了封建禮教而受到摧殘，他們所堅持的思想原則和生活道路，與當時社會格格不入；家長出於家族利益，要賈寶玉與賢淑的薛寶釵結婚，結果林黛玉悲慘地死去，賈寶玉被迫成婚後，不久即棄家出走，逃遁到虛無飄渺的世界裏。小說還塑造了晴雯、襲人、王熙鳳、尤三姐、探春、史湘雲等人物，都是不朽的藝術典型。

■高鶚和程偉元的生平

高鶚（約 1738－約 1815 年），字蘭墅，一字雲士，別號紅樓外史，清漢軍鑲黃旗人。乾隆進士，1801 年（嘉慶六年）以翰林院侍讀充順天鄉試同考官，累官至江南道御史、刑科給事中。一般認為《紅樓夢》後四十回為其補作，一說程偉元與他共同續作。有《高蘭墅集》、《月小山房遺稿》，又撰有《吏治輯要》。

程偉元（？－約 1818 年），字小泉，江蘇蘇州人，能詩文，善畫，然科舉屢不及第，未能入仕。乾隆末寓居北京，與高鶚相結交，自稱廣搜《石頭記》原著前八十回抄本，又得後四十回續稿的殘抄本，與高鶚共同修補。1791 年（乾隆五十六年），高鶚、程偉元一百二十回本《紅樓夢》

以活字版刊行問世，後人稱為“程甲本”；次年經改動、修改後再刊行，後人稱為“程乙本”。兩個版本均由萃文書屋印行，《紅樓夢》自此風靡全國。一般認為，曹雪芹原著的故事結局與高鶚續書是不相同的，高鶚續書違背了曹氏的原意。無論如何，高鶚續書使這部偉大的小說能有一個完整的故事流傳於世，實在功不可沒。

■讀《紅樓夢》注意事項

啟功著《啟功讀紅樓——清代文化解讀》一書，談到讀《紅樓夢》需要注意八個問題：（一）語言問題，全書基本用的是北京話，要認談某些北京俗語；（二）服裝形狀；（三）某些器物的形狀和用途；（四）官制問題，作者所避忌露出的清代的特點中，以官制尤為嚴格，凡清代特有的一律避用；（五）詩歌駢文的內容，每首詩都是人物形象的組成部分；（六）生活制度和習慣；（七）人物和人物的社會關係；（八）寫實與虛構的辨別。作者由於有所避忌，所以他不但要把“真事隱去”，即在其他方面，小到器物之微，也不肯露出清朝特有的痕跡。“再加本書作者有許多故意隱晦的筆墨，半真半假的言詞，越發不易尋根究底了。雖然有這些困難，我們並不能就此放下手，尤其不能眼看着青年讀者看不懂而置之不理。在我們能力所及和現有的條件下，要儘先寫出可以初步供青年讀者或在校的學員閱讀這部偉大古典文學作品急需的參考用書。”

啟功在〈讀《紅樓夢》札記〉一文中，具體分析了《紅樓夢》一書“所寫的生活事物，究竟哪些是真實，哪些是虛構”，例如對《紅樓夢》所寫的年代及地點的撲朔迷離進行了具體的考辨；對《紅樓夢》官職中既有虛構的，也有真實的，還有半真半假的進行了梳理；對《紅樓夢》中的服裝描寫進行了研究，指出哪些是實寫的，哪些是虛寫的；大體看來，男子的多虛寫，女子的多實寫，女子中少女、少婦的更多實寫；並結合對辮式、小衣、鞋子以及稱呼、請安、行禮的描寫，分析了當時的風俗；最後對《紅樓夢》為甚麼要"這樣費盡苦心來運真實於虛構"，進行了分析。據啟功推測，認為可能有以下幾種原因：

一、自古的統治者都不肯讓人知道他們的真實生活，"至於與皇帝最親近的皇族貴爵們，某些生活也和皇帝有共同之處，如果有人無意寫中，也會引起誤會，何況其中原本具有諷刺意味呢？"

二、作者生存在清代康熙後期到乾隆初期，這時正是清朝政權盛衰的關鍵階段，封建統治者們愈到衰弱的時期，忌諱愈多。"官僚貴族的生活，完全寫出，已經要遭忌，何況本書又有若干揭露、批判和譴責，那麼禍患必然是會招致的。在當時所謂'文網嚴竣'的時期，作者何至於那麼必要自投羅網呢？"

三、作者既以他自己的家族、親戚的生活為主要模型來創作這部小說，在狠狠地揭露、批判和譴責的背後，實在還有一定程度的惋惜和"恨鐵不成鋼"的心情。"甚至作者似乎有意站在榮府一邊，提出'禍首'是寧府，而處處加重譴責他們。因此在'吐之為快'的同時，又不願十分露出模型中的真人真事。"

四、在封建社會裏，撰寫通俗的小說、戲曲已然被認為是"背禮傷教"，至少是"不登大雅之堂"的事，再說小說、戲曲如果涉及婦女生活，更要被罵為"議人閨閫"，何況又是以自己家人親戚作模型呢？"作者在這種種的封建壓力之下，所以不得不屢次聲明是'假語村言'（第一回），又鄭重提出'將真事隱去'（第一回），都是這個原因。"[11]

11　啟功著《啟功讀紅樓——清代文化解讀》（香港：中華書局，2007年），頁 60 － 79。

■《紅樓夢》的抄本和續作

　　《紅樓夢》最早是以《脂硯齋重評石頭記》抄本形式流行的，1927 年以後，陸續發現了多種標有 "脂硯齋評" 的《石頭記》抄本，大多是八十回本。俞平伯曾編《脂硯齋紅樓夢輯評》一書，收錄批語約三千條，當中以署名 "脂硯齋" 的最多，後人多稱《石頭記》抄本為 "脂評本"。或謂脂硯齋為曹雪芹叔父，也有人認為是小説中的史湘雲，總之是與曹雪芹有親近關係的人；胡適說是曹雪芹本人，可能性是較低的。

　　脂批有幾種形式，包括：回前總批，眉批，行間批，正文下的雙行評注，回末總評。當中透露了曹雪芹的一些生活狀況和創作情形，例如説："壬午除夕，書未成，芹為淚盡而逝。" 後人考證曹雪芹於壬午年（1763年）除夕去世，即以此為依據。除了批語外，脂硯齋還幫助曹雪芹抄寫和校對過小説稿，在評語中指出《石頭記》"字字看來皆是血，十年辛苦不尋常"。

　　《紅樓夢》的續書很多，有《續紅樓夢》、《紅樓復夢》、《紅樓圓夢》等。（表 9）內容不外乎是寶、黛二人再次結合，賈府重振家業之類。

表 9《紅樓夢》的主要續書

書名	篇幅	作者	刊行 / 刊本年份
1.《續紅樓夢》	30 卷	秦子忱	嘉慶四年（1799）
2.《續紅樓夢新編》	40 回	作者佚名	嘉慶十年（1805）
3.《綺樓重夢》	48 回	王蘭沚	嘉慶十年（1805）
4.《紅樓復夢》	100 回	陳少海	嘉慶十年（1805）
5.《紅樓圓夢》	31 回及楔子一篇	作者不詳	嘉慶十九年（1814）
6.《紅樓夢補》	48 回	作者佚名	嘉慶二十四年（1819）
7.《補紅樓夢》	48 回	嫏嬛山樵（魏姓）	嘉慶二十五年（1820）
8.《增補紅樓夢》	32 回	嫏嬛山樵	有槐眉子嘉慶庚辰年(1820)〈敍〉

■《紅樓夢》在海外的傳播

據載《紅樓夢》最早傳出國外,是去到日本,乾隆五十八年(1793年),南京王開泰的"寅貳號船",由浙江乍浦駛抵日本長崎港,船上載有《紅樓夢》九部十八套。當時距程偉元、高鶚刊行《紅樓夢》程甲本,才剛剛兩年。後來日本也有人寫了《紅樓夢》的續集,大意是說賈寶玉從賈府出走後,東渡日本留學,在東京巧遇林黛玉,並在東京舉行婚禮。[12]

1830 年,英國皇家科學院院士約翰·戴維斯選譯了《紅樓夢》第三回中的兩首詞,是此書部分內容譯成外文之始。其後,1842 年出版的《中國話》和 1868 年出版的《中國雜誌》上,羅伯特·湯姆和波拉相繼把《紅樓夢》中若干小故事譯成英文刊出。1892 年,英國駐澳門副領事裘里翻譯了《紅樓夢》五十六回,可說是最早成書的《紅樓夢》英譯本。[13]

■關於"紅學"的說明

研究小說《紅樓夢》及其相關課題的學科,稱為"紅學"。論者指出,《紅樓夢》是中國文學的一個"謎",破譯"紅樓"之謎,形成專門之學,是中國古典小說研究中的一個獨特現象。[14]"紅學"之名最早出現於清代光緒年間,李放《八旗畫錄》〈繪境軒讀畫記〉注:"光緒初,京朝士大夫尤喜讀之,自相矜為紅學云。"自《紅樓夢》成書以來二百多年間,專門研究此書者代有其人,著述形式多樣,數量很多。按照研究的成果和特色,可以分為"舊紅學"與"新紅學"兩個階段:

---

12 〈脂硯齋與紅樓夢〉,王建輝、易學金主編《中國文化知識精華》最新修訂本,頁 861 — 862。

13 關於《紅樓夢》在海外的傳播和研究情況,可參葉桂桐著《中國古代小說概論》(台北:文津出版社,1998 年),頁 377 — 384。

14 謝謙主編《中國文學·明清卷(修訂版)》,頁 305。

一、舊紅學——包括清代至民國初年的著述，其中以評點派和索隱派佔主要地位，前者有"護花主人"王雪香、"太平閑人"張新之、"大某山民"姚燮等人的評點，後者有王夢阮、沈瓶庵的《紅樓夢索隱》、蔡元培的《石頭記索隱》、鄧狂言的《紅樓夢釋真》等。舊紅學中有不少好的見解和評論，許多重要資料成為後世紅學研究的依據，但也有主觀的成份，索隱派更被指有牽強附會之嫌。

二、新紅學——五四新文化運動時期，胡適將美國杜威的實用主義哲學運用於研究《紅樓夢》，1921年寫成長文〈紅樓夢考證〉，影響之下，俞平伯於翌年出版《紅樓夢辨》。二人的論著，標誌着"新紅學"的確立，這在紅學發展史上是一種進步，但其中也有缺點和錯誤。二十世紀後半期，香港、台灣地區和美、英、日、法、加等國家的學者，在紅學研究方面都很有成績，中國內地學者在1970年代後對紅學研究也逐漸深入。時至二十一世紀，紅學研究已成為一門世界性的學問。

第五節　清代前期各類型的長篇小説

■才子佳人小説《好逑傳》

清代才子佳人小説《好逑傳》，又名《俠義風月傳》，署"名教中人編次，游方外客批評"，著者及批評者的真實姓名均不可考。十八回，寫文武雙全的青年鐵中玉與佳人水冰心相愛和結婚的故事，而又不落入才子佳人小説的俗套。情節曲折，引人入勝，有強烈的喜劇色彩，又有武俠小説的藝術魅力，在明清之際諸多才子佳人小説之中，屬於上乘作品。但因旨在宣傳"名教"（禮教），將其置於愛情之上，"以彰風化"，因而影響了小説的藝術性。

　　《好逑傳》是中國最早翻譯為外文的古代長篇小說，大約在康熙年間已被譯成英文和葡萄牙文，有些歐洲人還用來作為學習中文的教科書。現時《好逑傳》有德文、法文等十五種以上的外文譯本，在國外有較大影響。[15]

■長篇白話小說《歧路燈》

　　《歧路燈》，清初李海觀作。一百零八回，內容描寫明代嘉靖年間祥符（今河南開封市）一個名叫譚紹聞的青年，因父親早逝，母親溺愛，後來受人引誘，酗酒賭博，鬥雞走狗，狎尼宿娼，終至傾家蕩產的故事。名副其實是為誤入歧途的世家子弟指引前路的明燈，有如一部封建倫理的教科書。文筆較為生動，描寫人情，千態畢露，涉及的社會面也很廣。這個作品在表現廣闊的社會生活方面，可說彌補了中國其他古典小說的不足，立意與《儒林外史》和《紅樓夢》迥異，卻有殊途同歸的效果。

　　《儒林外史》、《紅樓夢》、《歧路燈》三部作品共同印證和體現了章回小說創作的巔峰狀態，吳敬梓、曹雪芹、李海觀是三個不曾謀面的同時代人，卻分別以不同的社會階層作為主要的描繪對象，《儒林外史》寫中層社會的士子和官吏，《紅樓夢》寫上層貴族家庭的生活，《歧路燈》則以處於社會下層的市井生活為主，三部作品加在一起，正好較全面地反映了當時各個社會階層的生活狀況。[16]

■繼承《水滸》精神的《水滸後傳》

　　清初長篇小說，還有陳忱的《水滸後傳》和錢彩、金豐編著的《說岳全傳》，這兩部作品，寫的是宋代的故事，而都有強烈的民族意識。陳忱

15　劉洪仁著《古代文史名著提要》，頁 416 － 417。

16　石麟著《中國古代小說文本史》，頁 293 － 294。

（1613 － 1670 年？），字遐心，一字敬夫，號雁宕山樵，烏程（今浙江吳興）人。為人孤高耿傲，明亡後不願做官，隱居鄉間，從事著述。曾與顧炎武等人以故國遺民寄情詩酒，成立驚隱詩社，秘密組織反清活動，一時頗有影響。錢彩，字錦文，康熙時仁和(今浙江杭州）人，生平事跡不詳。

《水滸後傳》是《水滸傳》的續書，成書時間大約在順治、康熙之際。八卷四十回，描述梁山泊倖存的頭領李俊、阮小七等三十二人重舉義旗，英勇抗擊金兵入侵，反對貪官惡霸，後來逃走到海外創建基業，並且接受南宋王朝冊封。書中對金兵南下大屠殺罪行的揭露，對李綱（1083 － 1140 年）等愛國將領堅持抗戰的讚揚等，表現了反專制統治和民族壓迫的思想，亦能照顧相關人物在《水滸傳》中的性格特徵及其發展變化。基本精神與《水滸傳》是一致的，但藝術成就遠不及前者。《水滸後傳》中有濃厚的民族感情和愛國意識，隱寓了作者對明朝的眷戀，借小說人物抒情寫意的筆法，表現了通俗小說文人化的色彩。

■家將小說的代表作《說岳全傳》

《說岳全傳》全稱《精忠演義說本岳王全傳》二十卷，八十回，綜合史載和民間傳說中有關岳飛（1103 － 1142 年）的素材，寫岳飛從出生到抗金被害的經歷，及其子岳雲（1119 － 1142 年）滅金復仇的故事，另一方面，亦揭露了趙構、秦檜等人投降行徑的罪行。採取"不宜盡出於虛，而亦不必盡由於實"的手法，富生活氣息和傳奇色彩，前半部藝術成就較高，後二十回純屬虛構。情節曲折，人物形象鮮明，語言流暢，在當時流傳極廣。但小說中夾雜了冤冤相報的宿命觀點，削弱了愛國和正義的思想性。乾隆年間曾遭查禁。

一個值得注意的現象是，在《三國志通俗演義》與《水滸傳》的交互影響下，產生了不少描寫家將英雄的小說，如薛家將、羅家將、楊家將、岳家將、呼家將、狄家將等，通稱為"家將小說"。《說岳全傳》是家將小說的代表作，而描寫將門女英雄則以《楊家府演義》最具風采；但《說岳全傳》中岳母刺字的情節廣泛流傳，梁紅玉擊鼓戰金山的故事也彰顯了巾幗雄姿。《楊家府演義》成書早於《說岳全傳》，且保持了民間形態，故對昏君的罪責較少回護，而多有揭露。宋與西夏及遼、金的戰爭，是家將小說直接描寫的對象；漢民族在清朝統治下受壓抑，是家將小說大批出現的時代背景。《說岳全傳》等家將小說在清初至乾隆年間被查禁，可以由此得到說明和印證。

■歷史演義小說《隋唐演義》

《隋唐演義》，清褚人獲作。二十卷，一百回。內容始於隋文帝伐陳，而終於唐代安史之亂，據正史、野史、筆記，加上民間傳說鋪排而成。小說中寫關於程咬金、秦瓊、單雄信、花木蘭等人的故事，揭露了隋煬帝、武則天、唐玄宗等統治者荒淫糜爛的生活。人物形象的刻畫是相當成功的，例如秦瓊的任俠仗義，單雄信的剛毅果敢，程咬金的坦直真率，徐懋功的足智多謀等等，都各有特色，十分生動和鮮明。文筆較流暢，但敍述冗長，結構鬆散，並有消極成份，多因果報應和說教，並穿插大量神仙迷信情節等。

褚人獲（1635－1719年以後），字稼軒，一字學稼，號石農，別號後進末世農夫，長洲（今江蘇蘇州）人。能詩文，尤熟悉明代稗史，一生沒有出仕，以教書為生。與袁于令、尤侗、洪昇、毛宗崗等交遊，皆當世名士。八十五歲時，將所著筆記小說《堅瓠集》與歷史小說《隋唐演義》同時出版。此外，有《讀史隨筆》、《退佳瑣錄》、《聖賢群輔錄》和《鼎甲考》等著作刊行於世。

■歷史演義小說《說唐演義全傳》

《說唐演義全傳》簡稱《說唐》，因曾與《說唐後傳》合刻，改名為《說唐前傳》。清代無名氏作，六十八回，敍事起於隋文帝，而終於唐太宗登極。內容以瓦崗寨為中心，塑造了各路反隋起義軍的英雄形象，場面激烈，突顯了起義軍的浩大聲勢。故事生動，風格粗獷，語言通俗，較多地保留了話本色彩。宣揚 "氣數"，大談 "真命天子"，從而表現了封建正統觀點。

第六節　清代前期文學與社會

■清代文學的特色

順治元年（1644 年）滿族入關後，為了鞏固清朝政權，大興文字獄，以致文人為了逃避政治現實，而將畢生精力埋首於考據、訓詁、校勘各類古籍。另一方面，清朝皇帝採用懷柔政策籠絡人心，網羅天下人才，編纂一系列大型書籍，如《康熙字典》、《全唐詩》、《古今圖書集成》、《四庫全書》等，後者在 "搜檢" 過程中銷毀了大量 "異類" 著作，但也具有集文化之大成的意義，總結和保留了歷來的重要文化遺產。清代文學具有包羅以前各代的特點，各體小說的創作也出現全面繁榮的現象。

清代筆記小說繼魏晉、唐宋之後，掀起了第三個創作高峰。承接着明代，無論在內容方面抑或形式方面，都表現出一定的通俗化傾向；同時又加強了主觀色彩，對人事的褒貶有所增益，筆端亦常帶感情。前期作家大多經歷過改朝換代的大動盪，亡國傷痛記憶猶新，各地抗清活動此起彼落，作品之中或多或少流露出民族情緒，或追述新朝往事，或寄情隱逸生活。仕途得意者如王士禎（1634 － 1711 年），作品中對清朝且多頌揚之詞，其小説集《池北偶談》旨在宣揚忠孝節義、宿命輪迴等儒家道德，並且抨擊貪官污吏及豪猾之徒；書中亦有記述西域來華通商的情況，描寫其風俗珍物和西洋畫等。[17]

■清代小説的成就

清代前期，短篇小説集以《聊齋志異》為代表；其作品的思想性和藝術性，均達到前所未有的高度。張潮編《虞初新志》，實亦值得注意。此書凡二十卷，所收作品多為明末清初文言小説，最初編成於康熙二十二年（1683 年），後又數次增訂。共有一百五十篇，每篇之後加簡要評語。在編排上，傳記、志怪、遊記、寓言、隨筆等不分門類，錯綜無次，融為一爐。當中有些作品較深刻地反映了社會現實生活，並帶有那個時代剛產生的民主思想。膾炙人口的佳作，有侯方域的《馬伶傳》、李漁的《秦淮健兒傳》、《名捕傳》、《小青傳》等。

章回小説的傑作有《儒林外史》和《紅樓夢》，小説的成就可以媲美明代。世情小説、歷史演義、英雄傳奇、神魔小説在發展過程中為了求新求變，普遍出現互相借鑒和混雜、融合的現象；另一方面，"四大奇書"的評點和修訂，使這些小説的文本更趨完善，並且提高了通俗小説的地位。

17　孫順霖、陳協琹編著《中國筆記小説縱覽》，頁 374 － 375。

第七章　清代中衰景況：小説創作的低落時期

　　康熙、雍正、乾隆三朝並稱清代盛世，實際上乾隆後期已呈中衰之象。以筆記小説的發展而言，乾隆、嘉慶時期的作品列為中期，當時由於清廷高壓政策的威懾，不少學者和作家心存顧忌，故此志怪小説明顯增加，袁枚的《子不語》和紀昀的《閲微草堂筆記》為其代表。[1]

　　嘉慶、道光年間，小説創作低落，其間出現李汝珍的《鏡花緣》，是較為重要的長篇小説。內容諷刺社會上的不良現象，又極力讚揚一些女子的才華。從時代發展的意義看來，這部小説反映了清代中葉士人對域外的好奇和想像，又初步提出為婦女爭取較高地位的見解，成為預告近代社會到來的先聲。此外，俞萬春的《蕩寇志》，續寫《水滸傳》而主旨與原書相反，書中描述的水滸英雄結局悲慘，非死即誅，表達了頑強維護封建統治的政治立場。

　　清代的文言小説，除了《聊齋志異》及仿《聊齋》、反《聊齋》的作品外，還有一部風氣之外的作品值得特別重視，這就是沈復的自傳體小説《浮生六記》，完全寫實但又詩意化地描述作者本人的婚姻生活和人生經歷。《浮生六記》在學界曾引起廣泛的討論，並有多種外國語文譯本。

1　孫順霖、陳協琹編著《中國筆記小説縱覽》，頁 363。

第一節　《子不語》和《閱微草堂筆記》

■袁枚的《子不語》

反《聊齋》的作品，首推袁枚的筆記小說《子不語》。這是他晚年之作，後因見元朝說部中有相同的書名，乃據《莊子》〈逍遙遊〉所言 "齋諧者，志怪者也"，而南北朝時已有名為《齋諧記》的著作，故稱其書為《新齋諧》（但後世仍慣常稱為《子不語》）。三十四卷，共收錄故事一千零二十五則，當中有不少故事以鬼怪形式反對封建禮教，反對禁慾主義，抨擊科舉弊端，以及揭露吏治腐敗。手法不事雕琢，敍事流暢自然，章法變化多端，言簡而意味雋永。[2]

袁枚（1716 － 1797 年），字子才，號簡齋，晚號倉山居士、隨園老人，仁和（一作錢塘，均在今浙江杭州）人。乾隆時進士，授翰林院庶吉士，出為溧水、江浦、沭陽、江寧等地（皆屬今江蘇省）知縣，並著政績。年甫四十，即借病告歸，於江寧（今南京）的小倉山下築隨園，過其讀書和寫作詩文的生活。結交四方文士，遊山玩水，縱情聲色，於詩歌創作方面倡導性靈說。袁枚享譽文壇數十年，世稱 "隨園先生"。著作甚多，主要有《小倉山房詩文集》七十餘卷及《隨園詩話》、《隨園隨筆》等三十餘種。

■紀昀的生平和著作

清代學者、小說家紀昀撰《閱微草堂筆記》，是文壇上有影響力的文言筆記小說集。紀昀在《四庫全書總目提要》中著錄文言小說作品時，認為 "迹其流別，凡有三派：其一敍述雜事，其一記錄異聞，其一綴緝瑣語

2　孫順霖、陳協琹編著《中國筆記小說縱覽》，頁 393 － 394。

也。"他沒有將傳奇小說納入其中，上述分類僅限於筆記小說而已。

紀昀（1724－1805年），字曉嵐，一字春帆，自號觀弈道人，晚號石雲，直隸獻縣（今屬河北）人。乾隆時進士，歷任翰林院編修、侍讀學士，坐事戌烏魯木齊，未幾釋還，復授編修，累官至禮部尚書、協辦大學士，卒諡文達。學識淵博，乾隆三十八年（1773年）起，為四庫全書館總纂官十多年，負責編定目錄學巨著《四庫全書總目提要》，另編《四庫全書簡明目錄》。嘉慶四年（1799年），任《高宗實錄》館副總裁。所纂著作，尚有《熱河志》、《歷代職官表》等。紀昀工詩及駢文，有《紀文達公遺集》，當中少數抒寫個人情懷的作品，比較清新活潑。《烏魯木齊雜詩》一百六十首，反映他在新疆的所見所聞，記述當地風土人情，於內容和藝術方面都有特色。

紀昀的志異小說《閱微草堂筆記》以十年時間陸續寫成，親朋好友競相傳抄刻印，嘉慶五年（1800年）合為一書，與蒲松齡《聊齋志異》齊名。魯迅指出："紀昀本長文筆，多見秘書，又襟懷夷曠，故凡測鬼神之情狀，發人間之幽微，託狐鬼以抒己見者，雋思妙語，時足解頤；間雜考辨，亦有灼見。敍述復雍容淡雅，天趣盎然，故後來無人能奪其席，固非僅借位高望重以傳者矣。"[3]《閱微草堂筆記》並非純因作者的文名而受器重，殆為論者共同的見解。

■《閱微草堂筆記》的內容

《閱微草堂筆記》是紀昀晚年遣興之作，凡二十四卷，共有一千二百餘則，分《灤陽消夏錄》、《如是我聞》、《槐西雜志》、《姑妄聽之》、《灤陽續錄》五大部分。（表10）內容多志怪，亦間雜考辨，為志異小說，對當

3　魯迅著《中國小說史略（插圖本）》，頁191。

時社會多所反映。文筆樸素詼諧，語言簡潔，敘事明暢，是繼《聊齋志異》之後又一部重要的短篇小說。紀昀此書師法六朝志怪，因而與《聊齋志異》風格異趣。

表 10 《閱微草堂筆記》的寫作年份

部分	卷數	寫作年份
1.《灤陽消夏錄》	6 卷	乾隆五十四年（1789 年）
2.《如是我聞》	4 卷	乾隆五十六年（1791 年）
3.《槐西雜誌》	4 卷	乾隆五十七年（1792 年）
4.《姑妄聽之》	4 卷	乾隆五十八年（1793 年）
5.《灤陽續錄》	6 卷	嘉慶三年（1789 年）
合為《閱微草堂筆記》	24 卷	嘉慶五年（1791 年）刊行

　　《閱微草堂筆記》多記述鬼神怪異之事，借以宣傳因果報應思想。然而材料來自社會現實，對當政者驕奢殘暴和人民生活苦難都有揭示。說理透徹，是此書特點，或謂其議論過多，則屬見仁見智。紀昀的寫作宗旨是"不乖於風教"、"有益於勸懲"，對宋儒空談性理、苛察不情，對道學家泥古不化、偽言卑行，書中多所諷刺揶揄；寫鬼狐情事多具寓言意味，實際上是指謫人事、反映世情，旨在勸善懲惡，頗能發人深省。論者指出，紀昀的創作"基於見聞，注重可信性；敘事簡潔，不以情節取勝；語言質樸平實，不追求藻繪辭麗，不過分誇張。這些確係紀氏文風的特點。"[4] 總括來說，《閱微草堂筆記》在藝術上的成就，主要表現在它的語言上；議論與作品內容融為一體，也能起到開掘題材、加深主旨的作用，給人以哲

4　　孫順霖、陳協琹編著《中國筆記小說縱覽》，頁 397。

理的啟迪。[5]

第二節　沈復的《浮生六記》

■沈復寫《浮生六記》的經過

《浮生六記》的作者沈復，字三白，號梅逸，長洲（今江蘇蘇州）人，生於乾隆二十八年（1763 年），壽逾六十，卒年當在道光二年（1822 年）以後。不喜仕進，平生大半做幕賓，能畫善文，或以書畫謀生。嘉慶十三年（1808 年），經石韞玉推薦，作為赴琉球使團正使齊鯤的幕客，渡海參加冊封琉球國王的盛典。就是在琉球那霸的使館中，沈復以優美的文筆寫作回憶錄《浮生六記》，包括〈閨房記樂〉、〈閑情記趣〉、〈坎坷記愁〉、〈浪遊記快〉、〈中山記歷〉、〈養生記道〉六卷。（表 11）但早期刊本只有四卷，據稱後兩卷已佚，其後"足本"所補二卷，被認為是偽作。

表 11 《浮生六記》稿本篇目對照

稿本分期	前期初稿本	後期手稿本
年代推斷	1810 年代中至 1820 年代初	1820 年代初至 1830 年代中
篇目名稱	一、〈靜好記〉 二、〈閑情記〉 三、〈坎坷記〉 四、〈浪遊記〉 五、〈海國記〉 六、〈養生記〉	卷一、〈閨房記樂〉 卷二、〈閑情記趣〉 卷三、〈坎坷記愁〉 卷四、〈浪遊記快〉 卷五、〈中山記歷〉 卷六、〈養生記道〉（世庫本存目作〈養生記遊〉，世界本作〈養生記道〉）
版本出處	新增補本據錢泳《記事珠》關於《浮生六記》的記述	獨悟庵叢鈔本據"作者手稿"

5　齊裕焜主編《中國古代小說演變史》，頁 131。

此書初以抄本流傳，光緒三年（1877 年）申報館首次印行，收在《獨悟庵叢鈔》中。1923 年，北京樸社出版了俞平伯重新整理的校點本；1980 年，人民文學出版社據以排印，除本文外，還附有序跋、題詞多種，是最完善的一種本子。《浮生六記》在國外也受到重視，有英語、法語、德語、日語、俄語等多種譯本。

關於《浮生六記》，需要注意已佚兩卷 "再現" 的問題。1935 年世界書局出版《美化文學名著叢刊》，收有 "足本"《浮生六記》，所補兩卷，被認定是好事者 "張冠李戴" 的膺品，〈中山記歷〉乃李鼎元《使琉球記》改頭換面，〈養生記逍〉（"逍" 本作 "道"）是張英《聰訓齋語》及曾國藩《求闕齋日記類鈔》等書改寫而成。但也有人認為後兩卷未必是偽作，近年坊間出版的《浮生六記》大多兼收此二卷，供讀者判斷，漸成此書不可或缺的組成部分。

■《浮生六記》的特色和價值

譚邦和著《明清小說史》說："《浮生六記》作為自傳體文字，在作者心裏，這屬於何種文體是不必計較的。作者只把自己的生活、自己的感情、自己的記憶，不假修飾地娓娓道來，如與友人促膝交談。而在讀者看來，這就是散文，是小說。其實品味其中深情韻致，又何嘗不是詩篇？"[6]

沈復在《浮生六記》卷一〈閨房記樂〉之中，述其婚姻生活，閨友閨情，閑情逸致，亦妻亦友，樂在其中；在卷三〈坎坷記愁〉之中，則記敘其自由的夫妻關係和妻子的自由性格，在家庭內遭受的種種折磨，其妻的美好形象和悲劇人生，令人不勝感慨。史家陳寅恪從題材角度肯定了《浮

6　譚邦和著《明清小說史》，頁 222 － 223。

生六記》的新意，他說：

　　吾國文字，自來以禮法顧忌之故，不敢多言男女間關係，而
於正式男女關係如夫婦者，尤少涉及。蓋閨房燕昵之情景，家庭
米鹽之瑣屑，大抵不列載於篇章，唯以籠統之詞，概括言之而
已。此後來沈三白《浮生六記》之〈閨房記樂〉，所以為例外創作，
然其時代距今已較近矣。[7]

　　林語堂有一篇講"兩個中國女子"的文章，指出中國作家至少有很多
個都喜愛記錄夫婦閨房中樂趣的回憶。其中冒辟疆的《影梅庵憶語》、沈
三白的《浮生六記》和蔣坦的《秋燈瑣憶》，更是極好的例子。冒、沈二書
是於夫人去世後所著，蔣書則是在老年夫人尚在的時候所著。他說：

　　在《浮生六記》中，一個不出名的畫家描寫他夫婦的閨房中
瑣事的回憶。他倆都是富於藝術性的人，知道怎樣盡量地及時行
樂。文字極其自然，毫無虛飾。我頗覺得芸是中國文學中所記的
女子中最為可愛的一個。他倆的一生很悽慘，但也很放蕩，是心
靈中所流露出來的真放蕩。他倆以享受大自然為怡情悅性中必不
可少的事件。[8]

■關於〈冊封琉球國記略〉

　　2009年，海內出現了據傳是《浮生六記》中〈中山記歷〉稿本的〈冊

7　陳寅恪著《元白詩箋證稿》。
8　林語堂著《生活的藝術》（香港：天地圖書有限公司，2006年），頁287。

封琉球國記略〉。2010 年，人民文學出版社出版了《浮生六記》的新增補本，其中收入新發現的〈冊封琉球國記略〉（據説是已亡佚的〈中山記歷〉的初稿〈海國記〉），與《浮生六記》前四記一起出版。

論者認為，"冊封"二字乃後人所加，而且不恰當，應作〈琉球國記略〉，亦不是〈海國記〉，不能斷定是沈復的作品。[9] 雖然如此，但其作者應該是嘉慶十三年（1808 年）赴琉球冊封使團中的一名從客，"他記錄其親歷之見聞，並非向壁虛造或抄襲拼湊，可以幫助我們了解琉球此行的一些活動及當時琉球的風土人情，具有不可磨滅的歷史與文化價值。"話雖如此，仍不足以否定〈琉球國記略〉即〈海國記〉的説法。[10] 或者可以這樣認為：〈海國記〉是〈中山記歷〉的初稿，文字未加雕琢；《浮生六記》其他四記則是撰寫初稿後，經十數年精心修改而成的，措辭相距較遠，未必不是同一作者的手筆。

第三節　清代中期的長篇小説

■李汝珍的《鏡花緣》

在清中葉小説創作低落時期，有一種題為《鏡花緣》的長篇小説。作者李汝珍（約 1763 － 約 1830 年），字松石，號松石道人，直隸大興（今屬北京）人。曾任河南縣丞，治理河水。他青年時期隨兄長至海州任內，師

9　陳毓羆著《〈浮生六記〉研究》（北京：社會科學文獻出版社，2012 年），附錄〈《琉球國記略》非沈復之作考辨〉。

10　周佳榮〈沈復著《浮生六記》與琉球的關係〉，周佳榮、范永聰主編《東亞世界：政治・軍事・文化》（香港：三聯書店、香港浸會大學當代中國研究所，2014 年），頁249 － 266。

事理學家凌廷堪（1757 － 1809 年），涉獵經史百家，兼及音韻。其學問甚為淵博，不屑作八股時藝。晚年貧困，歷十餘年時間，寫成長篇小説《鏡花緣》，另撰有《李氏音鑒》等。李汝珍將考據引入小説，創作了"以小説見才學"的《鏡花緣》，借小説以"炫學寄慨"，足以表明乾嘉考據學風的影響。

《鏡花緣》至遲在道光八年（1828 年）已有刻本，一百回。前半部敍述秀才唐敖和林之洋、多九公一起遊歷海外四十多國的見聞，包括好讓不爭的君子國、民風淳厚的大人國、婦女掌權的女兒國、生性鄙吝的毛民國、好吃懶做的結胸國、欺詐成風的兩面國等，或體現了作者的社會理想，或譏彈醜惡的世事風俗；後半部寫武則天開女科，取錄唐閨臣等一百個才女的故事，眾女在國宴上，相繼表演書、畫、琴、棋、醫、卜、星相、音韻、酒令、燈謎各種才藝。人物形象漫畫化，語言幽默風趣，前半部充滿海外傳奇的浪漫色彩，涉及的知識面較廣闊；但後半部炫弄才藝，羅列材料過多，情節結構鬆散，流於呆板枯燥。此書頌揚女子才能，要求尊重婦女地位，反映了女性的願望，對男尊女卑的觀念作出批評，表現了比較進步的思想，其先驅意義是值得肯定的。

《鏡花緣》別出心裁地糅合世情派和神魔派兩種創作方法，或以寫實的方法描寫荒誕不經的傳聞，或以幻化手法反映人間不公，暴露或諷刺現實社會制度的種種弊端和人情世態。[11] 李汝珍把自己的感慨，對社會的看法，以及淵博的知識，都熔鑄在這部小説之中。論者指出："《鏡花緣》雖然披上了一件神異的外衣，但又兼有史傳、家常小説的特色，揭示了不少令人矚目的歷史問題、社會問題。進而言之，如果撥開它那一層神異的迷霧，甚至可以説這部作品已經以其曲折的方式，開晚清社會小説之先

11　劉洪仁著《古代文史名著提要》（成都：巴蜀書社，2008 年），〈鏡花緣〉條，頁 426。

河。"[12]

■李百川的《綠野仙蹤》

李百川的《綠野仙蹤》，可說是清代中葉小說中的佼佼者，有一百回抄本和八十回刻本傳世，論者甚至將此書與《水滸傳》、《金瓶梅》、《儒林外史》等一流作品相提並論。然而，作為一部神魔小說，《綠野仙蹤》實在平平無奇，有點平板乏味；其世情部分，各色人物的描寫都令人留下深刻印象，顯示出作者對生活有深刻的體驗，亦有駕馭文字的過人功力。

李百川（約 1719－？年），江南人，早年家境富裕，然浮沉於商海，飽經人間冷暖，生活潦倒，因而藉著書以遣愁懷。他斷斷續續以十年時間，寫成《綠野仙蹤》。後來修道出家，終年七十餘歲。乾隆二十七年（1762 年），其友陶家觀見《綠野仙蹤》，為之作序，乾隆三十六年（1771年）侯定超亦為作序。《綠野仙蹤》寫明代嘉靖年間的士子冷于冰出家訪道，後遵照師囑，濟世度人，積累功德，其間還度化了溫如玉等人；溫如玉則是徹頭徹尾的花花公子，流連美色，貪戀富貴，空有一身仙骨，未能擺脫俗緣羈絆。冷于冰是度人者的典範，溫如玉是被度者的代表，作者通過度人和被度的種種矛盾，揭示了世態炎涼的景況。在明清小說史的發展歷程中，此書反映了神魔小說的衰微。[13]

■ "另類水滸"《蕩寇志》

長篇小說《蕩寇志》，一名《結水滸傳》，七十回，屬於"另類水滸"。

12　石麟著《中國古代小說文本史》，頁 325。

13　譚帆主編《明清小說分類選講》（北京：高等教育出版社，2007 年），頁 117－119。

作者俞萬春(1794－1849年)，字仲華，號忽來道人，浙江山陰(今紹興)人。道光年間，曾多次參加鎮壓民變。咸豐三年（1853年），此書初刊於南京；太平軍佔領蘇州時，曾將此書連同原版銷毀。作者的經歷與小説中維護統治者的政治立場，是息息相關的。

　　《蕩寇志》繼七十回本《水滸傳》之後，演述陳希真、陳麗卿父女等專門與梁山為敵，終於在張叔夜統率下，"蕩平"梁山，將水泊人物一一誅滅。書中把宋徽宗寫成"誅奸斥佞"的開明君主，還杜撰"大西洋歐羅巴人"幫助官軍製造新式武器的情節，很明顯是將晚清太平天國時期的一些史事，寫入小説之中。此書被毀版後，多次重印。作者在〈引言〉中強調，此書的刊行，是要"使天下後世深明盜賊忠義之辨，絲毫不容假借"。

第四節　清代中期文學與社會

■清代中期的筆記小説

　　清代前期的《聊齋志異》，是筆記與傳奇兩種形式並用；《閱微草堂筆記》作為中期的代表作之一，其撰著者紀昀以不經意的姿態致力於為筆記小説創作再攀高峰。清廷的文字獄政策對志人小説有所壓制，質量較高的志怪小説因而略見興盛，袁枚的《子不語》和其後俞樾的《右台仙館筆記》等都屬於這一派系。

　　俞樾（1821－1906年），字蔭甫，號曲園，浙江德清人。道光進士，授翰林院編修，曾任河南學政，先後主講於蘇州紫陽書院、上海求志書院，晚年主持杭州詁經精舍三十餘年，在杭州時還曾總辦浙江書局。學識淵博，有《春在堂全集》。其小説集《右台仙館筆記》共十六卷，前四卷大體據其早年著作《耳郵》而有所增刪，後十二卷則以寫神鬼精怪者居多，間有寫人事的作品，亦着眼於人事之奇異。記事方式仿紀昀《閱微草堂筆記》體例，全體內容則反映了十九世紀後期中國社會的狀況。[14]

■政治衰微與列強東侵

清仁宗顒琰（1760 － 1820 年）即位後，清朝逐漸走向衰微。嘉慶年間，吏治敗壞，土地高度集中，民變四起。仁宗曾力圖振作，但無起色。道光元年（1821 年）清宣宗旻寧（1782 － 1850 年）繼位，清朝內外交困，當時有大量鴉片從國外輸入，不但荼毒人民，還影響國計民生，因而派欽差大臣林則徐（1785 － 1850 年）赴廣州查禁鴉片。其後英國發動鴉片戰爭，宣宗舉棋不定，時戰時和，使局勢更加惡劣。道光二十二年（1842 年）與英國簽訂喪權辱國的《南京條約》，又於道光二十四年（1844 年）與美國簽訂《望廈條約》、與法國簽訂《黃埔條約》。咸豐六年至十年（1856 年至 1860 年）間，又有英法聯軍之役，清廷戰敗，與英、法簽訂《天津條約》，與俄國簽訂《璦琿條約》；聯軍入北京後，清廷分別與英、法、俄簽訂《北京條約》。

■內憂外患與求變圖強

在西力東漸的影響下，知識人士憂心國家前途，有感於時勢，紛紛提出求變和改革的呼聲。在文學方面，以龔自珍（1792 － 1841 年）的詩文最具代表性。中英鴉片戰爭後，繼有太平天國事件，持續十數年，波及半個中國；事件平息後，清廷為求富國強兵，推行洋務運動達三十年之久。但光緒二十年（1894 年）中日甲午戰爭爆發，清廷再遭敗績。翌

14　孫順霖、陳協琹編著《中國筆記小說縱覽》，頁 433 － 434。

年，康有為（1858 － 1927 年）、梁啟超（1873 － 1929 年）聯合赴京會試
的一千三百餘名舉人，上書要求拒簽和約、遷都抗戰、變法圖強，掀開變
法運動的序幕，促成光緒二十四年（1898 年）的“百日維新”。未幾戊戌
政變發生，康、梁逃亡海外，譚嗣同（1865 － 1898 年）等“戊戌六君子”
遇害，變法運動以失敗告終。

　　眼見內憂外患頻仍，一些作家通過小說創作抨擊時弊，揭露社會醜惡
亂象，遂有晚清譴責小說的興起。孫中山（1866 － 1925 年）領導的革命
運動，在海內外逐漸得到響應，晚清的歷史小說，在宣揚愛國思想和民族
主義方面起了很大的作用。總言之，小說創作在清代中葉陷入低潮，自此
盛況不再，直至清末民初始出現轉機。

河中石獸

滄州南，一寺臨河干，山門圮於河，二石獸並沈焉。閱十餘歲，僧募金重修。求二石獸於水中，竟不可得，以為順流下矣。棹數小舟，曳鐵鈀，尋十餘里無跡。一講學家設帳寺中，聞之笑曰：「爾輩不能究物理。是非木杮，豈能為暴漲攜之去？乃石性堅重，沙性鬆浮，湮於沙上，漸沈漸深耳。沿河求之，不亦傎乎？」眾服為確論。一老河兵聞之，又笑曰：「凡河中失石，當求之於上流。蓋石性堅重，沙性鬆浮，水不能衝石，其反激之力，必於石下迎水處齧沙為坎穴。漸激漸深，至石之半，石必倒擲坎穴中。如是再齧，石又再轉。轉轉不已，遂反溯流逆上矣。求之下流，固傎；求之地中，不更傎乎？」如其言，果得於數里外。然則天下之事，但知其一，不知其二者多矣。可據理臆斷歟！

第八章 清末民初小説：內憂外患與社會百態

　　道光二十年（1840 年）中英鴉片戰爭以後，西方列強和日本相繼入侵中國，內憂外患接踵而來，清朝在政治、軍事、外交各方面都陷入困局；社會、經濟在外力衝擊下頻臨崩潰，傳統文化和人民生活出現了向近代過渡的現象，作為時代寫照的小説，其面貌也發生前所未有的巨大變化。清廷甲午戰敗後與日本簽訂喪權辱國的《馬關條約》，列強瓜分中國的危機日益加深。戊戌變法瞬即失敗，反滿革命風起雲湧，凡此種種，在小説創作中均有所反映。

　　從鴉片戰爭到甲午戰爭爆發的五十多年間，“狹邪小説”和“俠義小説”流行；甲午戰爭後至宣統三年（1911 年）辛亥革命爆發的十幾年間，由於民族危機深重，知識人士的憂患意識和一般民眾對社會不滿的情緒互相激盪，“譴責小説”遂乘時而起。順帶一提，清朝滅亡後，社會局面依然故我，維持舊觀，思想界處於苦悶徬徨之中，因而有“鴛鴦蝴蝶派”和“黑幕小説”的出現。所謂鴛鴦蝴蝶派，是在中西混雜的洋場上產生的新才子佳人小説；黑幕小説則專以揭人陰私為能事，甚至墮落成為謗書。此時期的小説創作處於低潮，卻醖釀着五四新文學運動的到來。從這一意義上説，五四新文學出現前的小説仍是傳統小説的延續。

第一節　狹邪小說的出現

　　狹邪小說以文人狎妓生活為題材，表現作者對功名利祿的追求及對庸俗淫逸生活的艷羨，在一定程度上，可以說是才子佳人小說的延續和變奏，但寫的是懷才不遇的名士和多情多義的名妓，充滿着潦倒文人顧影自憐的幻想。咸豐至光緒年間，冶遊狎優的風氣昌盛，催生了以狹邪中人為故事骨幹的狹邪小說流派，主要作品有陳森的《品花寶鑒》、魏秀仁的《花月痕》、俞達的《青樓夢》、韓邦慶的《海上花列傳》、張春帆的《九尾龜》等。其重要的文學價值，是印證了一個時代的現象，反映了都市生活尤其是妓院和梨園的某些側面，從中可以了解當時的世態風俗。多為長篇章回小說形式，為數共有四十多部。[1]

■陳森的《品花寶鑒》

　　《品花寶鑒》六十回，晚清陳森著。陳森（1796－1870年），字少逸，號石函氏，毗陵（今江蘇常州）人。年輕時應舉不第，後遊歷名山大川，足跡遍天下，曾流連於聲伎場中以自遣，熟悉梨園舊事。作《品花寶鑒》，於道光二十九年（1849年）刊行，其後在咸豐年間及民國初年，此書均有重刊，並改名為《燕京評花錄》、《怡情佚史》。故事記述戲曲演員的生活和北京上層社會的荒淫，有較多猥褻描寫。其自序云：“此書也，固知離經畔道，為著述家所鄙，然其中亦有可取，是在閱者矣。”魯迅指出：“若以狹邪中人物故事為全書主幹，且組織成長篇至數十回者，蓋始見於《品花寶鑒》。”[2]

1　侯運華著《晚清狹邪小說新論》（開封：河南大學出版社，2005年），頁5。
2　魯迅著《中國小說史略（插圖本）》，頁233。

■魏秀仁的《花月痕》

《花月痕》十六卷，晚清魏秀仁（眠鶴主人）撰。魏秀仁（1818－1873 年），字子安，一字子敦，福建侯官（今福州市）人。幼習經史，二十八歲中舉。後任幕僚，客居川陝等地多年，返回故鄉，以教書度日。所作《花月痕》，於光緒十四年（1888 年）刊，寫兩對青年的戀愛故事，帶有自傳性質。後人視之為狎邪小說，不過其內容也曲折地反映了某些社會現象，以及作者悲涼哀怨的沒落階級情緒，有一定的時代意義。此書在晚清時期影響頗大，形成爭寫狹邪小說的熱潮。

■俞達的《青樓夢》

《青樓夢》六十四回是刻意模仿《紅樓夢》的作品之一，然而比《花月痕》遜色。俞達（？－1884 年），又名宗駿，字吟香，號慕真山人、花下解人，江蘇長洲（今蘇州）人。鄒弢於《三借廬筆談》中略述其生平，説他"中年累於情。比來揚州夢醒，志在山林，而塵世羈絆，遽難擺脱。"所作《青樓夢》，以描寫文人與妓女的生活為對象，其特色是在文人嫖客身上流露了人性中蘊藏的同情心，大批不同性格的女子如落花流水般的遭遇，呈現了歷史現實的悲涼景況。俞達另有《艷異新編》等作品。

■韓邦慶的《海上花列傳》

《海上花列傳》描寫妓女生活，是第一部吳語小說。作者韓邦慶（1856－1894 年），字子雲，號太仙，筆名花也憐儂，江蘇婁縣（今上海松江）人。幼年隨父居於北京，後旅居上海，曾任《申報》編撰，光緒十八年（1892 年）創辦《海上奇書》，是中國最早圖文並茂的文學刊物，其後仿效者紛起，影響頗為深遠。《海上花列傳》載於《海上奇書》，兩年後單排刊行。[3] 用吳語寫作，描寫城市上層人物荒淫無恥，同時對妓女悲慘生活作了反映，具有批判現實的意義。韓邦慶在〈例言〉中自敍其創作宗旨，強調 "此書為勸誡而作，其形容過盡致處，如見其人，如聞其聲。閱者深味其言，更返觀風月場中，自當厭棄嫉惡之不暇矣。" 敍事細膩，人物亦有鮮明個性，被視為冶遊小説之冠，亦為寫實派狹邪小説的濫觴。

第二節　俠義小説的風行

■俠義小説概述

俠義小説雖然受到《水滸傳》等作品的影響，但主要的傾向是宣揚清官。文康的《兒女英雄傳》，是文人創作的小説，有一定的藝術成就（尤其是前半部），內容着重宣揚忠孝倫理。在評書基礎上加工而成的《三俠五義》，是著名民間文學作品，書中表現的，是俠士忠於朝廷及為清官效命，情節曲折驚險，對於邪惡的豪強權貴也有所暴露。流行一時的公案俠義小説，除《三俠五義》外，還有《施公案》、《彭公案》等，形成三個系列，包括近二十個作品，篇幅龐大，內容豐富。（表 12）

3　光緒十七年（1891 年），韓邦慶北上應順天鄉試時，已寫成狹邪小説《花國春秋》十數
　　回；落第南返，寓居上海，以賣文為生，將小説改名《海上花列傳》，續寫至六十四回。

表 12 清代公案俠義小説三大系列

系列	主要作品
1.《施公案》及其續作	• 《施公案》（又名《施公奇聞》），九十七回，撰作者不詳，成書當在乾嘉之際。 • 《施公案後傳》一百回，光緒十九年（1893 年）面世。 • 其後，三續、四續至十續《施公案》相繼刊行。 • 光緒二十九年（1903 年），上海書局、廣益書局將《施公案》正集及續書合為《施公案全傳》五百二十八回。
2.《三俠五義》及其續作和修訂	• 《三俠五義》一百二十回。 • 《小五義》一百二十四回。 • 《續小五義》一百二十四回。 • 《龍圖耳錄》，後更名為《忠烈俠義傳》於光緒五年（1879 年）刊行。 • 俞樾將《三俠五義》稍加修訂，並改名為《七俠五義》刊行。
3.《彭公案》及其續書	• 《彭公案》一百回，貪夢道人編著。 • 續書很多，曾續至二十集，流行較廣的是前三部續集，其他已難得一見。

■《兒女英雄傳》

　　《兒女英雄傳》原名《兒女英雄評話》，晚清文康著。文康，字鐵仙，號燕北散人，滿洲鑲紅旗人。道光三年（1823 年）任理藩院員外郎，道光二十二年（1842 年）任分巡天津河間兵備道，咸豐元年（1851 年）任安徽鳳陽府通判，丁憂回鄉後，又被起用為駐藏大臣，因病未能赴任，不久去世。大概在他晚年的時候，作《兒女英雄傳》四十一回，光緒四年（1878年）北京聚珍堂首印，上海申報館、亞東圖書館重印。卷首二序為偽託。

　　故事以書生安驥、風塵俠女何玉鳳（因報父仇而改名十三妹）、弱女張金鳳的婚姻為線索，寫十三妹出入市井，搭救了安驥和張金鳳，使二人結為夫婦，後來得知仇人已被誅殺，自己也嫁給安驥，並助他求取功名，安驥終於高中探花及第，位極人臣。書中對旗人的家庭生活和社會活動進行了剖示，從多個側面描繪了清代的社會風貌，宣揚封建綱常，並以此教育青年。

　　作者似深慨於《紅樓夢》的美弱作風，塑造出勇敢俠義女子十三妹的形象，對當時官吏貪贓枉法、統治階級內部的傾軋以及社會黑暗情形，均有所揭露。故事情節描寫生動，人物形象具有個性，結構嚴謹，語言風趣，使用流暢的北京口語，而又沒有卑猥文句。但作者在相當程度上美化了封建制度，宣揚封建道德，將"英雄事業"和"兒女心腸"都拿來作封建說教，嚮往過去的時代，在懷舊情緒中尋求安慰，其思想傾向與歷史發展是相背的。

■從《三俠五義》到《七俠五義》

　　《三俠五義》原名《忠烈俠義傳》，是清人根據單弦藝人石玉昆說唱本《龍圖公案》及其筆錄本《龍圖耳錄》改編而成的長篇小說，問竹主人原藏，入迷道人編訂。一百二十回，有光緒年間問竹主人序。內容描述北宋清官包拯（999－1062年）在一群俠士幫助下平反冤案、除暴安良的故事，既寫包公，又寫俠義，而筆墨輕重詳略之間，似已把包公作為次要人物，俠義英雄成了主角。書中內容反映了統治階層的貪殘本性和下層人民要求澄清吏治、整頓弊政的願望，對皇親國戚以至土豪惡霸橫行跋扈的行徑，作了一定程度的批評，是眾多俠義小說中較好的，甚有平話色彩，承接宋人話本正脈。但亦有封建倫理的說教意味，流露了因果報應的傳統思想。

　　《三俠五義》故事情節曲折，條理明晰；人物性格較為鮮明，各有特色，而又富於生活氣息，加上語言通俗流暢，在清代俠義小說中較為突出。光緒五年（1879年）北京聚珍堂首印。後經俞樾修訂，重寫第一回，又因原書所寫不只三俠，改名為《七俠五義》，於光緒十五年（1889年）重刊。此後，有《小五義》和《續小五義》，均不題撰人，成書於光緒年間。

第三節　譴責小說的興起

晚清時期，文壇出現了一些以指摘時政、揭示官場醜惡和腐敗世風為主旨的白話章回長篇小說，稱為譴責小說。這個名稱最早是由魯迅提出的，同時又指出其於寫作上的缺陷，"辭氣浮露，筆無藏鋒，甚且過甚其辭，以合時人嗜好"。[4] 在思想性和藝術性方面，譴責小說都比不上以《儒林外史》為代表的諷刺小說。不過，譴責小說多以官場為話題，曾經非常流行，有助於認識晚清社會的腐敗、國家命運的衰微和人民生活的艱苦，是反映一個時代的作品，有一定的價值。

■李寶嘉的《官場現形記》

譴責小說的內容，尖銳地揭露了當時的社會弊端，宣揚社會改良思想，個別的作品還提出了追求民主的主張。光緒二十九年（1903 年）開始，李寶嘉在他所辦的《世界繁華報》上連載長篇小說《官場現形記》，至光緒三十一年（1905 年）刊畢，共六十回，並由繁華報館出版單行本。《官場現形記》開清末譴責小說的先河，由許多相對獨立的短篇故事連綴而成，主要揭露朝廷和地方官員齷齪卑鄙、昏憒糊塗的情況，及對洋人奴顏婢膝的醜態，對晚清官僚政治的黑暗腐朽作了抨擊。

李寶嘉（1867 － 1906 年），字伯元，號南亭亭長，又因辦《遊戲報》而號遊戲主人，江蘇武進（今常州市）人。出身於官僚家庭，三歲喪父，在堂伯父督教下，擅長制藝、詩賦詞曲，又精篆刻書畫。曾以第一名中秀才，還跟從傳教士學過英文，但此後屢試不第，乃慨然有問世之志。光緒二十二年（1896 年）赴上海，創辦《指南報》，不久又改辦《遊戲報》，成

4　魯迅著《中國小說史略（插圖本）》，頁 258。

為"小報"（通俗報刊）創始的鼻祖。光緒二十七年（1901 年）被保薦清廷經濟特科，但不應召，時人以為高尚，故又有"徵君"之稱。同年轉讓《遊戲報》，新創《世界繁華報》。光緒二十九年（1903 年）應商務印書館之聘，主編《繡像小說》（半月刊），刊載長篇小說等，後因病逝世。

李寶嘉在上海十年，適逢戊戌變法、戊戌政變、庚子事變（義和團事件及八國聯軍之役）等重大政治事件相繼發生，他傷時憤世，頗有改良社會之志，而思以報刊為工具，抨擊時弊，正如吳沃堯〈李伯元傳〉所說，他是以"痛哭流涕之筆，寫嬉笑怒罵之文"。《官場現形記》用誇張的手法描繪官場一些人物的醜惡面目，全書沒有中心人物和中心事件，由許多相對獨立的短篇故事連綴而成，內容在一定程度上觸及當時社會的主要矛盾。書中出現的官僚群像大都實有其人其事，雖不用真名，卻引起注意，流傳頗廣。[5]

■《文明小史》及其他

李寶嘉的另一部長篇小說《文明小史》，是《官場現形記》的姊妹篇，六十回，光緒二十九年至三十一年（1903 年至 1905 年）間在《繡像小說》上連載，光緒三十二年（1906 年）由商務印書館出版單行本。《文明小史》由系列故事串成，內容主要描述庚子以後各個階層、各種人物的態度和表現，反映了清政府實行"維新"時的情況，比較真實地表現出官場上新舊思想的衝突。書中揭露了晚清官僚畏懼外國官員、商人和傳教士，而對人民則橫徵暴斂；帝國主義者橫行霸道，要脅勒索；維新黨人中的投機分子，圖謀升官發財，招搖撞騙，並非一心為國為民。在晚清譴責小說

5　周佳榮、丁潔著《天下名士有部落——常州人物與文化群體》（香港：三聯書店、香港浸會大學當代中國研究所，2013 年），頁 124。

中，《文明小史》是代表作品之一。

　　李寶嘉是個多產作家，除了《官場現形記》和《文明小史》，還有《中國現在記》、《活地獄》等小説，可惜都未完成。《中國現在記》只十二回，揭露官場腐敗和互相傾軋比《官場現形記》更露骨；《活地獄》四十三回，着重寫州縣衙門的黑暗和殘暴，阿英（錢杏邨）指出“這是中國描寫監獄黑暗，寫慘毒酷刑的第一部書”。[6]但李寶嘉寫至三十九回因病重擱筆，第四十至四十二回係繭叟（吳趼人）所續，四十三回由茂苑惜秋生（歐陽巨源）作，仍未終篇。《活地獄》實際上可以視為一本短篇小説集，共有十五個故事，只是回目相連，有如長篇而已。

　　此外，《海天鴻雪記》署二春居士編，南亭亭長加評，阿英認為是李寶嘉所作，僅二十回，亦未完稿。這是一部反映妓院生活的小説，以吳語寫作，生動地描寫了妓女的非人生活，第一回有評語云：“一起俯仰感喟，寄托遙深，傷心人誠別有懷抱。”據此可以略知李寶嘉寫作時的心情，絕非所謂遊戲文章。可惜天不假年，這位富有小説才華的作家，只活了四十歲，去世時仍未完成他的作品。

■吳沃堯的《二十年目睹之怪現狀》

　　吳沃堯的《二十年目睹之怪現狀》，一百零八回，以第一人稱手法，通過主人公“九死一生”在光緒十一年（1885年）中法戰爭結束前後至光緒三十一年（1905年）左右這二十年間所目睹的種種怪現象，總共有二百幾件，勾畫出晚清社會官場、洋場、商場等許多方面的畸形醜態，表現了改良社會的強烈願望。全書善用誇張手法，揭露問題時見鋒芒，但有言過其實之處，予人失真之感。《二十年目睹之怪現狀》從光緒二十九年

6　阿英著《晚清小説史》（香港：太平書局，1966年），頁146。

至三十一年（1903 年至 1905 年）在《新小説》上連載了四十五回，光緒三十二年至宣統二年（1906 年至 1910 年）間，先後由上海廣智書局印成單行本，出齊八冊，自稱為“社會小説”。題材廣泛，文筆生動，諷刺辛辣，是晚清譴責小説代表作之一。另有《最近社會齷齪史》，又名《近十年之怪現狀》。

吳沃堯（1866－1910 年），原名寶震，字小允，改字繭人，後易為趼人，廣東南海佛山人，因而別稱我佛山人。生於北京，幼時隨父南歸，二十歲左右到上海謀生，曾擔任《字林滬報》、《采風報》、《寓言報》編輯；後來又在漢口的《漢口日報》和《楚報》工作，光緒三十二年（1906 年）任上海《月月小説》總撰述人。勤於寫作，除著名的《二十年目睹之怪現狀》外，作《痛史》、《恨海》、《九命奇冤》、《電術奇談》、《瞎騙奇聞》、《糊塗世界》、《兩晉演義》、《上海遊驂錄》、《劫餘灰》、《發財秘訣》等長篇、短篇小説及筆記二十多種，還有一些尚未完成的作品。

■劉鶚的《老殘遊記》

劉鶚的《老殘遊記》，二十回，通過江湖醫生老殘的遊歷見聞和作為，生動地展示了晚清時期山東一帶的社會生活，揭露了所謂“清官”的暴政和貌似賢良的昏官作為。書中紋景狀物都很自然逼真，在語言運用上有較高成就，“大明湖聽書”一節，頗受世人稱道；“白妞説書”、“黃河上打冰”等，都是相當精彩的片斷。在晚清譴責小説之中，《老殘遊記》是思想面貌較為複雜而藝術成就又較突出的一部作品。光緒三十三年（1907 年）出版單行本，另有續集九回和外編卷一（殘稿）。

劉鶚（1857－1909 年），原名孟鵬，字鐵雲，別號鴻都百煉生，江蘇丹徒（今鎮江市）人，寄籍山陽（今江蘇淮安）。出身官宦家庭，但並不潛心於科場文字，而是致力於醫學、水利學、數學等實學，以圖用世。早年科場失利，曾行醫和經商，後因治河有功，被保薦到總理各國事務衙門，以知府任用，其間曾參與借外債修鐵路事宜。光緒二十三年（1897年）德商福利公司聘他為華人經理，為謀四川、浙江等處礦務，其意欲借外資興辦實業使中國富強，但為京官所攻擊。光緒二十六年（1900年）八國聯軍入京，都人苦飢，劉鶚以低價向俄軍所佔據的倉庫購得米糧，賑濟飢民。光緒三十四年（1908年）以"私售倉粟"罪被清廷流放到新疆，翌年在迪化（今烏魯木齊）病死。

在《老殘遊記》的〈自敍〉裏，劉鶚稱自己的作品是對"棋局已殘，吾人將老"的腐朽社會和國家的哭泣；作品的主人公叫鐵英，號補殘，人稱老殘，顯然就是作者的化身。在書中可以看到清末山東一帶黃河岸邊人民的深重痛苦和災難，以及對酷吏昏官的嚴厲譴責，但並非人云亦云地責罵，而是塑造出幾個貌似廉潔賢明的清官和昏官的典型形象。他告訴讀者："贓官可恨，人人知之，清官尤可恨，人多不知。蓋贓官自知有病，不然公然為非，清官則自以為不要錢，何所不可？剛愎自用，小則殺人，大則誤國。"書中對"北拳南革"（北方的義和拳和南方的革命黨），亦有加以批評。

■曾樸的《孽海花》

曾樸的《孽海花》，是較有特色的一部譴責小說。三十回，附錄五回。書中以主人公金雯青、傅彩雲的經歷為線索，穿插當時官僚和士人的活動，描寫了社會各階層的人物多達二百餘人，從慈禧、光緒帝到朝廷達官貴人，從上層社會到煙花妓院，從三教九流到外交洋場，小說中的人物大都影射時人，反映了同治初年至甲午戰爭為止約三十年間的歷史風雲，既諷刺官僚名士的腐朽生活，又揭露西方列強侵華的野心，另一方面，亦有讚揚革命黨人的行動。全書結構工巧，文采斐然。但書中過多描寫艷事，趣味不甚高。

　　金雯青和傅彩雲是影射洪鈞和賽金花。洪鈞（1839 － 1893 年），字陶士，號文卿，江蘇吳縣（今蘇州）人。同治狀元，授翰林院修撰，出督湖北學政，累官至內閣學士。後任駐俄、德、奧、和（荷蘭）四國大臣，回國後任總理各國事務衙門大臣。賽金花（約 1872 － 1936 年），原名傅彩雲，幼居蘇州，鬻為稚妓，十五歲時被洪鈞納為妾，隨同出國。洪鈞死後，她潛至上海復為妓，取名曹夢蘭，後在天津改名賽金花。八國聯軍攻陷北京時，曾與德國軍官有來往。後在北京因虐待幼妓致死而入獄，晚年生活潦倒。有關賽金花的生活史，《孽海花》固多虛構，樊增祥的《前彩雲曲》和《後彩雲曲》也不盡實。

　　曾樸（1872 － 1935 年），初字太樸，後改字孟樸，又字小木、籀齋，筆名東亞病夫，江蘇常熟人。光緒十七年（1891 年）中舉，但次年春試不第，其父替他捐了內閣中書，在京供職，結交洪鈞、翁同龢等名流。後入同文館學習法文，有志於外交，次年應考總理衙門，未中。此後痛恨政局腐敗，決心捨棄仕途，別尋發展，遂回南方。時值康有為、梁啟超提倡新政，曾樸曾與譚嗣同等參與維新活動；變法失敗後，他回到常熟做小學校長，並潛心研究法國文學，由是對小說在文學上的特殊地位有所認識。

　　光緒二十九年（1903 年），曾樸赴上海經營絲業，因外絲大量銷入而虧累甚巨，遂返故里。次年再度赴滬，與徐念慈等創立“小說林社”，發行小說及西洋小說譯本，《孽海花》即於此時動筆。光緒三十三年（1907 年）創《小說林》雜誌，至翌年共出十二期，因資金周轉不暢，宣告停辦。他曾經成為立憲運動的中堅分子，又參與反對清廷捕殺革命黨人的活動。1912年中華民國成立後，任江蘇省議員和官員。1926 年革命軍北伐，曾樸放棄政治生涯，重回文學界，翌年在上海開設真善美書店，刊行《真善美》雜誌，在該刊上發表《孽海花》的大部分內容，又翻譯雨果等法國文學名家

的作品多種。1931 年中，《真善美》停刊，曾樸經濟窘迫，返回常熟。晚
年精神苦悶，以種花消遣時日。除《孽海花》外，還作有《魯男子》等。

《孽海花》斷斷續續，幾經修改，寫了二十多年，開始時是由他的友
人、"愛自由者"金松岑（天翮；1874－1947 年）寫了六回初稿，覺得
自己"究非小說家"而輟筆，轉請曾樸續寫，原定六十回的題目，只寫了
三十五回，通行本只三十回，1928 年至 1931 年出版。把《孽海花》作為
譴責小說，其實並不完全恰當，因為此書又是政治小說和歷史小說，實際
上集三者於一身。

■譴責小說的評價

《官場現形記》、《二十年目睹之怪現狀》、《老殘遊記》和《孽海花》，
合稱"晚清四大譴責小說"。（表 13）總的來說，譴責小說的主要矛頭是指
向腐敗的當政者和帝國主義的奴才，以及當時社會上滋生的市儈風氣，揭
露了一些社會弊病，但仍停留在抨擊、諷刺和暴露的層面上，所見不深，
與《儒林外史》相去甚遠。

表 13　晚清四大譴責小說

書名	作者	性質	說明
1.《官場現形記》	李寶嘉 （李伯元）	60 回／長篇小說	1903 年開始在《世界繁華報》連載，並由繁華報館出版單行本
2.《二十年目睹之怪現狀》	吳沃堯 （吳趼人）	108 回／長篇小說 （社會小說）	1903 年開始在《新小說》上連載 45 回，後由上海廣智書局印成單行本
3.《老殘遊記》	劉鶚 （劉鐵雲）	20 回／中篇小說	1903 年首次發表於《繡像小說》
4.《孽海花》	曾樸 （曾孟樸）	30 回，附錄 5 回／長篇小說（政治小說、歷史小說）	前 6 回初稿由金松岑撰寫，後轉由曾樸續寫，大部分內容在《真善美》雜誌發表

譴責小説的作者們，在思想上多少受到民主主義的影響，對於正在興起的革命運動卻表示了不滿，徒有憤慨，而又苦無解決時弊的辦法，有時甚至為了迎合讀者時好，筆下出現了一些言過其實的情況。這類小説往往辭氣浮露，筆無藏鋒，手法上雖然秉承了《儒林外史》，文學成就卻大大遜色。《老殘遊記》在指摘時弊、揭露官場黑暗時，也存在這樣的毛病。直至民國後期，仍有人在創作譴責小説，但有的只是"醜詆政敵"，揭人私隱，缺乏文學創作的能力，已淪為"黑幕小説"了。

第四節　清末民初文學與社會

■筆記小説的特點

清末民初的筆記小説創作，概括起來有以下幾個特點：第一，是內容上重在表現人事，而避談"怪力亂神"，這是由於民智漸開，改革與革命成為時代潮流的緣故。第二，是許多作品皆表現出樂道宮闈秘辛、喜寫政壇軼事的傾向，這除了作者自己陶醉於往昔榮光的懷舊心理外，更多的是為了滿足普通民眾的好奇心理。第三，不少作品有濃厚的懷舊味道，特別是那些寫晚清宮廷、政壇、學界等人物軼事的作品，或總結滿清覆亡的教訓，或懷念往日的人事。第四，是民國初年的筆記小説，在形式上出現與時俱進的變化，是在五四新文化的影響下，以現代白話來寫人物對白。[7]

■鴛鴦蝴蝶派

鴛鴦蝴蝶派是盛行於清朝末年至 1919 年五四運動前後的自然主義文

7　吳禮權著《清末民初筆記小説史》（台北：台灣商務印書館，2011 年），頁 11 - 18。

學流派，大量發表以文言文描寫才子佳人的哀情小説。所謂"鴛鴦蝴蝶"，是一種借喻性説法，謂才子佳人"相悦相戀，分拆不開，柳蔭花下，像一對蝴蝶、一雙鴛鴦一樣"，因而得名。主要作家及其代表作有徐枕亞《玉梨魂》、吳雙熱《蘭娘哀史》、李定夷《美人福》、張恨水《啼笑姻緣》等。多數作品內容庸俗，思想空虛，不過也有若干作品暴露了軍閥橫暴和社會黑暗，在一定程度上反映了時代面貌。

刊登鴛鴦蝴蝶派作品的主要刊物，有《小説時報》(1909 － 1917 年)、《民權素》(1914 － 1916 年)、《小説叢報》(1914 － 1919 年)、《小説大觀》(1915 － 1921 年) 等。鴛鴦蝴蝶派的代表人物之中，徐枕亞 (1889 － 1937 年)、李涵秋 (1874 － 1923 年)、包天笑 (1876 － 1973 年)、周瘦鵑 (1895 － 1968 年)、張恨水 (1895 － 1967 年) 並稱"五虎將"；代表作品之中，徐枕亞的哀情小説《玉梨魂》、李涵秋的社會小説《廣陵潮》、向愷然 (不肖生) 的武俠小説《江湖奇俠傳》、張恨水的社會言情小説《啼笑姻緣》合稱"四大説部"。

必須指出，1931 年"九一八"事變前後，這一流派中具有民族正義感的作者，寫出大量的"國難小説"，宣揚愛國主義精神，反抗日本侵略。張恨水的小説在抗戰爆發後的變化，尤為代表性的例子。包天笑則重視"教育小説"，是近代最早的文學作家之一。

■民國舊派小説

1914 年至 1923 年間刊行的《禮拜六》週刊，其主要作者亦兼用白話文寫作，但作品內容與鴛鴦蝴蝶派性質相同，稱為"禮拜六派"，也被視為鴛鴦蝴蝶派。"五四"以後，又將言情小説、黑幕小説、偵探小説、武俠小説等都包括在內，相對於新文學潮流下出現的近代小説，而統稱之為"民國舊派小説"。

作為鴛鴦蝴蝶派分支之一的黑幕小說，風行於 1917 年前後，有《中國黑幕大觀》匯編及續編兩大冊，當中又分政界、軍界、學界、商界、黨會、匪類、僧道、慈善事業等類。《中國黑幕大觀》的〈序一〉聲稱，其撰述目的是為揭發"全國社會射影含沙之事，魑魅魍魎之形"，務求"使幕中人知所懼而幕外人知所防"。但因作者採取自然主義手法，缺乏嚴肅批判的態度，在揭露黑幕的同時，亦教人許多做壞事的手段；在形式上有時不像小說，而類似筆記和新聞報導。較重要的作品，有朱瘦菊（別署海上說夢人）的《歇浦潮》和陸士諤（1876 － 1943 年）的《續孽海花》等。順帶一提，陸士諤是中國早期科幻小說的奠基者之一，著有《新中國》、《新上海》、《新三國》、《新水滸》等。

■"新小說"的提倡

戊戌變法前後，有"近世中國第一詩人"之稱的黃遵憲（1848 － 1905 年）提出詩界革命，主張"我手寫我口"，認為詩歌語言應淺白通俗，內容要與時代生活呼應，並與新思想、新知識相結合。康有為、梁啟超等人起來響應，梁啟超在二十世紀初年提倡"新小說"及"小說界革命"，尤有劃時代的意義，並且使到小說的價值和地位得到肯定。後經蔡元培、陳獨秀、胡適、魯迅等人倡導和努力，而有五四新文化的出現，中國古代小說至此宣告結束，近代小說接續興起。

■白話文運動

戊戌變法期間，近代白話文運動的先驅裘廷梁（1857 － 1943 年）以白話文為維新之本，力主"崇白話而廢文言"，倡議多辦白話報刊，開通民智，傳播新知。光緒二十四年（1898 年）在江蘇無錫創立白話學會，刊行《無錫白話報》（後改《中國官音白話報》）。二十世紀初，革命派進一步主張用白話文撰寫文章，宣揚排滿革命，《杭州白話報》、《中國白話報》、《安徽白話報》等相繼創刊，白話小說亦得到較大發展。

　　五四新文化時期，胡適等人大力提倡白話文，反對文言文，主張用白話文表現新思想，創作新文學。1918 年起，《新青年》首先改用白話文和新式標點。1920 年，北京政府教育部決定中小學開始使用白話文的語文教材。白話文自此逐漸得到推廣，清末民初開始的此一語文改革運動宣告完成。文言文作為筆記小說的載體，在五四新文化運動以後逐漸退出歷史舞台，筆記小說的創作，至此亦宣告結束。然而歷代的筆記小說，其價值並不會隨着消失，是中國小說歷史的豐碑，更是中國文化的藝術珍藏。

第五節　清末的歷史小說

■黃世仲的《洪秀全演義》

　　《洪秀全演義》（即《繡像洪秀全演義》），又名《洪楊豪傑傳》，黃小配（世仲）撰。四集八卷五十四回，三十萬字，先後載於香港《有所謂報》和《少年報》，光緒三十二年（1906 年）由《中國日報》出版排印本。在晚清時期宣揚反清革命思想的小說之中，這是較好的一部。

　　作者摭拾太平天國遺事軼聞和古老傳說，效《三國演義》體例編撰而成此書。內容描寫洪秀全、馮雲山等太平天國人物的事跡，而以楊秀清為反面人物，語言流暢，全書充滿愛國激情和悲壯氣氛。章炳麟為之作〈序〉。1914 年，錦章圖書局出版石印本八冊；1929 年，上海大成書局改題《繡像太平天國演義》出版。1935 年，上海新文化書社出版鉛印本二冊，改題為《洪秀全》。

　　黃世仲（1872 － 1912 年），字小配，又字配工，別署黃帝嫡裔、禹山世次郎,廣東番禺人。青年時赴南洋謀生,任新加坡《天南新報》記者,後來加入尢列創立的興中會外圍組織中和堂,回港任《中國日報》記者,加入中國同盟會,並擔任《有所謂報》、《香港少年報》撰述人。曾參加黃花崗起義,事敗後以見聞撰《五日風聲》,是中國最早的報告文學作品。武昌起義後,廣東軍政府成立,任民團總局局長等職。翌年春,因反對陳炯明為擴大自身實力而裁減各路民軍的陰謀,被誣侵吞軍餉,並遭殺害。除《洪秀全演義》外,還有《廿載繁華夢》、《大馬扁》、《宦海升沉錄》、《宦海潮》、《黃粱夢》、《陳開演義》、《黨人碑》等作品。

■《鄰女語》

　　《鄰女語》,憂患餘生撰,共十二回,未完。初刊載於《繡像小説》,宣統二年(1910年)上海商務印書館出版單行本。小説內容是寫八國聯軍侵佔北京後,主人公金堅(不磨)由鎮江北上赴天津途中的見聞,以兵馬倉皇的混亂情況為主線,描述官吏迫害人民、清軍燒毀淫掠及袁世凱在山東殺戮義和團等慘況。所聞多來自婦女,故題為《鄰女語》,是反映義和團事件較好的一部章回小説。

明湖居聽書

　　到了十二點半鐘，看那台上，從後台簾子裏面走出一個男人，穿了一件藍布長衫，長長的臉兒，一臉疙疸，彷彿風乾福橘皮似的，甚為醜陋，但覺得那人氣味倒還沉靜；出得台來，並無一語，就往半桌後面左手一張椅子上坐下。慢慢的將三弦子取來，隨便和了和弦，彈了一兩個小調，人也不甚留神去聽。後來彈了一枝大調，也不知道叫甚麼牌子。只是到後來全用輪指，那抑揚頓挫，入耳動心，恍若有幾十根弦，幾百個指頭在那裏彈似的。這時台下叫好的聲音不絕於耳，卻也壓不下那弦子去。這曲彈罷，就歇了手，旁邊有人送上茶來。

　　停了數分鐘時，簾子裏面出來一個姑娘，約有十六七歲，長長鴨蛋臉兒，梳了一個抓髻，戴了一副銀耳環，穿了一件藍布外褂兒，一條藍布褲子，都是黑布鑲滾的；雖是粗布衣裳，倒十分潔淨。來到半桌後面右手椅子上坐下。那彈弦子的便取了弦子，錚錚鏦鏦彈起。這姑娘便立起身來，左手取了梨花簡，夾在指頭縫中，便丁丁當當的敲，與那弦子聲音相應；右手持了鼓棰子，凝神聽那弦子的節奏。忽羯鼓一聲，歌喉遽發，字字清脆，聲聲宛轉，如新鶯出谷，乳燕歸巢。每句七字，每段數十句，或緩或急，忽高忽低，其中轉腔換調之處，百變不窮。覺一切歌曲腔調俱出其下，以為觀止矣。

　　旁坐有兩人，其一人低聲問那人道："此想必是白妞了罷？"其一人道："不是。這人叫黑妞，是白妞的妹子。他的調門兒都是白妞教的。若比白妞，還不曉得差多遠呢！她的好處，人說得出；白妞的好處，人說不出。她的好處，人學得到；白妞的好處，人學不到。你想這幾年來好玩耍的，誰不學他們的調兒呢！就是窯子裏的姑娘們，也人人都學。只是頂多有一二句到黑妞的地步；若白妞的好處，從沒有一個人能及她十分裏的一分的。"說着的時候，黑妞早唱完，後面去了。這時滿園子裏的人，談談笑笑；賣瓜子、落花生、山裏紅、核桃仁的，高聲喊叫着賣，滿園子裏聽來都是人聲。

正在熱鬧哄哄的時節，只見那後台裏又出來了一位姑娘，年紀約十八九歲，裝束與前一個毫無分別；瓜子臉兒，白淨面皮，相貌不過中人以上之姿，只覺得秀而不媚，清而不寒。半低着頭出來，立在半桌後面，把梨花簡丁當了幾聲。煞是奇怪！只是兩片頑鐵，到她手裏，便有了五音、十二律以的。又將鼓棰子輕輕的點了兩下，方抬起頭來，向台下一盼。那雙眼睛，如秋水，如寒星，如寶珠，如白水銀裏頭養着兩丸黑水銀。左右一顧一看，連那坐在遠遠牆角子裏的人，都覺得王小玉看見我了，那坐得近的更不必說。就這一眼，滿園子裏便鴉雀無聲，比皇帝出來還要靜悄得多呢！連一根針跌在地下都聽得見響！

王小玉便啟朱脣，發皓齒，唱了幾句書兒。聲音初不甚大，只覺入耳有說不出來的妙境，五臟六腑裏，像熨斗熨過，無一處不伏貼；三萬六千個毛孔，像吃了人參果，無一個毛孔不暢快。唱了十數句之後，漸漸的越唱越高，忽然拔了一個尖兒，像一線鋼絲，拋入天際，不禁暗暗叫絕。那知她於那極高的地方，尚能迴環轉折；幾轉之後，又高一層，接連有三四疊，節節高起，恍如由傲來峰西面攀登泰山的景象；初看傲來峰削壁千仞，以為上與天通；及至翻到傲來峰頂，才見扇子崖更在傲來峰上；及至翻到扇子崖，又見南天門更在扇子崖上；愈翻愈險，愈險愈奇。那王小玉唱到極高的三四疊後，陡然一落，又極力騁其千迴百折的精神，如一條飛蛇，在黃山三十六峰半中腰裏盤旋穿插，頃刻之間，周匝數遍。從此以後，愈唱愈低，愈低愈細，那聲音漸漸的就聽不見了。滿園子的人都屏氣凝神，不敢少動。約有兩三分鐘之久，彷彿有一點聲音，從地底下發出。這一出之後，忽又揚起，像放那東洋煙火，一個彈子上天，隨化作千百道五色火光，縱橫散亂。這一聲飛起，即有無限聲音，俱來並發。那彈弦子的，亦全用輪指，忽大忽小，同她那聲音相和相合；有如花塢春曉，好鳥亂鳴，耳朵忙不過來，不曉得聽那一聲的為是。正在撩亂之際，忽聽霍然一聲，人弦俱寂。這時台下叫好之聲，轟然雷動。

　　停了一會，鬧聲稍定，只聽那台下正座上有一個少年人，不到三十歲光景，是湖南口音，說道："當年讀書，見古人形容歌聲的好處，有那'餘音繞梁，三日不絕'的話，我總不懂。空中設想，餘音怎樣會得繞梁呢？又怎會三日不絕呢？及至聽了小玉先生說書，才知古人措辭之妙。每次聽她說書之後，總有好幾天耳朵裏無非都是她的書音，無論做甚麼事，總不入神；反覺得'三日不絕'這'三日'二字下得太少，還是孔子'三月不知肉味''三月'二字形容得透徹些！"旁邊人都說道："夢湘先生論得透闢極了！，'於我心有戚戚焉'！"說着，那黑妞又上來說了一段，底下又是白妞上場。

　　這一段，聞旁邊人說叫做"黑驢段"。聽了去，不過一個士子見一個美人，騎了一個黑驢子走過去的故事。將形容那美人，先形容那黑驢怎樣怎樣好法；待鋪敍到美人的好處，不過數語，這段書也就完了。其音節全是快板，愈說愈快。白香山詩云："大珠小珠落玉盤。"可以盡之。其妙處，在說得極快的時候，聽的人彷彿都趕不上聽；她卻字字清楚，無一字不送到人耳輪深處。這是她的獨到，然比着前一段卻未免遜一籌了。

　　這時不過五點鐘光景，算計王小玉應該還有一段，不知那一段又是怎樣好法。眾人以為天時尚早，王小玉必還要唱一段，不知只是她妹子出來，敷衍幾句就收場了，當時一閧而散。

第九章　明清小説餘話：時代推演和文化進程

　　研讀明清小説，除注重作者和作品外，尚有數事可加措意：其一，是明清小説的文化背景和社會意義；其二，是明清小説的類型變化和理論考察；其三，是清末民初小説期刊的出現，對小説的創作、發表和流佈以至內容與形式都有重大影響，亦可以説是古典小説走向近代小説的一個轉捩點。

　　二十世紀初年提倡"新小説"以來，即使是在五四新文化運動以後，明清小説仍普遍受到讀者的歡迎，不斷以新式印刷的面貌出現，流行至今，若干被人遺忘的作品亦得以重見天日。另一方面，明清小説又成為各種文化活動和藝術創作的素材，包括連環圖畫、美術工藝、電影和電視劇集，並衍生出漫畫、動畫、電子遊戲機更富想像力甚至光怪陸離的故事和角色等。明清兩代各種小説及其作者，廣泛為學界所注意並加以研究，時至今日，方興未艾。換句話説，優秀的明清小説隨着時代的演進而越益顯出其生命力。

第一節　明清小説的社會意義

■明代小説的文化背景和社會意義

　　明代上起 1368 年，下迄 1644 年，共歷二百七十七年，有十六個皇帝。元、明易代之際，社會動盪，風雲變幻，在戰火硝煙之中，文化界一批有志之士，對元末弊政及腐敗社會進行了批判和反思，充滿政治激情的寫作，一時蔚為風氣，並且氣勢恢弘地構思了一幅政治發展和社會變革藍圖。羅貫中、施耐庵等人創作了《三國演義》、《水滸傳》等作品，塑造了大批亂世英雄和綠林好漢的形象，表達了他們“有志圖王”的決心。譚邦和著《明清小説史》指出：“剛健的英雄主義精神裏面，浸透着深沉的憂患意識，理想豪邁，結尾卻轉為令人扼腕的悲哀。於是元末明初的這兩部奇書，具有了深刻的文化蘊涵。”[1]

但接着《三國演義》、《水滸傳》的創作高峰，是文壇近百年的滑落與平庸，小説界長期的沉默和寂靜，出現了近乎空白的現象。小説創作受到輕視和壓制，成為一種“君子弗為”的文體。這是君主集權達於巔峰的結果，明初實行文化專制政策對文人學者造成打擊，重農抑商使社會經濟受到限制，也是小説創作裹足不前的重要原因之一。

明代中葉，在一方面，抑商政策開始鬆動，而農村經濟的發展已為城市工商業奠定了基礎，商業活動逐漸頻繁起來，城市經濟成為主導。隆慶（1567 － 1572 年）後廢除海禁，海外貿易也得以有所發展，以商品集散為契機，湧現出一批商業都市。人口迅速增長，市民階層擴大，文人與商人的關係較前密切，商業對文藝的影響趨於明顯。照顧到市民受眾知識水平和審美情趣的文學觀念應運而生，以白話為媒體的通俗小説備受大眾歡迎，加上印刷業的發展，書商經營的推動，文化界出現了一批專事創作的職業作家。元末明初寫成的《三國志通俗演義》和《水滸傳》，在嘉靖（1522 － 1566 年）、萬曆（1573 － 1620 年）年間才被書商刊刻，而得以廣泛流傳，正好用來説明創作年代和廣泛流傳兩者之間的時差。但書商過度以謀利為目的，會形成一味迎合群眾低級藝術趣味的心理，也誘使作家

1　譚邦和著《明清小説史》（上海：上海古籍出版社，2006 年），頁 48 － 55。

以粗製濫造的態度從事創作，出現大批公式化甚至內容低俗不堪的作品。

明初推崇的程朱理學，在明代中葉以後，直至晚明時期，由於政治社會日趨腐朽和專制統治相對鬆懈，王守仁（陽明，1472 － 1528 年）的"心學"興起，作為"王學左派"的泰州學派，經由王艮、羅汝芳、何心隱等人，再到李贄，越來越走向文化叛逆。李贄（1527 － 1602 年）是一個劃時代的思想家，在當時也是一個文化異端，他生活的十六世紀中後期，正處於傳統變裂的新舊夾縫之間。論者指出，"在他的影響下，一批進步的小說家、戲劇家、散文家、詩人相互應合，推波助瀾，醞釀出一個追求個性解脫和浪漫精神的思想解放運動和人文思潮。徐文長、湯顯祖、馮夢龍、凌濛初、公安三袁等，都是這個風氣中的重要人物。"[2]（按：公安派是明代後期的文學流派，代表人物袁宏道、其兄袁宗道和弟袁中道是公安（今屬湖北）人，因而得名，重視戲曲、小說等俗文學的價值，以清新活潑的筆調，開拓了小品文的領域。）

■清代小說的文化背景和社會意義

明朝滅亡後，清兵入關，建立清朝，統治中國二百六十八年。清朝統治者以邊疆民族入主中原，漢人起來反抗異族，一些進步的思想家和文學家，開始反思明朝覆滅的歷史教訓，進而對封建專制政治作出批判，黃宗羲（1610 － 1695 年）的《明夷待訪錄》和唐甄（1630 － 1704 年）的《潛書》，剖析了君權的本質，尖銳抨擊君主專制，他們和顧炎武（1613 － 1682 年）、王夫之（1619 － 1692 年）等人成為照亮後世前路的思想明燈。

在明清易代之際，家將小說歌頌了民族英雄，斥責昏君奸臣，表現了漢人強烈的民族精神。在明朝滅亡的哀痛境況下，文學界逐漸醞釀出一種

2　譚邦和《明清小說史》，頁 3 － 7。

意義深刻的傷感文學，作品中好像被一股濃霧籠罩着，《桃花扇》、《長生殿》等戲劇流露了感時傷世的氣息，《聊齋志異》、《儒林外史》等小説有濃厚的個性色彩，尤其是《紅樓夢》的“滿紙荒唐言，一把辛酸淚”，可以作為這個思潮的代表作。

在清朝的極權統治之下，人性受到壓迫，小説形象化地刻畫出社會上不同階層人物的生活面貌，對封建禁慾主義展開了批判。《儒林外史》、《聊齋志異》及《閲微草堂筆記》等作品之中，都有關於理學禮教殺人的描寫。當時女性所受的束縛尤甚，小説中亦反映了種種不平的現象。即使是才子佳人小説，雖然思想比較浮淺，但這些作品塑造了很多才女形象，肯定了女性的才智，她們在婚戀生活中追求自由作主，多少對封建婚姻觀念造成了衝擊。清代中葉的《鏡花緣》，較全面地探索了婦女的生活狀況，而且在女子教育、女子參政和男女平權等方面，提出大膽的設想。在中國女權發展史上，清代小説實亦有其不可磨滅的功勞。對於男性在專制統治、封建禮教和科舉制度下所受到的種種束縛，清代小説也表現了深刻的反思和抗爭。

明末以來主張“經世致用”的實學思潮，反對空談性理，重視民生事務，注意實際推行，在一定程度上也影響了清代小説，如《女仙外史》、《閲微草堂筆記》等。《儒林外史》提倡“禮、樂、兵、農”的治世方略，尤其明顯。但是清代中葉以後，思想界、文化界處於麻木狀態，失去了精神與活力，小説也呈現衰微景象。在這種文化背景下，《野叟曝言》賣弄學識，《鏡花緣》也受沾染；狹邪小説和俠義公案小説的興起，是對於沉悶氣氛的反撥，自亦有其時代意義。[3] 晚清的譴責小説，已超越諷刺的界線，在黑暗社會中發出斥責聲響，實乃特殊歷史時期的文學現象。“小説

3　譚邦和著《明清小説史》，頁 165 － 169。

界革命"呼喊"新小説"的到來，中國古典小説宣告結束，揮舞着"五四新文化"旗幟的近代小説，隨即登上中國文學的舞台。

■對小説創作和發展有貢獻的作家

本書開宗明義，已於第一章中列舉明清十大小説名著；對這兩代小説創作和發展有貢獻的作家，除了"蘭陵笑笑生"和"姑蘇抱甕老人"兩位"神秘作者"外，當推羅貫中、施耐庵、吳承恩、瞿佑、蒲松齡、吳敬梓、曹雪芹、紀昀八位名家，連同續寫《紅樓夢》的高鶚，共得九人，《浮生六記》作者沈復宜為殿軍。（表 14）

表 14 明清時期十大小説家

姓名	年代	作品
1. 施耐庵	約 1296 － 1370	《水滸傳》
2. 羅貫中	約 1330 －約 1400	《三國演義》
3. 瞿佑	1341 － 1427	《剪燈新話》
4. 吳承恩	約 1500 － 1582	《西遊記》
5. 蒲松齡	1640 － 1715	《聊齋志異》
6. 吳敬梓	1701 － 1754	《儒林外史》
7. 曹霑（雪芹）	1716？－ 1763 或 1764	《紅樓夢》前 80 回
8. 紀昀（曉嵐）	1724 － 1805	《閱微草堂筆記》
9. 高鶚	約 1738 －約 1815	《紅樓夢》後 40 回
10. 沈復（三白）	1763 － 1822 年後	《浮生六記》

《紅樓夢》後四十回雖然受到批評，其成就難與前八十回相比，但如果沒有高鶚的補作，《紅樓夢》一書難免有些欠缺，補作未能盡符曹雪芹原意，反倒襯托了原書深邃的文學境界。《浮生六記》早期刊本只得四

卷，其後所補二卷，論者多認為是偽作，但無此二卷似又有所不足，假以時日，將來或有突破之時。無論如何，《紅樓夢》和《浮生六記》二書的文學價值都不因有續作或“偽作”而受損，反而流露了文學名著因這樣或那樣的原因而造成的“缺陷美”。

平心而論，要推舉明清十大小説家，比選出明清十大小説名著更難，原因是後世對這些小説家的認識實在太少。林語堂曾言：“中國小説家常有一種特殊心理，他們自以為小説之寫作，有謬於儒教，卑不足道，且懼為時賢所斥，每隱其名而不宣。”例如《紅樓夢》，要經多番考證才確定其著作人為曹雪芹，“他無疑地是中國最偉大的散文作家之一，也可以説是空前絕後的唯一散文大師（就白話文而言）”，尚且如此，“吾人至今還不甚明瞭《金瓶梅》著者究為誰何。吾們又至今未能決定施耐庵羅貫中二人之間，究屬誰是《水滸傳》的真正的作者。”[4] 正因如此，推舉明清十大小説家尤其顯得有其必要了。

第二節　明清小説的類型變化

■明代小説分類及其演變

明代的長篇小説一般都是白話小説，短篇小説則有文白之分；而從小説題材、內容和創作方法作分類，主要有歷史演義、英雄傳奇、神魔小説、世情小説四個類型。上述各章均有相應的論述，此處不贅，還應特別指出的，是這四個類型之間一脈相承的關係。

明初，文言小説中最具小説風采的傳奇類小説，一度恢復生機，而有

4　林語堂著，黃嘉德譯《吾國與吾民》，頁 260。

"剪燈系列小説"的出現。明代中葉以後，志怪小説也有成績，祝允明的
《志怪錄》、《語怪四編》等，可為代表。祝允明（1460－1527 年），字希
哲，號枝山，是著名書法家和文學家。《志怪錄》五卷多寫元、明傳聞異
事，而少陳腐説教，並借神怪闡述作本身的政治傾向，有助於了解當時民
風習俗和社會形態。《語怪四編》內容大抵與《志怪錄》相同，前三編可
能已佚。[5] 軼事類小説，以梅鼎祚的《青泥蓮花記》、陸奎章的《香奩四友
傳》等較有價值；前者記述"出淤泥而不染"並有才藝的妓女事跡，後者
為閨中婦女生活物品作傳。笑話方面，以江盈科的《雪濤諧史》、馮夢龍
的《古今譚概》和《笑府》等成就較高。

　　明代的白話短篇小説，達到這種文體的最佳狀態。"三言二拍"是最
重要的代表作，主要以市井細民的生活為表現對象，反映了市民的生活
觀、價值觀、婚姻觀和性觀念等。繼"三言二拍"之後出現的擬話本小説
集，有《鼓掌絕塵》、《石點頭》、《西湖二集》、《歡喜冤家》、《十二笑》、
《幻影》（又名《三刻拍案》）等。此外，值得一提的是，明末清初艾納居
士的《豆棚閒話》，以豆棚下聚會輪流講故事的方式，將作品串連起來，
這種結構在中國有開創性的意義，與外國古典名著《天方夜譚》、《十日
談》頗相類似。書中各則故事獨立成篇，而又連環相扣，內容廣泛，流露
了作者心中抑鬱不平之氣。

　　中國古代的長篇小説是從歷史演義開始的，《三國演義》重歷史事實
多於藝術虛構；《水滸傳》則大大開拓了藝術虛構的空間，並且由歷史演
義發展為英雄傳奇；《西遊記》雖然亦以歷史為出發點，卻演變為神魔小
説。《金瓶梅》將《水滸傳》中"武松殺嫂"的故事加以延伸，而成為世情
小説。一脈相承，而又變化萬千。

5　孫順霖，陳協琹編著《中國筆記小説縱覽》，頁 295－296。

■明末至清末的小説類型

　　明末清初的白話長篇小説，比較引人注目的是才子佳人小説和家將小説。才子佳人小説的代表作，有《玉嬌梨》（又名《雙美奇緣》）、《平山冷燕》、《好逑傳》、《定情人》等，這類小説多為十六至二十回，介於短篇話本與長篇巨製之間，相當於"中篇小説"，文體的演變是值得留意的。明末家將小説的代表作是《楊家府演義》，清初出現了更優秀的《説岳全傳》。一些演義類作品開始探討當代題材，如《樵史演義》寫明亡史事，《新世宏勳》寫李自成起事經過，《台灣外紀》寫鄭成功收復台灣及抗清始末，藝術成就雖然未如理想，卻是不可忽視的一種文化現象。

　　吳敬梓的《儒林外史》和曹雪芹的《紅樓夢》幾乎在同一時期出現，並稱"南吳北曹"。蔡元放刪改的《東周列國志》，是《三國演義》以來較有影響力的演義體長篇。《聊齋志異》在乾隆年間開始刊行，文言小説因而興旺一時；紀昀的《閱微草堂筆記》，有異曲同工之妙，兩者前後輝映，且為文人學者的讀書生活增添色彩。《鏡花緣》也是一部以小説展露才華的作品，表現了具有民主色彩的進步傾向。《品花寶鑒》代表了才子佳人小説向狹邪小説的演變，《林蘭香》承繼了《金瓶梅》以家庭顯示社會的藝術手法，文筆細膩而又長於描寫心理，是一部值得研究的長篇小説。

　　譴責小説是晚清小説最重要的成就，具有濃烈的社會變革激情和民族憂患意識，在外來文化影響下出現了一些新的因素，成為古典小説向近代轉型的先驅。陳天華（1875－1905年）的《獅子吼》、《猛回頭》，梁啟超的《新中國未來記》等，可以稱為政治理想小説，發揮了啟蒙的作用，啟迪讀者的心智，散發着時代氣息。

■ "新小説" 類型理論的考察

陳平原著《小説史：理論與實踐》，在提到 "新小説" 的類型理論時指出：

> 在中國文學史上，大概沒有哪一代作家像 "新小説" 家那樣熱中於對小説進行分類，並借助於類型理論來推動整個創作發展。關於小説類型的討論幾乎成了清末民初文壇最為活躍而且最富有建設性的理論探討。儘管受理論背景及創作實踐的限制，這一時期的小説類型説仍十分粗糙，但對激活中國人的類型興趣，對調節、引導當時的小説創作，它都曾起了相當積極的作用。尤其重要的是，其對中國小説類型的界定與闡發，直接影響了此後一代代小説史家。以至在今天的學術界裏，仍然不難辨認出其雖則遙遠卻遠未消逝的足音。[6]

二十世紀初年，梁啟超主編《新小説》，將小説按三個不同的標準作出分類：第一個標準，是按語文分為文言小説、俗語小説；第二個標準，是按篇幅分為長篇小説、短篇小説；第三個標準，是按性質分為歷史小説、政治小説、哲學科學小説、軍事小説、冒險小説、偵探小説、寫情小説、語怪小説等，並且簡略地為每個小説類型作出界定，例如："歷史小説者，專以歷史上事實為材料，而用演義體敍述之。"又説："政治小説者，著者欲借以吐露其所懷抱之政治思想也。"[7]

李伯元主編的《繡像小説》（1903 年創刊）比較穩重，一年後才開始

6　陳平原著《小説史：理論與實踐》（北京：北京大學出版社，1993 年），頁 164。
7　梁啟超〈中國唯一之文學報《新小説》〉，梁啟超著，夏曉虹輯《飲冰室合集集外文》上冊，頁 122 － 123。

為部分小說標明其類型；陳景韓主編的《新新小說》（1904 年創刊）和吳趼人主編的《月月小說》（1906 年），又於《新小說》所設諸類型外，增加心理小說、戰爭小說、虛無黨小說、理想小說、教育小說、滑稽小說等。小說林社於 1905 年將該社出版的小說分為十二類：歷史小說、地理小說、科學小說、軍事小說、偵探小說、言情小說、國民小說、家庭小說、社會小說、冒險小說、神怪小說、滑稽小說。（表 15）類型的增加，反映了小說內容的複雜化和多元化。

表 15 "新小說" 類型的演變

《新小說》	《新新小說》和《月月小說》	《小說林》
1. 歷史小說	1. 歷史小說	1. 歷史小說
2. 政治小說	2. 政治小說	2. 地理小說
3. 哲學科學小說	3. 哲學科學小說	3. 科學小說
4. 軍事小說	4. 軍事小說	4. 軍事小說
5. 冒險小說	5. 冒險小說	5. 偵探小說
6. 偵探小說	6. 偵探小說	6. 言情小說
7. 寫情小說	7. 寫情小說	7. 國民小說
8. 語怪小說	8. 語怪小說	8. 家庭小說
	9. 心理小說	9. 社會小說
	10. 戰爭小說	10. 冒險小說
	11. 虛無黨小說	11. 神怪小說
	12. 理想小說	12. 滑稽小說
	13. 教育小說	
	14. 滑稽小說	

新小說家談論小說類型，也有考慮到如何為小說創作建立新規則的用

意。梁啟超是政治小說最早和最有力的倡導者，雖然他在創作方面並不怎樣成功；吳趼人是晚清最熱心於歷史小說的倡導者，其創作講究與正史相表裏，"使今日讀小説者，明日讀正史如見故人"，反對"重誣古人"，"貽誤來者"。歷史小說家最易遭到的批評是歪曲歷史，"作歷史小說不失其真相，而欲其有趣味，尤難之又難。"魯迅早年曾譯法國作家的《月球旅行》，強調"導中國人群以進行，必自科學小說始"，"經以科學，緯以人情。"

　　晚清的新小說家熱心引進政治小說、偵探小說和科學小說三個小說類型，主要是想藉此改造中國小說，因為傳統小說或被視為是聊備消閒之作，或被批評是羅列淫詞之卷，上述三個類型的小說則具備了進步思想和堅實學問，可補傳統小說的缺陷。陳平原指出："不管是否誤讀，梁啟超們借助於這三個新的小說類型，衝擊傳統中國小說的總體佈局，強化小說的教誨（哲理、思想、主義）色彩，對新小說基本品格的形成起了決定性作用。這一小說轉向的功過；這裏暫不評說；不過有一點可以指出，這一'轉向'的深遠影響今天仍然能夠感受到。"[8]

第三節　清末民初的小說期刊

　　中國小說於十九世紀末、二十世紀初出現了空前的繁榮，在短短十幾年間，小說創作數量之多，是前所未有的。[9]刊載小說的文藝刊物先後

8　陳平原著《小說史：理論與實踐》，頁 175。

9　中英鴉片戰爭後至辛亥革命爆發的七十年間，中國出版的著譯長篇小說和短篇小說，達二千餘種，數量之多，幾乎與此前逾千年來創作出版的小說相當。參閱陳清茹著《光緒二十九年（1903）小說研究》（鄭州：中州古籍出版社，2009 年），頁 1。

湧現，更為文學界帶來一番新氣象，為傳統小説向近代小説轉型，在全
國各地提供了大小不一的平台。據統計，1902 年至 1916 年間創刊的文藝
刊物共有五十七種，其中以“小説”命名的期刊多達二十九種，佔了一半
以上。著名的小説期刊，有 1902 年創刊的《新小説》、1903 年創刊的《繡
像小説》、1906 年創刊的《月月小説》和 1907 年創刊的《小説林》，並稱
晚清四大文藝期刊。（表 16）此外，有 1904 年創刊的《新新小説》、1907
年創辦的《小説月報》、1909 年創辦的《小説時報》等。上海商務印書館
於 1910 年創辦同樣名為《小説月報》的刊物，出版至 1931 年，刊行長達
二十二年之久，在同類刊物中影響最大。

表 16　晚清四大文藝期刊

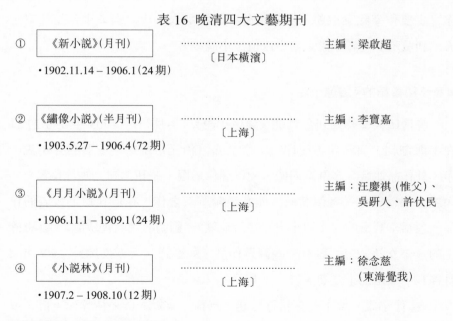

①　《新小説》(月刊)　　……………………………　主編：梁啟超
　　　　　　　　　　　　　　〔日本橫濱〕
　　・1902.11.14 – 1906.1 (24 期)

②　《繡像小説》(半月刊)　……………………………　主編：李寶嘉
　　　　　　　　　　　　　　〔上海〕
　　・1903.5.27 – 1906.4 (72 期)

③　《月月小説》(月刊)　　……………………………　主編：汪慶祺 (惟父)、
　　　　　　　　　　　　　　〔上海〕　　　　　　　　　　吳趼人、許伏民
　　・1906.11.1 – 1909.1 (24 期)

④　《小説林》(月刊)　　　……………………………　主編：徐念慈
　　　　　　　　　　　　　　〔上海〕　　　　　　　　　　(東海覺我)
　　・1907.2 – 1908.10 (12 期)

■梁啟超主編的《新小説》

晚清四大文藝期刊之一是《新小説》（月刊），1902 年 11 月 14 日在日

本橫濱創刊，附設於新民叢報社。梁啟超主編，趙毓林、韓文舉、蔣智由、馬君武參與編輯。其宗旨是以新小說"改良群治"，期能達到"新一國之民"的目的。主要刊登白話小說，兼載劇本、詩歌、傳奇、筆記、文藝理論等。吳趼人《二十年目睹之怪現狀》、《痛史》、《九命奇冤》等，首先在這刊物連載。1905年初遷至上海，由廣智書局發行；1906年1月停刊，共出二十四期。

《新小說》是晚清最早提倡新小說的刊物，其編排體例和文章內容對以後的文學期刊影響很大。梁啟超的論文〈論小說與群治之關係〉和小說《新中國未來記》，都在這刊物上發表。第7期起，開闢了一個名為"小說叢話"的新欄目，不拘形式，專門議論古今小說，其中不乏前所未有之作。主要作家除梁啟超、吳趼人外，還有羽衣女士、春夢生、曼殊室主人。刊載不少翻譯小說，當中以偵探小說較多。

■商務印書館的《繡像小說》

晚清四大文藝期刊之二是《繡像小說》（半月刊），1903年5月27日在上海創刊，商務印書館印行，李寶嘉（伯元）主編。主要刊登小說，中、外作品並載，多為章回體，配以繡像插圖，兼刊彈詞、傳奇和雜文。內容多描寫時事、譏諷朝政，並有激勵革新之作。在這刊物上發表的作品，包括李寶嘉的《文明小史》、《活地獄》，劉鶚的《老殘遊記》，憂患餘生的《鄰女語》等；還有一些翻譯作品，如選譯《天方夜譚》。1906年4月停刊，共出七十二期。

《繡像小說》第1期有刊行緣起，宣稱"或對人群之積弊而下貶，或為國家之危險而立鑒"，藉以喚醒民眾，宣傳愛國，開發民智，刷新政治，從而達到除弊興利、富強國家的目的。除創作外，亦有理論文章〈小說原理〉。晚清影響較大的幾家文藝期刊之中，以《繡像小說》壽命最長、成就最多、銷路最廣。

■《月月小說》和《小說林》

晚清四大文藝期刊之三是《月月小說》（月刊），1906 年 11 月 1 日在上海創刊，群學社發行。主編先後由汪慶祺（惟父）、吳趼人、許伏民擔任，主要作者和翻譯者有吳趼人、天虛我生、陳冷血、包天笑、周桂笙等。發刊詞宣稱"本社集語怪之家，文寫花管；懷奇之客，語穿明珠"；而亦以改良社會及開通知識、進國民於立憲資格為宗旨，主張"借小說之趣味、之感情為德育之一助"。所載以歷史小說為主，揭露社會黑暗，鼓吹群治，並刊翻譯小說、傳奇、評論等。發表吳趼人的《兩晉演義》、《劫餘灰》、《發財秘訣》等作品，有一定的影響力。該刊初由群樂書局發行，第 9 號起改為群學社圖書發行所發行。1909 年 1 月停刊，共出二十四期。

吳趼人主編《月月小說》期間，主張把小說"導之以入於道德範圍之內。即艷情小說一種，亦必軌於正道乃入選焉。"才子佳人小說開始在該刊出現，成為後來鴛鴦蝴蝶派的濫觴。《月月小說》在《新小說》、《繡像小說》停刊後，且成為中心的文藝期刊；不過，《月月小說》沒有提出甚麼較具影響力的主張。

晚清四大文藝期刊之四是《小說林》（月刊），1907 年 2 月在上海創刊，小說林社發行。黃人（摩西）等主辦，徐念慈（東海覺我）主編。其宗旨是"輸進歐美文學精神，提高小說在文學上的地位"。主要刊登翻譯小說和創作小說，兼載戲曲、詩話、雜著等。曾樸《孽海花》第二十回至二十五回在該刊連載，影響甚大。為紀念秋瑾遇難，曾刊〈軒亭秋雜劇〉、〈軒亭血傳奇〉和有關悼念詩文。1908 年 10 月停刊，共出十二期。《小說林》上所發表的雜著勝於小說，〈小說小話〉、〈奢摩他室曲話〉堪稱二絕；強調小說的藝術性，宣傳西方的美學思想，認為"小說者，文學之傾於美的方面之一種也"。該刊印刷極佳,是其特色。[10]

■晚清其他小説期刊

晚清時期創辦的小説期刊,在四大文藝期刊之外,還有《新新小説》(月刊),1904 年 9 月在上海創刊。以陳景韓(署名冷血)作品最多,似為主編;其他著譯者,有俠民、無悔、嗟予、公奴、中原浪子、棣萼室主人等。分設政治小説、歷史小説、心理小説、寫情小説和雜錄等欄目,主要是翻譯,以宣傳俠客主義著稱,有南亞俠客、法國俠客、俄國俠客、女俠客等。但脱期嚴重,第 8 期後,隔一年才出一期,延續了三年,1907 年 5 月停刊,共出十期。上海開明書店總經售。

晚清有兩種同以"小説月報"命名的文藝期刊:第一種《小説月報》,1907 年 11 月在上海創刊,亞東破佛(彭俞)主編,競立小説月報社發行。該刊強調以"競立"之手段,倡導保存國粹、革除陋習、擴張民權為宗旨。設圖畫、社説、時評、小説、介紹新著、文藝等欄,僅出版兩期即停辦,共發表小説十三種,以政治歷史小説、時事札記小説、翻譯小説為主。亞東破佛的《空桐國史》、《殲鯨記》,我佛山人的《剖心記》、《開國會》等,抨擊腐敗和諷刺立憲,並抒發憂世愛國思想。時評雜志欄的文章,則熱心實業改良,鼓吹保護浙江鐵路主權,在言論方面較有影響。

第二種《小説月報》,1910 年 7 月在上海創刊,商務印書館印行,是十六開本的大型文學期刊。惲鐵樵、王蘊章主編,"以移譯名作,綴述舊聞,灌輸新理,增進常識為宗旨"。設長篇小説、短篇小説、譯叢、新知識、改良新劇等欄目,所刊多是言情小説。刊行二十二年,在中國早期文學刊物之中,出版時間最長,影響最大。以 1921 年為界,前十一年是駕

10　宋應離主編《中國期刊發展史》(開封:河南大學出版社,2000 年),頁 83－84。

鴛蝴蝶派的主要陣地，後十一年是文學研究會的機關刊物，沈雁冰、鄭振鐸主編。1931 年 12 月停刊，共出二十二卷。

此外，晚清時期另有一種《小說時報》（月刊），1909 年 10 月在上海創刊，包天笑主編，以傳播西方文化、轉移社會風氣為宗旨。欄目有短篇新作、名著雜譯、長篇名譯、雜記隨筆、各國時聞等，著譯者有包天笑、周瘦鵑、林琴南、惲鐵樵等。該刊所載〈女虛無黨〉、〈拿破崙〉、〈巴黎斷頭台〉、〈平等閣瑣語〉等文，在宣揚民族革命思想方面起了積極作用。第 17 期起，由月刊改為四月刊。1917 年 11 月停刊，共出三十三期，另出增刊一號。1922 年一度復刊，再出五期。

■民國初年的小說期刊

1912 年中華民國成立後，商務印書館的《小說月報》仍然繼續出版。1914 年，《中華小說界》、《小說叢報》和《禮拜六》相繼創刊；1917 年《小說畫報》創刊，1918 年《小說季報》創刊，1920 年《新的小說》創刊。1922 年世界書局發行的《紅雜誌》，1924 年改組為《紅玫瑰》，都是以刊登小說為主，後者並將所刊的短篇小說匯印成“紅玫瑰叢刊”專集。1923 年商務印書館創辦《小說世界》，此後的文藝刊物則甚少以“小說”命名了。

《中華小說界》（月刊），1912 年元旦在上海創刊，中華書局印行，旨在轉移風俗、針砭社會，出至第 3 卷第 6 期，總共有三十期。主要發表言情、滑稽、警世、偵探、俠義、歷史小說，還有梁啟超的〈告小說家〉、周作人的〈藝文雜話〉等。1916 年 6 月《中華小說界》停刊後，中華書局曾續出《中華新小說界》，不數期即停刊。[11]

11　周佳榮〈中華書局與民國時期“書店期刊”的風行〉，周佳榮主編《百年傳承——香港學者論中華書局》（香港：中華書局，2012 年），頁 270 - 276。

《小説叢報》（月刊），1914 年 5 月在上海創刊，1919 年 8 月終刊，共出四十四期。該刊由劉鐵冷、胡儀鄘等原《民權報》編輯人員合資創辦，是鴛鴦蝴蝶派的大本營。1914 年 6 月 6 日在上海創辦的《禮拜六》（週刊），亦是鴛鴦蝴蝶派的代表性刊物，1916 年 4 月 29 日出完第 100 期後，暫停出版；1921 年 3 月 19 日復刊，至 1923 年 2 月 10 日出版第 200 期終刊。《禮拜六》以消遣、遊戲為宗旨，"禮拜六派"且成為鴛鴦蝴蝶派的別稱。前期多用文言文，帶有較鮮明的反帝愛國政治傾向；後期則固守封建倫理觀念，掊擊新文化運動。

1915 年 3 月在上海創刊的《小説新報》（月刊），式樣仿《小説叢報》，擬與其抗衡。1923 年 9 月終刊，在鴛鴦蝴蝶派期刊中，出版時間較長，影響亦較大。1915 年 8 月在上海創辦的《小説大觀》，是小説雜誌有季刊之始，亦為鴛鴦蝴蝶派刊物的一種。文明書局出版，至 1921 年 6 月停刊。1917 年 1 月，文明書局發行《小説畫報》（月刊），至 1919 年 2 月停刊，共出二十二期。

1918 年 8 月 1 日創辦的《小説季報》，清華書局發行，僅出四集，於 1920 年 5 月停刊。1920 年 3 月 15 日創刊的《新的小説》，泰東書局發行；翌年改名為《新曉》，隨後停刊。至於商務印書館發行的《小説世界》（月刊），1923 年 1 月 15 日創刊，1929 年 12 月停刊，其後以叢刊形式繼續出版。[12] 中國傳統小説，至鴛鴦蝴蝶派已是尾聲，在五四新文化衝擊下，1920 年前後創辦的文藝期刊，已是新文化的產物，近代小説也應運而生了。

12　民國初年創辦的小説雜誌甚多，其刊行情況可參考王檜林、朱漢國主編《中國報刊辭典（1815－1949）》（太原：書海出版社，1992 年）相關各條。

附論一　明代小說在東亞的傳播

一、引言

　　明代小說原書在世界上最早的流傳，除了中國本土外，主要是在日本、朝鮮、越南等東亞國家，此外還有東南亞地區的一些國家。近代以前，日本、朝鮮、越南都劃歸東亞地區，漢字漢籍流行，受中國文化影響頗深，所以"東亞文化圈"又有"漢字文化圈"或"中國文化圈"之稱。今日的東南亞地區，在明代稱為"西洋"，鄭和下西洋，就是指東南亞和以西的地區；後來又稱為"南洋"，這大概是在清代才流行的稱呼。至於"東南亞"，則是第二次世界大戰時開始使用的稱呼，戰後才普遍起來。近代以前，越南劃歸東亞地區；近代以來，被視為東南亞國家之一。本文所說的東亞地區，是指日本、朝鮮、越南三國。

　　明清小說通常作為一個整體，要全面對明清小說在東亞地區的流播作出介紹，牽涉的內容頗多，是很不容易的事；事實上，清代小說在域外受到注意，除了《紅樓夢》等若干名著外，整體上不及明代小說深遠。本文介紹的內容，也就限於明代，文言小說限於"剪燈三話"，白話小說包括"四大奇書"和"三言二拍一型"。（表17）

　　另外還要注意，中國古代小說在域外的傳播，具體而言，包括三個方面：首先，是小說原書在域外流傳和重印；其次，是小說譯成外國語文在域外流通；再者，是外國文人學者對這些古典小說的研究。就中國古代小說在世界範圍內流播的整體情狀來說，大概只有東亞地區三者兼備，俄羅斯和歐美國家則限於翻譯和研究。本文重心，是小説原書和譯本在東亞國家的流傳，間亦述其影響，至於研究詳情則從略。有興趣的讀者，可以參閱相關著作。[1]

表 17　東亞地區傳播的明代小説

文體	類別及代表作	小説家及作品名稱	
文言小説	"剪燈"系列小説：剪燈三話	• 瞿佑的《剪燈新話》 • 李禎（昌祺）的《剪燈餘話》 • 邵景詹的《覓燈因話》	二話 ⎬ 剪燈三話
白話小説	長篇小説（章回小説）：四大奇書	• 羅貫中的《三國演義》（歷史演義的代表作） • 施耐庵的《水滸傳》（英雄傳奇的代表作） • 吳承恩的《西遊記》（神魔小説的代表作） • 蘭陵笑笑生的《金瓶梅》（人情小説的代表作）	三大奇書 第一奇書
	短篇小説：三言二拍／三言二拍一型	■ 馮夢龍選編： 　•《喻世明言》（又名《古今小説》） 　•《警世通言》 　•《醒世恆言》 ■ 凌濛初著： 　•《拍案驚奇》（又名《初刻拍案驚奇》） 　•《二刻拍案驚奇》 ■ 陸人龍著： 　•《型世言》	三言 二拍 一型

1　葉桂桐著《中國古代小説概論》（台北：文津出版社，1998 年）第十八章〈中國古代小説在海外之流播與研究〉，扼要地介紹了古代小説在國外傳播的情況；王平主編《明清小説傳播研究》（濟南：山東大學出版社，2006 年），是較全面的一本專著。陳文新、〔韓〕閔寬東著《韓國所見中國古代小説史料》（武漢：武漢大學出版社，2011 年），亦方便參考。

二、"剪燈系列小説"的傳播

（1）朝鮮：《剪燈新話》於 1433 年（宣德八年）至 1442 年（正統七年）年間通過李朝採購的方式傳入朝鮮。李朝著名文學家金時習模仿"剪燈二種"作《金鰲新話》，其時約在 1466 — 1471 年間。《剪燈新話》最流行的讀本是句解本，林芑的《剪燈新話句解》於 1559 年梓行，内容極詳盡，目的在幫助本國讀者學習漢語和理解漢文，"上自儒生，下至胥吏，喜讀是書，以為曉解文理之捷徑"。論者認為："《金鰲新話》在素材、構思等方面承襲《剪燈餘話》的痕跡非常明顯，某些篇章對《剪燈餘話》的模仿程度遠遠超出了對《剪燈新話》的模仿。金時習不滿於《剪燈餘話》的過度理性化而表現出向《剪燈新話》的回歸，同時又直接與《剪燈餘話》對話，表現截然不同的主題，某些篇章可視為《剪燈餘話》的翻案之作。"

同樣是戰亂題材，"剪燈二種"多表達對戰亂的痛恨；金時習的《金鰲新話》，則將批判矛頭指向倭寇入侵。與"剪燈二種"反思前朝歷史形成對比的是，金時習側重於本民族歷史的反思。

（2）日本：與朝鮮不同，日本文壇對於《剪燈新話》的接受，呈現先接受、融化，然後改編、創造的經過。《剪燈新話》對日本文學的影響見於《奇異怪談集》、《雨月物語》等，甚至及於當代日本恐怖影片。《奇異怪談集》成書於天文年間（1532 — 1554 年），其中有三篇源於《剪燈新話》。上田秋成（1734 — 1809 年）的《雨月物語》，在借鑒之中有創新，其歷史、愛情、世風題材作品，均改造了《剪燈新話》的精神，形成了別具日本風格的作品。由於時代與作家自身的遭遇，使《雨月物語》成為日本文學史上與《源氏物語》、《平家物語》等名著齊名的不朽傑作。

《剪燈新話》中的《牡丹燈記》，被日本作家不斷改編與重構，形成了日本文學史上獨特的"牡丹燈籠"作品群，從中可以窺見中日兩國審美文

化與接受風格的同中之異，日本作家大多顯示了對純恐怖因素的偏好，幽
艷、恐怖、淒美的美學風格順應了日本民族的審美需求。

（3）越南：由於明初中越宗藩關係的特殊發展，《剪燈新話》在宣
德、正統年間（1426 — 1442 年）就已經傳入越南。阮嶼的《傳奇漫錄》
不僅與《剪燈新話》相唱和，也與其他“剪燈”系列小說形成互文。跨民
族、跨時代的隔空對話，同時亦反映了越南民族的堅韌性格。[2]

三、《三國演義》的流播

（1）朝鮮：《三國演義》傳入東亞國家，以朝鮮為最早。《李朝實
錄》宣祖三年（1569 年）中，就有關於張飛、赤壁之戰的文字記載。
十六、十七世紀時，《三國演義》在朝鮮已盛行，1600 年左右，有不只一
種朝鮮譯本出現。[3]

（2）日本：日本學者譯《三國演義》，首先有湖南文山譯《通俗三國
志》五十卷在 1689 年至 1692 年（元祿二年至五年）刊行。《繪本三國志》
由著名畫家葛飾北齋繪圖，於 1836 年至 1841 年（天保七年至十二年）出
版。二十世紀以來，新的日譯本多達二十餘種，有一百二十回全譯本，也
有選譯本和節譯本。

（3）越南：《三國演義》在越南流行，約始於十八世紀中期，當時越
南許多文人墨客為《三國》英雄人物賦詩作畫，其中以著名詩人吳時仕
（1726 — 1780 年）所賦詩作最為有名。1908 年以來，越南至少有六、七

---

2 喬光輝著《明代剪燈系列小說研究》（北京：中國社會科學出版社，2006 年），頁
  451 — 533。
3 〔韓〕金文京著《三國演義的世界》（北京：商務印書館，2010 年），可供參考。

種《三國演義》譯本（包括縮寫本），還有改編本，今存喃字觀文堂藏版改編本。《三國演義》被改編成越南劇種○劇、嘲劇等，例如“關公過關”就是其中一折。

（4）蒙古：《三國演義》對蒙古文學有不少影響，如《青史演義》就是在《三國演義》的影響下創作的。

（5）東南亞地區：泰文最早的《三國演義》譯本，約於 1902 年譯出，譯者是乃漢，1985 年出版。老撾文譯本，1978 年出版。印度尼西亞雅加達博物館、荷蘭萊頓市大學圖書館藏有早期的馬來文譯本《三國演義》，是 1883 年至 1885 年巴塔維亞出版的，共十二冊；1889 年，新加坡也出版過《三國演義》的馬來文節譯本。

四、《水滸傳》的傳播

（1）朝鮮：《水滸傳》原是用白話文寫成的小說，當時大多數朝鮮的文人學士，對文言文比較熟悉，不太通曉白話文，因此為了讀《水滸傳》和《西遊記》，1669 年（朝鮮顯宗十年）出版了《水滸傳語錄》和《西遊記語錄》。《水滸傳》傳入朝鮮後，亦為讀者所喜愛，因此除了中文原著外，還出現了朝鮮坊刻本、抄本及翻譯本。但《水滸傳》的版本中，全都是私刻本，而且都是翻譯出版本，沒有官刻本，這反映了官方對此書的態度，朝鮮學者對《水滸傳》持批評見解的亦不少。

（2）日本：《水滸傳》在江戶時代傳入日本，岡島冠山（1674 — 1728 年）翻譯的《通俗忠義水滸傳》，1757 年刊出，流傳極廣。“雅文小說”作者建部綾足翻案的《本朝水滸傳》（1773 年），是將背景定於奈良時代而用古雅文言寫成的第一部改編作。以後相繼刊行的有《日本水滸傳》（1777

年)、《女水滸傳》(1783 年)、《忠臣水滸傳》(前編 1799 年，後編 1801 年)等，出現了"水滸熱"。

曲亭馬琴的《新編水滸畫傳》(1806 年)，是《水滸傳》前十卷的翻譯；他還著有《傾城水滸傳》和《水滸略傳》，其代表作《南總里見八犬傳》有多處汲取了《水滸傳》的構思與情節。江戶時代的漢學者皆川淇園的《淇園文集》卷七中，有〈書金聖嘆水滸傳〉一文曰：

> 余幼時嗜金聖嘆水滸傳，愛其評語奇拔，已長而尚讀之未倦，後為一友人借其書，其人亦好之不肯歸，余因別購一本，出與君錦讀之，君錦之嗜乃亦太甚，則亦為持去。既而君錦職事劇纏、五稔間，乍北乍東，凡百皆廢，然其行囊中，二帙獨塊然云。及其歸京，君錦乃亦自購得此部箋刻，精好大勝余本，豈以其嗜好之甚，遂致此尤物邪？

以曲亭馬琴為首的許多讀本，不僅在作品中大量吸收《水滸傳》中的俗語；而且以《水滸傳》為例證，批評用古雅文言文寫作小說的傾向。曲亭馬琴曾撰〈讀《本朝水滸傳》並批評〉一文，力陳"以古言編綴物語"之弊，他的見解，都是為了說明使用俗語的合理性。

二十世紀以來，日本學者對《水滸傳》的研究甚豐，著名史學家宮崎市定 (1901 — 1995 年) 亦撰有關於《水滸傳》的專著，提到他父親的藏書中有一套"國民文庫"，內有高井蘭山譯的三冊本《水滸傳》，"隨手翻開一看，書裏面有葛飾北齋作的插圖，這些插圖有着和普通日本武士畫不同的風格，讓人覺得這會是一個非常有趣的故事。……上大學我唸的是東洋史專業，最先從研究宋代開始，到現在還是和宋代脫不了關係，我時常會想這是不是因為受了少年時代讀書的影響呢？"[4]

五、《西遊記》的傳播

（1）朝鮮：《西遊記》是用白話文寫成的，因此 1669 年（朝鮮顯宗十年）就出現了白話文辭典的《西遊記語錄》。《西遊記》傳入朝鮮後，很受讀者歡迎，人們對此書的評論也相當肯定，所以流傳相當廣泛，翻譯本、改作本、坊刻本為數頗多，主要有陳士斌詮解的《西遊真詮》二十冊，此外有陳致和、趙毓真校訂的《繡像西遊記全傳》及張書紳注《新説西遊記圖像》等。

（2）日本：早在奈良、平安時代，唐三藏西天取經的傳說便已為僧侶所知；鎌倉、室町時代，唐三藏已逐漸神格化。明刊本《西遊記》在江戶前期傳入日本，到了江戶中期便出現了通俗譯本。據 1772 年刊行書籍目錄，已有《西遊記勸化抄》一書；其後有《通俗西遊記》初編至五編問世，不同譯者歷數十年之功，由 1760 年代至 1830 年代，終於出齊。此外，有《繪本西遊記》、《畫本西遊全傳》，為當時的"戲作小説"提供了素材。據說日本童話桃太郎取鬼島之寶，亦出於《西遊記》云。

《西遊記》特別受到日本青少年的歡迎，近代著名小説家芥川龍之介〈愛讀的書的印象〉一文說："做小孩那會兒愛讀的書，《西遊記》是第一，它在今天也是我愛讀的書。我認為，作為'比喻談'，像這樣的傑作，在西洋一部也沒有。即使班揚赫赫有名的《天路歷程》，也畢竟不能和這

4　〔日〕宮崎市定著，趙翻、楊曉鍾譯《宮崎市定説水滸——虛構的好漢與掩藏的歷史》（西安：陝西人民出版社，2008 年），〈前言〉，頁 1—2。

部《西遊記》相提並論。"二十世紀以來,《西遊記》對日本、韓國的動漫文化有很大影響。[5]（表 18）

表 18 動漫文化中的《西遊記》作品

類別	日本	韓國
漫畫	<ul><li>手塚治蟲《我的孫悟空》(1953－1957 年)</li><li>林浦茂《少年西遊記》(1956 年) 以西方式漫畫表達</li><li>《八戒之大冒險》(1987 年)</li><li>《Go Go West》(1994 年) 是 SF 風格的《西遊記》</li><li>《魔界西遊記》混合西方與中國的內容和氣氛,是幻想少年漫畫</li><li>《最遊記》系列,極受歡迎,並衍生出多種漫畫作品,此外還有 CD、OVA、電視動畫、劇場動畫、小說、電腦遊戲、音樂劇等</li><li>《七龍珠》(Dragon Ball)</li></ul>	(1) 創造本:《西遊記》1965－1971 年漫畫雜誌《新少年》刊登《雪人 Alpakan》,把科學幻想加入漫畫,產生出可愛的主人公。較忠於原著的是高羽榮的《西遊記》,1980－1981 年出版,對象是青少年以上;許英萬的《Mr. 孫》,讀者主要是兒童。此外有《幻想西遊記》(1990－2002 年)、《加油!孫悟空》(1996 年)、《漫畫西遊記》(2002 年)、《孫悟空的愉快的西域之行》(2003 年)、《搞笑西遊記》(2003 年),以及十冊本的歷史漫畫《邏輯論述中國古典文學漫畫西遊記》(2008 年) 等。 (2) 翻譯本:台灣作家蔡志忠的《西遊記》,日本漫畫家手塚治蟲《我的孫悟空》和日本漫畫《最遊記》,都被介紹到韓國。
動畫	<ul><li>《西遊記孫悟空物語》(1926 年)</li><li>《孫悟空之大冒險》(1967 年)</li><li>《SF 西遊記》(1978－1979 年)</li><li>《幻想魔傳:最遊記》動畫版 (1997 年)</li></ul>	韓國廣播電視台《幻想西遊記》(1990－2002 年)54 集,有很高的收視率。(中國中央電視台播了 36 集後停播)

5　〔韓〕宋貞和著《〈西遊記〉與東亞大眾文化——以中國、韓國、日本為中心》（南京：鳳凰出版社,2011 年）。

六、《金瓶梅》的傳播

《金瓶梅》於 1608 年之前就已傳入朝鮮。現存最早的一百回刻本《金瓶梅詞話》刊於 1617 年，當時朝鮮學者所得見的，相信是較早的版本。《金瓶梅》傳入朝鮮後，很少見到有關此書的記錄和版本，這是因為《金瓶梅》長久以來被列為禁書，朝鮮時代的社會道德觀念也不容易接受此書的內容。現時所見的版本，是張竹坡據明崇禎年間（1628 — 1644 年）本而批評的“第一奇書本”（《皋鶴堂批評第一奇書金瓶梅》）。在朝鮮所見的四大奇書中，《金瓶梅》是版本最少的一種小說。論者指出，《金瓶梅》在國外似乎更受重視[6]

七、“三言二拍一型”的傳播

“三言”是指馮夢龍編纂的三部白話短篇小說集的簡稱，包括《喻世明言》、《警世通言》和《醒世恆言》。在明清白話短篇小說發展史上，晚明凌濛初所作的“二拍”佔有重要地位，《初刻拍案驚奇》和《二刻拍案驚奇》主要是作者自己的創作，不同於“三言”中有三分一是“宋元舊篇”。此外還有“一型”，即《型世言》，全名《崢霄館評定通俗演義型世言》，晚明陸人龍著。

“三言二拍”傳入朝鮮的版本甚難找到，因此韓國學者對其傳入問題議論紛紜。在韓國奎章閣圖書館內，發現有《醒世恆言》殘本。1762 年（朝鮮英祖三十八年）完山李氏所作的《中國小說繪模本》（原名《中國歷

6　徐朔方、孫秋克著《明代文學史》，頁 157。

史繪模本》）的序文中，有《醒世恆言》、《警世通言》、《拍案驚奇》、《型世言》等書名，據此可以得知，這些白話短篇小說集在 1762 年前已傳入朝鮮。

《型世言》今存明末刻本，藏於韓國奎章閣圖書館，凡十二卷十二冊，共四十回，今存十一卷十一冊（缺卷首），版本的保存情況相當良好。此書一名《三刻拍案驚奇》或《型世奇觀》、《幻影》，然非凌氏續書。韓國學中央研究院（藏書閣），也存有《型世言》的韓文翻譯本。《型世言》每回一個故事，每回之前有翠娛閣主人序，回末有雨侯評語，正文間有眉批。小說內容多為明代江浙間故事，文字不夠生動，說教的傾向比“三言二拍”更加顯著。其中有二十回被輯入《別本二刻拍案驚奇》之中。

附論二　中國小説史文獻著作選介

■魯迅著《中國小説史略》及其他

　　中國第一本小説史專著是魯迅著《中國小説史略》。此書原先是作者在北京大學授課時的講義，後經修訂增補，由北京大學新潮社以《中國小説史略》為題，分上、下冊於 1923 年、1924 年出版；北京北新書局 1925 年合印為一冊，1931 年出修訂本初版，1935 年第十版時又作了個別修改，以後各版均與第十版相同。全書分為二十八篇，從篇目已可一窺中國小説發展之梗概：一、〈史家對於小説之著錄及論述〉；二、〈神話與傳説〉；三、〈《漢書》《藝文志》所載小説〉；四、〈今所見漢人小説〉；五及六、〈六朝之鬼神志怪書〉（上、下）；七、〈《世説新語》與其前後〉；八及九、〈唐之傳奇文〉（上、下）；十、〈唐之傳奇集及雜俎〉；十一、〈宋之志怪及傳奇文〉；十二、〈宋之話本〉；十三、〈宋元之擬話本〉；十四及十五、〈元明傳來之講史〉（上、下）；十六至十八、〈明之神魔小説〉（上、中、下）；十九及二十、〈明之人情小説〉（上、下）；二十一、〈明之擬市人小説及後來選平〉；二十二、〈清之擬晉唐小説及其支流〉；二十三、〈清之諷刺小説〉；二十四、〈清之人情小説〉；二十五、〈清之以小説見才學者〉；二十六、〈清之狹邪小説〉；二十七、〈清之俠義小説及公案〉；二十八、〈清末之譴責小説〉。書末附錄〈中國小説的歷史的變遷〉。

　　魯迅編纂《小説舊聞鈔》，是他在北京大學講授中國小説史時所編集的小説史料集，從宋代至清末的七十多種筆記、總集和史籍、方志中，輯出四十一種關於古代和近代小説的考訂及見聞，內容涉及作家生平、作品內容和題材淵源等，也有小說源流、評刻和禁黜等方面的專輯。魯迅治學嚴謹，盡量搜集第一手材料，不作“轉販”的作風，為學界所稱道。《魯迅小說史論文集：中國小說史略及其他》（台北：里仁書局，1992 年）收錄了魯迅的《中國小說史略》、《小說舊聞鈔》、《中國小說的歷史的變遷》，並將他歷年所作的小說史短文十二篇，題名為《古小說散論》，方便參考。此外，1912 年出版的《古小說鈎沉》，也是魯迅用力極勤之作。

　　魯迅《中國小說史略》一書坊間有不少重印本，張兵、聶付生疏識的《中國小說史略疏識》（上海：復旦大學出版社，2012 年）中的“原文”，以 1973 年人民文學出版社的版本為據，對文本重新作了分段和標點，“原文”後面有“疏”和“識”，“疏”是圍繞着魯迅的觀點和論述作具體說明，“識”則是對《中國小說史略》各篇的評論。《中國小說史略疏識》一書的〈前言〉強調：“一本書成就一門學科，奠定八十餘年研究根基，這就是魯迅《中國小說史略》的價值。迄今為止，我們的古代小說研究依然在這部名著的指引下前進。”〈前言〉又指出，近年來，中國古代小說的研究發展得很快，主要表現於以下幾方面：第一，大量古代小說文獻的出版，不僅是國內的，而且還有珍藏於海外的，幾乎已囊括了我們全部的“家產”；第二，研究隊伍的不斷擴大，僅據復旦大學、浙江大學、華東師範大學、上海師範大學幾所大學報考小說研究的博士生來說，呈歷年遞增的趨勢，老、中、青三代雄心勃勃，成果纍纍；第三，研究著作不斷湧現，研究領域逐步拓展，較高、較新學術質量的著作層出不窮；第四，社會科學院成立了古代小說研究中心，創辦“中國古代小說研究”專刊，還有“明清小說”、“中國古代小說”兩個網站，連同原來的《明清小說研究》等專業刊物，推動了中國小說研究的深入發展；第五，研究者來自世界各地，非常團結和專心致志，他們在出版《中國古代小說總目》的基礎上，擬編纂影印散見於海外各家圖書館的珍本小說等。

《中國小説史略疏識》肯定“魯迅的《中國小説史略》不但是中國小説史研究的奠基之作和開山之作，而且是樹立在這一領域的一座歷史豐碑。”該書對《中國小説史略》中的觀點和作者論證的材料予以解釋和補充，又根據現時的學術發展，對《中國小説史略》中一些語焉不詳的論述盡量予以説明，並且對一些不全面或不正確的觀點作了論證。

■阿英《晚清小説史》及其他

阿英（錢杏邨）著《晚清小説史》（上海：商務印書館，1937 年），是研究晚清小説的奠基之作。其後有 1955 年作家出版社版，香港中華書局 1973 年版據此影印；較好的版本，是 1980 年北京人民文學出版社版。此書共分十二章：一、〈晚清小説的繁榮〉；二及三、〈晚清社會概觀〉（上、下）；四、〈庚子事變的反映〉；五、〈反華工禁約運動〉；六、〈工商業戰爭與買辦階級〉；七、〈立憲運動兩面觀〉；八、〈種族革命運動〉；九、〈婦女解放問題〉；十、〈反迷信運動〉；十一、〈官僚生活的暴露〉；十二、〈講史與公案〉；十三、〈晚清小説之末流〉；十四、〈翻譯小説〉。書末有〈跋〉及〈校勘後記〉。此書有德文、日文譯本。

阿英著《小説閒談》，良友出版公司 1936 年版，古典文學出版社修訂版，內容論述古代小説、彈詞小説和雜劇等。此書收入作者 1933 年至 1935 年前期所寫的文章，節取《彈詞小説評考》、《夜航集》、《海市集》三書中有關通俗文學的文字合編而成，對通俗小説的情節、流派和傾向進行了探討，包括一些作者的考證等，當中〈西湖二集所反映的明代社會〉、〈醒世緣為李伯元著作考〉、〈惜秋生非李伯元化名考〉取材廣泛獨特，見解頗有新意，實為難得之作，有相當的學術價值。

《小説二談》，中華書局 1959 年版，是《小説閒談》的續編，內容主要論述近代小説。此書是作者 1935 年至 1936 年間所寫文章的結集，對清末民初的小説、戲曲、彈詞論述精到，有關的札記多有新穎之處，所引資料直接取自前人著述，豐富而不多見。

《小説三談》，上海古籍出版社 1959 年版，收入作者 1938 年至 1963 年間所寫的文章十七篇，主要對晚清譴責小説、彈詞等通俗文學進行研究，對晚清譴責小説論述明晰，對彈詞等通俗文學分析細緻，對明清以降的小説作家和作品，作了具體的介紹。內容充實，見解獨到，既有史料價值，又多作者心得。

《小説四談》，上海古籍出版社 1982 年版，收入作者 1935 年至 1936 年間發表的文章二十四篇，有關於《紅樓夢》和曹雪芹的論述如〈《紅樓夢》書錄〉等，有關於晚清小説（小説戲文）的序跋、校記，及〈作為小説學者的魯迅先生〉等，內容充實，資料豐富，所論多有精闢之處，兼具學術價值和史料價值。〔參考〕《中國名著大辭典》，頁 48 — 49。

■孔另境輯錄《中國小説史料》

孔另境輯錄《中國小説史料》（北京：古典文學出版社，1957 年），對中國小説研究有一定的資料輯錄價值和理論參考價值。此書採集宋元明清各家筆記中有關小説的史料，並據蔣瑞藻《小説考證》、《小説枝談》和魯迅《小説舊聞鈔》等作了概述；又在此基礎上，增補了新的材料，或修訂脱誤，較完整地論述了小説作者的身世、故事的源流及演變等。

■北京大學中文系著《中國小説史》

據此書〈前言〉所述，北京大學中文系 55 級於 1959 年編寫了一部《中國小説史稿》，其後作了修改，於 1978 年由人民文學出版社出版。全書共有十八章，分為五編，每編均有概説，然後細分若干章節：第一編"先秦至隋唐的小説"，包括〈中國小説溯源〉、〈魏晉南北朝小説〉及〈唐代小說〉三章；第二編"宋元至明初的小說"，包括〈宋元小說〉、〈《三國演義》〉、〈《水滸傳》〉三章；第三編"明中葉至明末的小說"，包括〈《西遊記》〉、〈《封神演義》和其他神魔小說〉、〈明中葉以後的歷史小說〉、〈《金瓶梅》和其他世情小說〉、〈明代文言短篇小說〉五章；第四編"清初至清中葉的小說"，包括〈清代前期的長篇小說〉、〈《聊齋志異》和清代文言短篇小說〉、〈《儒林外史》〉、〈《紅樓夢》〉、〈清中葉其他長篇小說〉五章；第五編"近代小說"，包括〈鴉片戰爭至甲午戰爭時期的小說〉及〈戊戌變法至辛亥革命時期的小說〉兩章。書末附錄〈參考書目〉。

■葉朗著《中國小說美學》

葉朗著《中國小說美學》（北京：北京大學出版社，1982 年），是研究中國古典小說美學和近代小說美學的專著。書中論述了李贄、葉晝、馮夢龍、金聖嘆、毛宗崗、張竹坡、脂硯齋等人的小說美學思想，認為小說評點是文學批評和小說美學的獨特形式，並結合各家小說評點的實際，對中國古典小說美學的基本理論特色作了總括。此書還探討了梁啟超與近代小說美學的關係，就其小說美學思想進行了闡釋。書後附有作者對容與堂刊一百回本《水滸傳》評點作者的考證，認為是葉晝所作。

■胡從經著《中國小說史學史長編》

胡從經著《中國小說史學史長編》（香港：中華書局，1999 年）是中國小說史研究述評，比較全面地介紹了歷來有關方面的論著。〈饒宗頤序〉："胡君此書名曰小說史學史，綜理過去研究成果，作一總檢討，臚舉大綱，有條不紊，讀者闚其大體，誠足導人以入德之門。"又指出其書重點詳於往昔，而略於近今。〈緒論〉和〈結論〉之外，正文包括五章：一、〈先利其器——傳統方法的革新與新進方法的汲取〉；二、〈聚沙成塔——小説史料學的萌發與勃興〉；三、〈群星閃爍——小説家研究的新生面〉；四、〈蓓蕾初綻——斷代與專題研究的起步〉；五、〈傑構初呈——中國小説史體系的初步締造〉。書末有〈參考與引用書目〉，以備進一步閱覽之用。

■譚帆主編《明清小説分類選講》

譚帆主編《明清小説分類選講》（北京：高等教育出版社，2007 年）是“中國古代文學分類選講”系列教材之一，〈導論〉概述明清小説的發展演變和類別劃分，第一至六章分別介紹講史演義、英雄傳奇、神魔小説、世情小説、公案俠義、諷刺譴責，即以章回小説為主體，大致按題材區分為六類；第七、八章，則介紹不同文體的傳奇志怪、話本小説；第九章為閱讀書目提要，書末有主要參考文獻。

■張燕瑾主編《中國古代小説專題》

張燕瑾主編《中國古代小説專題》第 2 版（北京：高等教育出版社，2008 年）是全國高等院校本科教材的一種，內容分為“史論”和“作品選”兩部分，“史論”有〈緒論〉及十八章：一、〈中國古代小説的起源〉；二、〈先秦兩漢時期的准小説〉；三、〈魏晉南北朝志怪小説〉；四、〈魏晉南北朝志人小説〉；五及六、〈唐人傳奇〉（上、下）；七、〈敦煌通俗小説〉；八、〈宋元的説話藝術與話本小説〉；九、〈《三國演義》與明代歷史小説〉；十、〈《水滸傳》與明代英雄傳奇〉；十一、〈《西遊記》與明代神魔小説〉；十二、〈世情小説《金瓶梅》〉；十三、〈明代的短篇小説〉；十四、〈文言短篇小説《聊齋志異》〉；十五、〈諷刺小説《儒林外史》〉、十六、〈古代小説高峰《紅樓夢》〉；十七、〈清代的其他長篇小説〉；十八、〈近代小説〉。“作品選”包括古代神話、先秦寓言及漢代至清代近三十種。

■孫一珍著《明代小説史》

　　孫一珍著《明代小説史》（北京：中國社會科學出版社，2012 年）是較詳細論述明代小説發展史的著作，共有二十二章：一、〈明代小説總論〉；二、〈文言短篇小説〉；三及四、〈羅貫中和《三國志通俗演義》〉（上、下）；五及六、〈施耐庵和《水滸傳》〉（上、下）；七、〈熊大木、余邵魚及其小説〉；八、〈話本小説〉；九及十、〈吳承恩和《西遊記》〉（上、下）；十一、〈公案小説〉；十二、〈萬曆年間流行的幾部小説集〉、十三、〈《金瓶梅》〉；十四及十五、〈萬曆年間的長篇小説〉（上、下）；十六及十七、〈馮夢龍和"三言"〉（上、下）；十八、〈凌濛初與"二拍"〉；十九、〈陸氏兄弟及《型世言》〉；二十及二十一、〈明末長篇小説〉（上、下）；二十二、〈明末中短篇小説〉。

■"中國古典小説名著資料叢刊"

　　為了適應古代小説教學和科研的需要，南開大學中文系古典小説戲曲研究室將多年來積累的相關資料編輯成書，先後出版了《三國演義資料匯編》、《水滸傳資料匯編》、《西遊記資料匯編》、《金瓶梅資料匯編》、《聊齋志異資料匯編》、《儒林外史資料匯編》、《紅樓夢資料匯編》，及朱一玄編《明清小説資料匯編》（天津：南開大學出版社，2012 年）。後者收錄了二百八十一種小説的資料，並參照魯迅《中國小説史略》、孫楷第《中國通俗小説書目》、袁行霈等《中國文言小説書目》等書對古代小説的分類，分為七編：

　　第一編——歷史小説，收"講史"類作品；

　　第二編——俠義小説，收"説公案"的作品，又按其內容，分為"俠義"和"精察"兩個子目；

　　第三編——神魔小説，收"靈怪"類作品；

第四編——世情小説，收"煙粉"類作品，又細分為"人情"、"狹邪"、"才子佳人"、"英雄兒女"、"猥褻"五個子目；

第五編——諷諭小説，分為"諷諭"、"勸誡"兩個子目；

第六編——話本小説，收白話短篇小説"總集"；

第七編——文言小説。

■孫順霖、陳協琹編著《中國筆記小説縱覽》

孫順霖、陳協琹編著《中國筆記小説縱覽》（上海：華東師範大學出版社，2013年），以詞條形式介紹自秦漢至近代的筆記小説家近七百人及筆記小説作品九百餘部，全書分為八章，〈中國筆記小説總論〉以下，有〈先秦神話與筆記小説〉，然後是秦漢、魏晉南北朝、隋唐五代、宋遼金元、明代、清代的筆記小説，歷代均有〈概述〉作扼要的説明。書末附有作家、作品詞條索引。

■石麟著《中國古代小説文本史》

石麟著《中國古代小説文本史》（鄭州：中州古籍出版社，2013年）指出很多中國古代小説史研究著作，其實是將中國古代的小説概念和小説文本糅到了一起；本書的研究對象，是中國古代與"詩歌"、"散文"、"戲曲"並稱為四大文體的"小説"的發展歷程，亦即中國古代小説文本史。內容分為九章：第一章釐清小説概念和小説文本，概述中國古代小説的階段和類別；第二章探討"先唐准小説"，包括雜傳小説、志怪小説和逸事小説；第三章分初盛唐、中唐、晚唐五代三個時期，敍述唐五代傳奇小説；第四章介紹唐宋元話本小説，主要是"講史"話本、"説經"話本和"小説"話本。第五章討論五代以降傳奇小説及其他類型的小説，依次是宋元明文言小説、明代長篇傳奇小説、"虞初體"小説、清代傳奇與志怪的集合；第六章分析明代章回小說的四大潮流——史傳小說、英雄小說、神異小說、家常小說，以及其他類型的小說；第七章從明清小說話本談到擬話本，交代了擬話本的興盛和衰歇；第八章專論清代前中期章回小說的繁榮及其巔峰時代，並描述章回小說在清中葉的艱難探索；第九章分傳統派、頹廢派、暴露派、憧憬派介紹晚清章回小說，並對新舊交替的藝術表現作了探究。

附表一　中國歷朝年代表

朝代 / 時代	年代	年數	都城
夏朝	約公元前 2100 年—前 1600 年	約 500 年	陽城(今河南登封縣東南)
商朝	約公元前 1600 年—前 1028 年	約 550 年以上	亳 (今河南商丘縣北) 殷 (今河南安陽西北)
周朝	約公元前 1027 年—前 256 年	約 770 年	
西周	公元前 1027 年—前 771 年	約 250 年	鎬京 (今陝西西安西)
東周	公元前 770 年—前 256 年	共 515 年	洛邑 (今河南洛陽)
春秋	公元前 770 年—前 476 年	共 295 年	
戰國	公元前 475 年—前 221 年	共 254 年	
秦朝	公元前 221 年—前 207 年	共 15 年	咸陽 (今陝西咸陽)
漢朝	公元前 202 年—公元 220 年	共 422 年	
西漢	公元前 202 年—公元 8 年	共 210 年	長安 (今西安)
新	公元 9 年— 23 年	共 15 年	長安 (今西安)
東漢	公元 25 年— 220 年	共 196 年	洛陽
三國	公元 220 年— 265 年	共 46 年	
魏	公元 220 年— 265 年	共 46 年	洛陽
蜀漢	公元 221 年— 263 年	共 43 年	成都
吳	公元 229 年— 280 年	共 51 年	建業 (今江蘇南京)
晉朝	公元 265 年— 420 年	共 156 年	
西晉	公元 265 年— 316 年	共 52 年	洛陽
東晉	公元 318 年— 420 年	共 104 年	建康 (今南京)
南北朝	公元 420 年— 589 年	共 170 年	
南朝	公元 420 年— 589 年	共 170 年	
宋	公元 420 年— 479 年	共 60 年	建康 (今南京)
齊	公元 479 年— 502 年	共 24 年	建康 (今南京)
梁	公元 502 年— 557 年	共 56 年	建康 (今南京)
陳	公元 557 年— 589 年	共 33 年	建康 (今南京)
後梁	公元 555 年— 587 年	共 33 年	

北朝	公元 439 年—581 年	共 143 年	
北魏	公元 386 年—534 年	共 149 年	平城（今山西大同）
東魏	公元 534 年—550 年	共 17 年	鄴（今河北臨漳縣）
西魏	公元 535 年—556 年	共 22 年	長安（今西安）
北齊	公元 550 年—577 年	共 28 年	鄴（今河北臨漳縣）
北周	公元 557 年—581 年	共 25 年）	長安（今西安）
隋	公元 581 年—618 年	共 38 年	長安（今西安）
唐	公元 618 年—907 年	共 290 年	長安（今西安）
周（武周）	公元 690 年—704 年	共 15 年	
五代十國	公元 907 年—960 年	共 54 年	
後梁	公元 907 年—923 年	共 17 年	汴（今河南開封）
後唐	公元 923 年—936 年	共 14 年	洛陽
後晉	公元 936 年—946 年	共 11 年	汴（今開封）
後漢	公元 947 年—950 年	共 4 年	汴（今開封）
後周	公元 951 年—960 年	共 10 年	汴（今開封）
吳	公元 902 年—937 年	共 36 年	揚州
南唐	公元 937 年—975 年	共 39 年	金陵（今南京）
吳越	公元 907 年—978 年	共 72 年	杭州
楚	公元 907 年—951 年	共 45 年	長沙
閩	公元 909 年—945 年	共 37 年	長樂（今福建福州）
南漢	公元 917 年—971 年	共 55 年	廣州
前蜀	公元 903 年—925 年	共 23 年	成都
後蜀	公元 933 年—965 年	共 33 年	成都
荊南（南平）	公元 924 年—963 年	共 40 年	荊州（今湖北江陵）
北漢	公元 951 年—979 年	共 29 年	河東（今山西太原）
宋	公元 960 年—1279 年	共 320 年	
北宋	公元 960 年—1127 年	共 168 年	東京（今開封）
南宋	公元 1127 年—1279 年	共 153 年	臨安（今杭州）
遼	公元 916 年—1125 年	共 210 年	上京 （今遼寧巴寧左旗附近）
大夏（西夏）	公元 1038 年—1227 年	共 190 年	興慶（今銀川）
金	公元 1115 年—1234 年	共 120 年	會寧（今黑龍江阿城）
元	公元 1271 年—1368 年	共 98 年	大都（今北京）
明	公元 1368 年—1644 年	共 277 年	南京、北京
南明	公元 1644 年—1661 年	共 18 年	
清	公元 1644 年—1912 年	共 268 年	北京

附表二　明清兩代年號表

明朝（1368 — 1644 年）：

【洪武】	公元 1368 — 1398 年	洪武元年—洪武三十一年	太祖朱元璋
【建文】	公元 1399 — 1402 年	建文元年—建文四年	惠帝朱允炆
【洪武】	公元 1402 年	洪武三十五年	成祖朱棣
【永樂】	公元 1403 — 1424 年	永樂元年—永樂二十二年	成祖朱棣
【洪熙】	公元 1425 年	洪熙元年	仁宗朱高熾
【宣德】	公元 1426 — 1435 年	宣德元年—宣德十年	宣宗朱瞻基
【正統】	公元 1436 — 1449 年	正統元年—正統十四年	英宗朱祁鎮
【景泰】	公元 1450 — 1457 年	景泰元年—景泰八年	代宗朱祁鈺
【天順】	公元 1457 — 1464 年	天順元年—天順八年	英宗朱祁鎮
【成化】	公元 1465 — 1487 年	成化元年—成化二十三年	憲宗朱見深
【弘治】	公元 1488 — 1505 年	弘治元年—弘治十八年	孝宗朱祐樘
【正德】	公元 1506 — 1521 年	正德元年—正德十六年	武宗朱厚照
【嘉靖】	公元 1522 — 1566 年	嘉靖元年—嘉靖四十五年	世宗朱厚熜
【隆慶】	公元 1567 — 1572 年	隆慶元年—隆慶六年	穆宗朱載垕
【萬曆】	公元 1573 — 1620 年	萬曆元年—萬曆四十八年	神宗朱翊鈞
【泰昌】	公元 1620 年	泰昌元年	光宗朱常洛
【天啟】	公元 1621 — 1627 年	天啟元年—天啟七年	熹宗朱由校
【崇禎】	公元 1628 — 1644 年	崇禎元年—崇禎十七年	思宗朱由檢

清朝（1644 — 1912 年）：

【天命】	公元 1616 — 1626 年	天命元年—天命十一年	太祖努爾哈赤
【天聰】	公元 1627 — 1636 年	天聰元年—天聰十年	太宗皇太極
【崇德】	公元 1636 — 1643 年	崇德元年—崇德八年	太宗皇太極
【順治】	公元 1644 — 1661 年	順治元年—順治十八年	世祖福臨
【康熙】	公元 1662 — 1722 年	康熙元年—康熙六十一年	聖祖玄燁
【雍正】	公元 1723 — 1735 年	雍正元年—雍正十三年	世宗胤禛
【乾隆】	公元 1736 — 1796 年	乾隆元年—乾隆六十年	高宗弘曆
【嘉慶】	公元 1796 — 1820 年	嘉慶元年—嘉慶二十五年	仁宗顒琰
【道光】	公元 1821 — 1850 年	道光元年—道光三十年	宣宗旻寧
【咸豐】	公元 1851 — 1861 年	咸豐元年—咸豐十一年	文宗奕詝
【祺祥】	公元 1861 年	祺祥元年	穆宗載淳
【同治】	公元 1862 — 1875 年	同治元年—同治十三年	穆宗載淳
【光緒】	公元 1875 — 1908 年	光緒元年—光緒三十四年	德宗載湉
【宣統】	公元 1909 — 1912 年	宣統元年—宣統三年	溥儀

附表三　明清小説分類表

一、歷史小説 / 歷史演義小説 / 講史小説

書名 / 集稱	撰者 / 編者
開闢衍繹通俗志傳（內題《開闢演義》）	明、周游撰
西周志	（佚名）
列國志傳（全稱《春秋五霸七雄列國志傳》）	明、余邵魚撰
新列國志	明、馮夢龍編
東周列國志	清、蔡奡編
前後七國志（《前七國志》及《後七國志》）	明、"吳門嘯客" 撰《前七國志》（即《孫龐演義》）； 清、徐震撰《後七國志》（即《樂田演義》），題 "古吳煙水散人演輯"
東西漢通俗演義（一名《東西漢演義》）	明、甄偉《西漢演義》及明、謝詔（一作清、珊城清遠道人）《東漢演義評》的合刻
班定遠平西記	（佚名）
三國演義（亦作《三國志演義》，全稱《三國志通俗演義》）	元末明初、羅貫中撰
三國志後傳（《新刻續編三國志後傳》）	明（佚名）
後三國石珠演義（亦名《三國後傳》）	清、"梅溪遇安氏" 撰
東西晉演義	明、楊爾曾撰
兩晉演義	清、吳沃堯撰

梁武帝西來演義（一名《梁武帝全傳》）	清、天花藏主人撰
南北史演義（《南史演義》及《北史演義》）	清、杜綱撰
隋唐兩朝志傳（《鐫楊升庵批評隋唐兩朝志傳》）	元末明初、羅貫中撰， 題"東原羅本貫中"編輯， "西蜀升庵楊慎"批評
唐書志傳通俗演義	明、熊大木撰
隋唐演義	明（佚名）
隋煬帝艷史（一名《風流天子傳》）	明、"齊東野人"撰，"不經先生"批評
隋史遺文（《劍嘯閣批評秘本出像隋史遺文》）	明、袁于令撰
隋唐演義（《四雪草堂重訂通俗演義》）	清、褚人穫撰
説唐演義全傳	清（佚名），署"鴛湖漁叟"校訂
混唐後傳（一名《薛家將平西演傳》）	明（佚名），題"竟陵鍾惺伯敬"編次， "溫陵李贄卓吾"參訂
則天外史（一名《武則天外史》）	清、"不奇生"撰
反唐演義傳	清、"姑蘇如蓮居士"撰
殘唐五代史演傳	元末明初、羅貫中撰， 題"貫中羅本"編輯， "卓吾李贄"批評
南北兩宋志傳（分為《北宋志傳》〔又名《楊家將》〕和《南宋志傳》）	明、熊大木撰
飛龍全傳	清、吳璿刪定
大宋中興通俗演義	明、熊大木撰，有題"余應鰲"編
説岳全傳（全稱《精忠演義説本岳王全傳》）	清、錢彩、金豐編撰，原題"仁和錢彩錦文氏"編次，"永福金豐大有氏"增訂
楊家府演義（又題《楊家將演義》、《楊家通俗演義》，全稱《楊家府世代忠義演義志傳》）	明、紀振倫撰，題"秦淮墨客"（紀振倫）校閱，"煙波釣叟"參訂，或謂紀振倫並非此書真正作者

説呼全傳	清（佚名），題“半閑居士學圃主人”同閱
五虎平西前傳	清（佚名）
五虎平南後傳	清（佚名）
萬花樓楊包狄演義	清、李雨堂撰
雪窖冰天錄	（佚名）
采石戰記	（佚名）
後精忠傳	（佚名）
賈平章外傳	（佚名）
雙忠記	（佚名）
楚材晉用記	（佚名）
痛史	清、吳趼人（沃堯）撰，殘夫（阿英，即錢杏邨）續完
大元龍興記	（佚名）
庚申君外傳	（佚名）
奇男子傳	（佚名）
皇明開運英武傳（即《英武傳》）	明（佚名）
皇明開運輯略武功各世英烈傳（即《英烈傳》）	明（佚名）
雲合奇蹤	明（佚名），題“徐渭文長甫”編
真英烈傳	明（佚名）
三寶太監西洋記通俗演義	明、羅懋登撰，題“二南里人”著，“閑閑道人”編輯
女仙外史	清、呂熊撰
魚服記	清（佚名）
于少保萃忠全傳（亦名《旌功萃忠錄》）	明、孫高亮撰

正統傳	明、無名氏撰
偉人傳	明（佚名）
豹房秘史	（佚名）
武皇西巡記	清（佚名），署名"江南舊史"
青詞宰相傳	（佚名）
騃鶯錄	（佚名）
金齒餘生錄	明、楊慎（用修）撰
（舊本）大紅袍	（佚名）
護國錄	（佚名）
遼東傳	（佚名）
魏忠賢小說斥奸書	明、"吳越草莽臣"（陳雲龍）撰
警世陰陽夢	明、"長安道人國清"編次
檮杌閑評	（佚名）
遼海丹忠錄（一名《丹忠錄》）	明、"平原孤憤生"戲筆，"鐵崖熱腸人"偶評
平虜傳（全稱《近報叢譚平虜傳》）	明、"吟嘯主人"撰
甲申痛史	明（佚名）
新世弘勳（又題《新世鴻勳》）	題"蓬蒿子"編
鐵冠圖全傳	清（佚名）
陸沉紀事	（佚名）
鷗鷃記	（佚名）
海角遺編	（佚名）
江陰城守記	（佚名）
殷頑志	（佚名）

鯨鯢錄	(佚名)
前後十叛王記	(佚名)
台灣外志	清、江日升撰
毗舍耶小劫記	清（佚名）
平台記	清（佚名）
平金川全傳（又名《年大將軍平西傳》）	清、張上舍撰
（舊本）鼎盛萬年清	(佚名)
太妃北征錄	(佚名)
洪秀全演義（《繡像洪秀全演義》）	清、黃世仲撰
鄰女語	清（佚名），題"憂患餘生"著

二、公案俠義小說（俠義小說、公案小說）

水滸傳（又名《忠義水滸傳》）	元末明初、施耐庵撰
水滸後傳	明、陳忱撰，題"古宋遺民"著，"雁宕山樵"（陳忱號）評
後水滸傳	明、"青蓮室主人"輯
蕩寇志（一名《結水滸傳》）	清、俞萬春撰
禪真逸史	明、"清溪道人"（方汝浩）編次，"心心仙侶"評訂
禪真後史	明、"清溪道人"編次，"沖和居士"評校
兒女英雄傳（原名《兒女英雄評話》）	清、文康撰
三俠五義（《忠烈俠義傳》）	清、"問竹主人"撰
七俠五義	清、俞樾據《三俠五義》改訂易名
小五義	清、石玉昆撰
施公案	清（佚名）

彭公案	清、"貪夢道人"撰
守宮砂	清、"醉夢草廬主人夢梅叟"輯
九命奇冤	清、吳沃堯撰
清風閘	清、浦琳撰

三、神魔小説 / 神怪小説 / 神異小説

三遂平妖傳（《平妖傳》）	元末明初、羅貫中撰，題"東原羅貫中"編次
西遊記	明、吳承恩撰
續西遊記	明（佚名）
西遊補（一名《新西遊記》）	明、"靜嘯齋主人"（董説）撰
後西遊記	清、"天花才子"評點
東遊記（又名《上洞八仙傳》、《新刊八仙出處東遊記》）	明、"蘭江吳元泰"撰，"社友凌雲龍"校
南遊記（又名《五顯靈官大帝華光天王傳》）	明、余象斗編
北遊記（又名《北方真武玄天上帝出身志傳》）	明、余象斗編
西遊記傳	明、"齊雲楊致和編"
封神演義（又名《封神榜》、《封神傳》等）	明、許仲琳撰，一説陸西星撰
韓湘子全傳	明、楊爾曾撰，題"錢塘雉衡山人"編次，"武林泰和仙客"評閲
濟公全傳	清、"西湖香嬰居士"（王夢吉）重編，"鴛水紫髯道人"評閲，"西墅道人"參定
濟顛大師醉菩提全傳	清、"天花藏主人"編次
掃魅敦倫東度記（清刊本題《新編東遊記》）	明、方汝浩撰，題"滎陽清溪道人"著，"華山九九老人"述
大禹治水	清、沈嘉然撰

禹會涂山記	(佚名)
綠野仙蹤	清、李百川撰
蟫史	清、屠紳撰
瑤華傳	清、丁秉仁撰
希夷夢	清、汪寄撰
鏡花緣	清、李汝珍撰
草木春秋演義	清、江洪撰，題"馴溪雲間子"集撰，"樂山人"纂修
海遊記	清（佚名）
新石頭記	清、吳沃堯撰

四、世情小說 / 人情小說

金瓶梅詞話（通稱《金瓶梅》）	明（佚名），題"蘭陵笑笑生"撰
肉蒲團（又名《覺後禪》、《耶蒲緣》等）	清、"情痴反正道人"編次，別署"情隱先生"編次，有人認為是清初、李漁編纂
續金瓶梅	清、丁耀亢撰
隔簾花影（全稱《三世報隔簾花影》，一名《三世報》）	清（佚名）
金屋夢	清、"夢筆生"撰，實為據《續金瓶梅》改易而成
紅樓夢（原名《石頭記》）	清、曹雪芹撰，高鶚續作
後紅樓夢	清、"逍遙子"撰
續紅樓夢	清、秦子忱撰
續紅樓夢	清、"海圃主人"手製
綺樓重夢	清、"蘭皋居士"撰
紅樓復夢	清、陳少海撰

紅樓圓夢	清、"夢夢先生" 撰
紅樓夢補	清、"歸鋤子" 撰
補紅樓夢	清、"娜嬛山樵" 撰
增補紅樓夢	清、"娜嬛山樵" 撰
紅樓幻夢	清、"花月痴人" 撰
紅樓夢影	清、"雲槎外史" 撰
蜃樓志（又名《蜃樓志全傳》）	清、"庾嶺勞人" 說，"禺山老子" 編
林蘭香	清、"隨緣下士" 編輯，"寄旅散人" 評點
恨海	清、吳沃堯撰
品花寶鑒	清、陳森撰
花月痕	清、魏秀仁（眠鶴主人）撰
青樓夢	清、俞達撰，題 "厘峰慕真山人" 著，"梁溪瀟湘館侍者" 評
海上花列傳	清、韓邦慶撰，題 "雲間花也憐儂" 著
九尾龜	清、張春帆撰
海上繁華夢	清、孫家振撰
平山冷燕	清、"荻岸散人" 編次
玉嬌梨（又名《雙美奇緣》）	清、"荑秋散人" 編次
飛花咏小傳（又名《飛花詠》）	清（佚名）
兩交婚小傳	清（佚名）
金雲翹傳	清、"青心才人" 編次
麟兒報	清（佚名）
畫圖緣小傳	清（佚名）
定情人	清（佚名）

賽紅絲	清（佚名）
春柳鶯	清、"南軒鶡冠史者"編，"石廬拚飲潛夫"評
合浦珠	清、徐震編，題"李煙水散人"編
賽花鈴	清、"白雲道人"編次，"煙水山人"校閱
飛花艷想	清、劉璋編，題"樵雲山人"編次
好逑傳（一名《俠義風月傳》、《第二才子書》）	清、"名教中人"編次，"游方外客"批評
快心編（又題《快心編傳奇》、《快心編全傳》）	清、"天花才子"編輯，"四橋居士"評點
醒風流傳奇（又題《醒風流》）	清、"市道人"新編
五鳳吟	清、"雲陽嗤嗤道人"編著，"古越蘇潭道人"評定
錦香亭	清（佚名），題"古吳素庵主人"編
女開科傳（又名《女開科》）	清、"岐山左臣"編次，"江表蠡庵"參評
金石緣	清（佚名）
水石緣	清、"稽山李春榮芳普氏"編輯，"雲間慕空子"鑒定
雪月梅	清、陳朗撰，題"鏡湖逸叟陳朗曉山"編輯，"介山居士董孟汾月岩"評釋，"潁上散人邵松年鶴巢"校定
駐春園小史	清、"吳航野客"編次，"水箸散人"評閱
離合劍蓮子瓶全集	（佚名）
合錦回文傳	清、李漁撰
聽月樓	清（佚名）
白圭志	清、"博陵崔象川"輯
忠烈全傳	清（佚名）

鐵花仙史	清、"雲封山人"編次，"繡虎堂主人"評閱
英雲夢傳	清、"震澤九容樓主人松云氏"撰，"掃花頭陀剩齋氏"評
野叟曝言	清、夏敬渠撰
兒女英雄傳	清、文康撰
繡榻野史	明、呂天成撰
祈禹傳	明、茅鑨撰
采女傳	（佚名）
昭陽趣史	明、"古杭艷艷生"編
東樓穢史	（佚名）

五、諷刺小説 / 諷諭小説

醒世姻緣傳（原名《惡姻緣》）	清、"西周生"輯著，"燃藜子"校定
斬鬼傳（《第九才子書斬鬼傳》）	清、劉璋編，題"陽直樵雲山人"編次
儒林外史	清、吳敬梓撰
何典	清、"過路人"編定，按：即清乾隆、嘉慶年間上海才子張南莊
檮杌萃編	清、"誕叟"撰，一説為清、錢錫寶撰
官場現形記	清、李寶嘉撰
文明小史	清、李寶嘉撰
二十年目睹之怪現狀	清、吳沃堯撰
糊塗世界	清、吳沃堯撰
老殘遊記	清、劉鶚撰
孽海花	清末民初、曾樸撰
廿載繁華夢	清、黃世仲（小配）撰

歧路燈	清、李海觀撰
世無匹	清、"古吳娥川主人"編次，"青門逸叟"點評
玉蟾記（改題《十二美女玉蟾緣》）	清、崔象川撰，題"通元子黃石"著，"釣鰲子"校閱，"餐霞外史"參訂

六、話本小說（白話短篇小說總集、選集）

三言（《古今小說》〔即《喻世明言》〕、《警世通言》、《醒世恆言》）	明、馮夢龍編
二拍（《拍案驚奇》、《二刻拍案驚奇》）	明、凌濛初撰
型世言	明、陸人龍撰
今古奇觀（又名《喻世明言二刻》）	明、"姑蘇抱甕老人"輯
幻影（後改題《拍案驚奇三刻》）	明、"夢覺道人、西湖居士"同輯
石點頭	明、"天然痴叟"著，"墨憨主人"評
醉醒石	明、"東魯古狂生"編輯
西湖二集	明、周楫撰，題"武林濟川子清原甫"纂，"武林抱膝老人訏謨甫"評
鼓掌絕塵	明、"古吳金木散人"編
鴛鴦針	明、"華陽散人"編輯
龍圖公案	明（佚名）
無聲戲	清、李漁撰
十二樓（一名《覺世名言》）	清、李漁撰
珍珠舶	清、煙水散人（徐震）撰
照世杯	清、"酌元亭主人"編次
二刻醒世恆言	清、芾齋主人撰
五色石	清、"五色主人"（徐述夔）撰

八洞天	清、"五色主人"（徐述夔）撰
遍地金	清、筆煉閣主人撰
豆棚閑話	清、"艾衲居士"編
娛目醒心編	清、杜綱（草亭老人）著
生綃剪	清、谷口生等著，原題"集芙主人"批評，"井天居士"校點
西湖佳話（全名《西湖佳話古今遺蹟》）	清、"古吳墨浪子"搜輯
西湖拾遺	清、"錢塘陳梅溪"（陳樹基）搜輯
歡喜冤家（亦名《歡喜奇觀》，又作《貪歡報》）	明、"西湖漁隱主人"編
（刪定）二奇合傳	清、"芝香館居士"編
今古奇聞	清、王寅編，題"東壁山房主人"編次

七、文言小説（傳奇小説、筆記小説）

剪燈新話	明、瞿佑撰
剪燈餘話	明、李禎（昌祺）撰
覓燈因話	明、邵景詹撰
效顰集	明、趙弼撰
何氏語林	明、何良俊撰
世説新語補	明、王世貞刪
艷異編	明、王世貞撰
廣諧史	明、陳邦俊撰
神燈傳	明、曹光宇撰
情史（全稱《情史類略》，又名《情天寶鑒》）	明、馮夢龍撰，題"詹詹外史"編

鍾情麗集	明、“玉峰主人”撰
懷春雅集	明、盧文表撰
花陣綺言	明、“楚江仙叟石公”纂輯，“吳門翰史茂生”評選
繡谷春容	明、“起北赤心子”匯輯
客舍偶聞	清、彭孫貽撰
女世說	清、李清撰
女世說	清、嚴蘅撰
聊齋志異	清、蒲松齡撰
述異記	清、“東軒主人”撰
虞初新志	清、張潮輯
虞初續志	清、鄭澍若輯
今世說	清、王晫撰
螢窗異草	清、“長白浩歌子”撰，或謂即清、尹似村
閱微草堂筆記	清、紀昀撰
浮生六記	清、沈復撰
夜譚隨錄	清、和邦額撰
西青散記	清、史震林撰
諧鐸	清、沈起鳳撰
續諧鐸	清、沈起鳳撰
燕山外史	清、陳球撰
蝶階外史	清、高繼衍撰
耳食錄	清、樂鈞撰
夢花雜誌	清、李澄撰

翼駉稗編	清、湯用中撰
新齊諧（一名《子不語》）	清、袁枚撰
柳崖外編	清、徐昆撰
金台殘淚記	清、張際亮撰
瓮牖餘談	清、王韜撰
海陬冶遊錄	清、王韜撰
遁窟讕言	清、王韜撰
淞隱漫錄	清、王韜撰
夜雨秋燈錄	清、宣鼎撰
坐花志果	清、汪調生撰
盾鼻隨聞錄	清、汪堃撰
女才子書（又名《女才子集》、《名媛集》等）	清、"鴛湖煙水散人"撰
不寐錄	清、許亦魯撰
三異筆談	清、許仲元撰
驚夢啼	清、"天花主人"編次
黑白傳	清（佚名）
熙朝快史	清、"飲霞居士"編次，"西泠散人"校訂
元明佚史	清、汪端撰
陰界史記	清、王上春撰
斷腸碑（又名《海上塵天影》）	清、鄒弢撰
鴛水仙緣	清、楊雲璈撰
女聊齋志異（原名《繪圖女聊齋》，亦稱《華夏奇女魂》）	題"古吳靚芬女士賈茗"輯
笏山記	清、蔡召華撰

琴樓夢		清末民初、樊增祥撰
金陵秋		清末民初、林紓撰

說明：1. 明清小說的分類有多種不同的說法，為統一及全面起見，本表在魯迅著《中國小說史略》的基礎上，主要根據朱一玄編《明清小說資料匯編》中的分類，並參考朱一玄等編著《中國古代小說總目提要》、譚帆主編《明清小說分類選講》及其他相關著作加以補充。

2. 有的作品可同時列於一個類別以上，則根據其所屬主要類別，列為本表其中的一類，不再重複出現於其他類別之中；部分難以分類的小說，亦作同樣處理。

附錄一 明清小説史大事記

■明代初年（1368 年以後）

- 施耐庵（約 1296 — 1370 年）著長篇歷史小説《水滸傳》，內容以北宋末年宋江起義為題材。原為一百回，其後又有一百二十回本；清初七十回本，則刪去招安以後部分。

- 羅貫中（約 1330 —約 1400 年）著長篇歷史小説《三國演義》，一百二十回。內容從東漢末年黃巾起事開始，描述了魏、蜀、吳三國鼎立的發展過程，最後以司馬炎篡魏、建立西晉結束，對歷史上的政治策略和軍事指揮有深刻的表達，同時亦塑造了一批栩栩如生的歷史人物。

■1378 年（戊午，洪武十一年）

- 本年，瞿佑著成《剪燈新話》。

■1420 年（庚子，永樂十八年）

- 本年，李禎著成《剪燈餘話》。

■1442 年（壬戌，正統七年）

- 本年，國子監祭酒李時勉上奏章，請禁毀《剪燈新話》、《剪燈餘話》二書。禮部議論後准其議，令全國禁毀。

■1498 年（戊午，弘治十一年）

- 本年，金台岳家重刊本《新刊奇妙全相註釋西廂記》刊行，5 卷。此為明代最早的一種 "西廂" 本子。此書與 1515 年（正德十年）刻印的《日記故事》，都是上圖下文，為早期的連環畫書。

■正德年間（1506 — 1521 年）

- 施耐庵的《水滸傳》刊行。明代有《水滸傳》的多種 "繁本" 和 "簡本"。

■1517 至 1532 年（丁丑至壬辰，正德十二年至嘉靖十一年間）

- 顧元慶刊行《陽山顧氏文房小説四十種》，十六年才完成，其後又刊《顧氏明朝小説四十種》、《廣四十家小説》等。

- **1522 年（壬午，嘉靖元年）**
  - 本年，羅貫中寫定的《三國演義》刊行。上有修髯子的引言，是現存《三國演義》的最早本子。

- **嘉靖二十年至三十年間（1541 — 1550 年）**
  - 洪楩編印《六十家小説》。

- **1566 年（丙寅，嘉靖四十五年）**
  - 本年，談愷刊印《太平廣記》，500 卷。

- **嘉靖年間（1522 — 1566 年）**
  - 吳承恩（約 1500 — 1582 年）撰長篇神話小説《西遊記》，以唐代玄奘往印度取經的故事為題材；明代刊本有 4 種，其中《新刻出像官板大字西遊記》為今通行本所據。

- **隆慶至萬曆年間（1567 — 1620 年）**
  - "蘭陵笑笑生"著長篇小説《金瓶梅》。共一百回，借《水滸傳》中西門慶勾引潘金蓮一段故事作為引子，圍繞着西門慶與潘金蓮、李瓶兒、春梅等人的淫亂生活，描寫世態人情頗為細緻逼真。

- **1573 年（癸酉，萬曆元年）**
  - 本年，熊沖宇種德堂刊行《重訂元本評林點板琵琶記》刊行，2 卷。

- **1582 年（壬午，萬曆十年）**
  - 本年，高石山房刊行《新編目連救母勸善戲文》，插圖 47 幅，是版畫風格具有轉折意義的代表作。

- **1592 年（壬辰，萬曆二十年）**
  - 本年，金陵世德堂刻《新刻出像官板大字西遊記》，一般認為這是現時所見一百回本《西遊記》的最早刻本。

- **1597 年（丁酉，萬曆二十五年）**
  - 本年，羅懋登著成《三寶太監西洋記通俗演義》。

- **1606 年（丙午，萬曆三十四年）**
  - 本年，余邵魚著《列國志傳》刊行，是該書現存最早刊本。

- **萬曆年間（1573 — 1620 年）**
  - 南京、蘇州、杭州書林刊刻了大量小説、戲劇，大都有精美插圖。
  - 商濬（一作商維濬）輯著《稗海》，收小説 70 種。

■ 1610 年（庚戌，萬曆三十八年）

- 本年，容與堂刊《李卓吾先生批評忠義水滸傳》。

■ 1614 年（甲寅，萬曆四十二年）

- 本年，袁世涯刻百二十回本《水滸傳》。

■ 1617 年（丁巳，萬曆四十五年）

- 本年，《新刻金瓶梅詞話》刊行，是現存最早的《金瓶梅》刻本。

■ 1621 年（辛酉，天啟元年）

- 約本年，馮夢龍編的白話短篇小説集《喻世明言》（即《古今小説》）刊行，其後 1624 年（天啟四年）《警世通言》刊行；1627 年（天啟七年）《醒世恆言》刊行，合稱 "三言"。

■ 1628 年（戊辰，崇禎元年）

- 本年，凌濛初編著《拍案驚奇》刊行；其《二刻拍案驚奇》於 1632 年（崇禎五年）刊行，合稱 "二拍"。

■ 1632 年（壬申，崇禎五年）

- 約本年，陸人龍的《型世言》刊行。
- 本年至 1644 年（崇禎十七年），抱甕老人選編的《今古奇觀》刊行。

■ 崇禎年間（1628 — 1644 年）

- 蘇州三多齋刊《忠義水滸傳》120 回，劉君裕刻插圖，為插圖中有代表性的精品。

■ 明代末年（至 1644 年）

- 白話短篇小説集《西湖二集》刊行。

■ 1658 年（戊戌，清朝順治五年）

- 本年，《無聲戲》、《十二樓》相繼刊行。

■ 清朝康熙年間（1662 — 1722 年）

- 清廷下令將所有小説淫詞嚴禁銷毀。

■ 1701 年（辛巳，康熙四十年）

- 本年，禁男女混雜聚眾燒香及 "淫詞小説"。

■ 雍正至乾隆十九年（1723 — 1754 年）

- 吳敬梓（1701 — 1754 年）著長篇諷刺小説《儒林外史》，把多個故事連綴起來，內容以揭露和批判八股取士制度為中心，旁及當時的官僚制度、人倫關係以至社會風尚。

■乾隆、嘉慶年間（1736 — 1820 年）
- 屢下諭旨，嚴禁《水滸傳》、《西廂記》、《紅樓夢》等 "誨淫誨盜" 的小説和戲曲的刻印，以及翻譯成滿文印行。

■ 1802 年（壬戌，嘉慶七年）
- 本年，禁毀坊肆及家藏不經小説，已刊播者令自行燒毀，不得仍留原板。

■ 1810 年（庚午，嘉慶十五年）
- 本年，禁《肉蒲團》、《燈草和尚》、《如意君傳》、《濃情快史》、《株林野史》等小説。

■ 1813 年（癸酉，嘉慶十八年）
- 本年，禁坊肆售賣稗官小説等書。

■ 1825 年（乙酉，道光五年）
- 本年，李汝珍作長篇小説《鏡花緣》，作者以二十餘年精力創作而成，書中高度讚揚女才，伸張女權，承認男女智慧平等，主張女子參政，反映了要求尊重婦女地位的進步思想。

■ 1834 年（甲午，道光十四年）
- 本年，禁坊肆刊刻及租賃傳奇、演義及一切淫書小説，務須連板銷毀。

■ 1841 年（辛丑，道光二十一年）
- 本年，曹梧岡（阿閣主人）所編短篇小説集《梅蘭佳話》刊行，崔象川撰《白圭志》補余軒刊本行世。中英鴉片戰爭前後，小説創作趨於冷落。

■ 1844 年（甲辰，道光二十四年）
- 本年，清廷大規模查禁小説。

■ 1846 年（丙午，道光二十六年）
- 本年，陳森《品花寶鑒》成書，開清代狹邪小説之風。

■ 1853 年（癸丑，咸豐三年；太平天國癸好三年）
- 本年，太平天國曾某作短篇小説《起事來歷真傳》，述説太平軍起事的歷史及意義。

■ 1868 年（戊辰，同治七年）
- 4 月，清廷發佈禁毀傳奇小説通諭。江蘇巡撫旋即兩次發出禁毀小説、戲曲的命令。所禁書目達二百六十九種，包括《龍圖公案》、《水滸傳》、《紅樓夢》等。

■ 1869 年（己巳，同治八年）
- 本年，上海華草書館翻譯出版英人班揚的長篇小説《天路歷程》。

■ 1871 年（辛未，同治十年）

- 7 月，清廷又一次發出禁毀小説書板的上諭。

■ 1873 年（癸酉，同治十二年）

- 1 月，《瀛寰瑣記》開始連載蠡勺居士所譯、反映法國大革命的《昕夕閑談》，是近代中國翻譯的第一本法國小説。

■ 1879 年（己卯，光緒五年）

- 本年，《忠烈俠義傳》（即《三俠五義》）刊行。

■ 1880 年（庚辰，光緒六年）

- 本年，華莘齋在上海創辦文瑞樓，經售醫書、通俗小説及經史子集諸類圖書。

■ 1884 年（甲申，光緒十年）

- 約本年，蒲松齡著短篇小説集《聊齋志異》刊行，借鬼狐神妖故事反映清初的社會現實，現時收集最完備的版本共有四百九十一篇。
- 約本年，曹雪芹著長篇小説《紅樓夢》（又名《石頭記》）刊行。現時通行的一百二十回本，一般認為後四十回是高鶚所續。
- 約本年，近代中國最早的回回圖印本出現於《聊齋志異》、《古今奇觀》、《三國演義》、《水滸傳》、《紅樓夢》等小説。

■ 1889 年（己丑，光緒十五年）

- 本年前，上海石印書局成立，出版石印通俗小説，兼營發行。
- 本年，俞樾刪訂《三俠五義》更名為《七俠五義》刊行。

■ 1891 年（辛卯，光緒十七年）

- 本年，小説《彭公案》刊行，作者署名貪夢真人。

■ 1892 年（壬辰，光緒十八年）

- 本年，韓邦慶在上海創辦《海上奇書》雜誌。

■ 1894 年（甲午，光緒二十年）

- 本年，韓邦慶（花也憐儂）著《海上花列傳》，是第一部吳語小説。

■ 1897 年（丁酉，光緒二十三年）

- 2 月 11 日，商務印書館在上海成立，其後發展為近代中國最具規模的出版社。

■ 1898 年（戊戌，光緒二十四年）

- 本年，孫玉聲撰小説《海上繁華夢》，揭露上海妓院、賭場的黑幕。

■ 1899 年（己亥，光緒二十五年）

- 本年，王壽昌口譯、林紓筆述小仲馬（Alexandre Dumas fils）《巴黎茶花女遺事》

出版，是晚清時期介紹西洋文學之始，開翻譯"言情小説"的風氣。

■ 1902 年（壬寅，光緒二十八年）
- 本年，《新小説》在日本橫濱創刊，梁啟超主編。
- 文明書局在上海成立，出版當時內容新穎的教科書及古今筆記小説，著名的有《説庫》、《清代筆記叢刊》、《筆記小説大觀》等。

■ 1903 年（癸卯，光緒二十九年）
- 4 月，上海《繁榮報》始刊李寶嘉（伯元）著長篇小説《官場現形記》。
- 5 月，文藝刊物《繡像小説》在上海創刊，李寶嘉（伯元）主編，商務印書館發行。
- 本年，劉鶚著中篇小説《老殘遊記》首次發表，是晚清譴責小説的重要代表作。
- 吳沃堯（趼人）著長篇小説《二十年目睹之怪現狀》首次發表，揭露當時社會的種種醜態。

■ 1904 年（甲辰，光緒三十年）
- 9 月，曾樸、丁芝孫、朱遠生、徐念慈等在上海成立小説林社，出版期刊及文藝書；1911 年辛亥革命前後盤給有正書局。
- 9 月，《新新小説》雜誌在上海創刊。
- 本年，廣益書室改為廣益書局，出版石印的經史子集和通俗小説。

■ 1906 年（丙午，光緒三十二年）
- 8 月，《小説七日報》在上海創刊。
- 10 月，汪惟文、吳趼人主辦的《月月小説》在上海創刊。
- 本年，凌培卿在上海創辦新世界小説社，出版期刊及小説。
- 張春帆的小説《黑獄》、《九尾魚》在上海刊行。
- 《新世界小説社報》月刊在上海創刊。

■ 1907 年（丁未，光緒三十三年）
- 2 月，任天樹、徐瓻念慈、黃人等在上海創刊文學月刊《小説林》。
- 2 月，革命派所辦的文藝雜誌《小説世界》創刊，旬刊，由香港小説世界社出版。
- 11 月，《競立社小説月報》在上海創辦。
- 本年，上海改良小説會社出版《六月霜傳奇》。
- 頤瑣著《黃繡球》由上海新小説社出版，寫黃繡球從事婦女解放運動事。

■ 1908 年（戊申，光緒三十四年）
- 1 月，小説月刊《新小説叢》創刊，香港新小説叢社編輯及發行，林紫虬主編。主要登載翻譯作品，以偵探小説居多。

■ 1909 年（己酉，宣統元年）

- 10 月，鴛鴦蝴蝶派刊物《小說時報》創辦於上海，由陳景韓、包天笑主編。
- 本年，寓漚漁隱者著醒世小說《聰明誤》由上海社會小說社出版。
- 煙波釣徒著《女滑頭》由改良小說社出版。
- 南浦蕙珠女士著《最近女界現形記》由新新小說社出版。

■ 1910 年（庚戌，宣統二年）

- 8 月，文學刊物《小說月報》在上海創刊。商務印書館印行。許指嚴、惲鐵樵、王蘊章等曾任主編。是鴛鴦蝴蝶派刊物。
- 本年，吳趼人撰《我佛山人箚記小說四卷》鉛印兩冊，由上海輿論時事報社出版。
- 包天笑在上海創辦秋星出版社，出版《龔定盫集外未刻詩》及筆記小說等。

■ 1911 年（辛亥，宣統三年）

- 本年，上海的新小說林社出版陸士諤著《血淚黃花》。
- 靜觀子著《女月霜》由改良小說社出版，演秋瑾事。

■清代末年（至 1912 年）

- 曾樸著長篇小說《孽海花》，前四、五回為金松岑（天翮）所撰，經曾樸修改；其後陸續發表，共三十五回。
- 涂紫巢、涂筱巢在上海創辦著易堂，印售經史子集與通俗小說。

附錄二　明清小説史關鍵詞

一、總類 / 文體

【小説】主要文學體裁之一。以完整的故事情節和具體的環境描寫，刻畫不同人物的形象，表達其感情思想，反映個人生活以至社會問題。一般根據篇幅的長短，分成長篇小説、中篇小説、短篇小説。

【古小説】先秦兩漢至魏晉南北朝的一種舊小説文體，相對於唐宋以後出現的小説，包括唐宋傳奇小説、宋元話本小説、明清章回演義小説，內容有志怪、志人、記事和紀程。

【歷史小説】小説類別之一，以歷史人物和歷史事件作為故事的題材。又稱"講史小説"，從宋元講史平話發展而來。例如元末明初羅貫中所撰《三國演義》，就是以三國歷史為題材的長篇歷史小説。

【文言小説】用文言文寫作的小説。唐以前的小説全部用文言文，宋代以降，文言與白話形成對立，因而有文言小説和白話小説的區別。1919 年五四運動後，文言小説創作逐漸衰微。

【白話小説】用接近民眾口語寫成的小説，與文言小説相對。起源於唐宋説話藝人的話本，至宋代有演進，明清時期產生多種傳世名著，近代學者梁啟超等大力加以提倡。

【筆記小説】又稱隨筆、隨記等，是古代小説體裁之一，體例不一，內容亦駁雜。產生於漢代，完善於魏晉南北朝，發展於唐宋，直至清代。

【神魔小説】小説類別之一，或描寫神魔之爭，或涉及鬼神魔怪，又稱"神異小説"或"神怪小説"。代表作有吳承恩的《西遊記》、許仲琳的《封神演義》等。

【世情小説】小説類別之一，敍寫世態人情，所以又稱"人情小説"，最著名的是蘭陵笑笑生的《金瓶梅》。世情小説代表著古典小説向非傳奇化的方向轉變，這在中國小説史上具有非常重要的意義。

【章回小説】中國古代長篇小説的主要形式，即以章回體撰寫的小説。其特點是分"回"標目，將全書分成若干回，故事連接，段落整齊。明清兩代的長篇小説，普遍採用這種形式。每一回都有"回目"（即題目），一般是用對偶句概括故事或情節的內容。章回小説的內容大多取材於社會生活，以複雜的故事塑造性格鮮明的人物，揭露了種種腐朽黑暗的現象，深受大眾歡迎。代表作有明代《三國演義》、《水滸傳》、《西遊記》和清代的《紅樓夢》、《聊齋志異》、《儒林外史》等。

【演義】舊長篇小説的一種。以講史話本、民間傳説為據，經作者的藝術加工而成。優秀的作品，有《三國演義》、《楊家府演義》等。

【擬話本】指明代文人模擬宋元話本形式而寫的短篇白話小説，其名最早見於魯迅的《中國小説史略》。擬話本的代表作品，有凌濛初的《初刻拍案驚奇》、《二刻拍案驚奇》等。

【四大奇書】四部有名的章回小説。即：元末明初羅貫中撰《三國演義》、施耐庵撰《水滸傳》、蘭陵笑笑生撰《金瓶梅》和明代吳承恩撰《西遊記》。"四大奇書"之稱，始於清初李漁的芥子園刻印上述四種書；《金瓶梅》的書名前面，更冠以"第一奇書"字樣。

【三言二拍】明末短篇小説集。"三言"是指明代馮夢龍編著的《喻世明言》、《警世通言》、《醒世恆言》，"二拍"是凌濛初編著的《初刻拍案驚奇》和《二刻拍案驚奇》。三言揭露了當時的社會黑暗，提倡擺脱封建禮教的束縛，同時亦反映江南的經濟生活，有助於探討明末資本主義萌芽的情況；二拍則廣泛宣揚封建社會因果報應等道德觀念，也在一定程度上體現出新興的市民意識。

【剪燈三話】(1)《剪燈新話》，(2)《剪燈餘話》，(3)《覓燈因話》。

【四大古典小説】(1)《三國演義》，(2)《水滸傳》，(3)《西游記》，(4)《紅樓夢》。

【四大諷刺小説】(1)《儒林外史》，(2)《聊齋志異》，(3)《二十年目睹之怪現狀》，(4)《官場現形記》。〔説明〕四大諷刺小説都是清代的作品。

【晚清四大譴責小説】(1) 李伯元的《官場現形記》，(2) 吳趼人的《二十年目睹之怪現狀》，(3) 劉鶚的《老殘遊記》，(4) 曾樸的《孽海花》。

【晚清四大小説雜誌】(1)《新小説》，(2)《繡像小説》，(3)《月月小説》，(4)《小説林》。

【回回圖】在小説書的每一回、每一篇中配置的插圖。近代中國最早的回回圖印本，是光緒十年(1884 年) 左右刊行的小説《聊齋志異》、《古今奇觀》、《三國演義》、《水滸傳》、《紅樓夢》等。光緒二十五年（1899 年），文益書局出版朱芝軒的《三國志》，成為近代第一部石印的連環畫。此書以原來的回目作為文字説明，每回有幾幅圖畫，共二百多幅，比原先的回回圖進了一步。

二、小説 / 筆記

【三國演義】古典文學名著。元末明初羅貫中撰。一百二十回。內容從東漢末年黃巾起事開始，描述了魏、蜀、吳三國鼎立的發展過程，最後以司馬炎篡魏、建立西晉結束，對歷史上的政治策略和軍事指揮有深刻的表達，同時亦塑造了一批栩栩如生的歷史人物。

【水滸傳】古典文學名著。元末明初施耐庵撰，是一部以北宋末年宋江起義為題材的
　　　　　長篇歷史小說。原為一百回，其後又有一百二十回本；清初七十回本，則刪去
　　　　　招安以後部分。

【西遊記】長篇小說。明代吳承恩撰，內容寫孫悟空、豬八戒、沙僧保護唐僧往西天
　　　　　取經，一路上歷盡艱險的經過。以幻想和誇張手法，使人物和情節既神奇、又
　　　　　充滿生活氣息，其中神仙、妖怪和凡人結合的描寫及構思，深為讀者讚賞。

【金瓶梅】長篇小說。署蘭陵笑笑生撰，約成書於明朝隆慶、萬曆年間。共一百回，
　　　　　借《水滸傳》中西門慶勾引潘金蓮一段故事作為引子，圍繞着西門慶與潘金蓮、
　　　　　李瓶兒、春梅等人的淫亂生活，描寫世態人情頗為細緻逼真。

【聊齋志異】清代短篇小說集。蒲松齡著。以談狐說鬼的形式，對政治黑暗多所暴
　　　　　露，又寫出科場種種弊端，抨擊科舉制度的腐朽。書中亦以同情的筆調，描繪
　　　　　青年男女相愛的故事，構思奇妙，語言生動，刻畫細膩，有很高的藝術性。

【儒林外史】清代長篇諷刺小說。吳敬梓著。內容以抨擊八股科舉制為中心，描寫一
　　　　　群追逐功名利祿的讀書人，藉着他們的醜惡形象，反映了當時政治腐敗和道德
　　　　　淪落的情形。

【紅樓夢】又名《石頭記》，清代著名長篇小說。曹雪芹著。原稿可能是一百一十回（或
　　　　　一百零八回），但八十回以後未傳抄即散失。現時通行的一百二十回本，一般認
　　　　　為後四十回是高鶚所續。此書公認為世界文學中第一流的作品，並在國內外形
　　　　　成一種稱為“紅學”的專門學問。此書透過賈寶玉、林黛玉的愛情悲劇，及榮、
　　　　　寧二府等貴族之家的興衰，反映出當時上層社會的腐化，揭示了封建制度崩潰
　　　　　的趨勢。結構宏偉嚴整，情節波瀾起伏，充滿生活氣息。書中有名有姓的人物
　　　　　多達四百餘個，主角都有鮮明的性格特徵，深入人心，成為後世家傳戶曉的故
　　　　　事。

【閱微草堂筆記】文言筆記小說集，是紀昀晚年遣興之作。包括《灤陽消夏錄》、《如
　　　　　是我聞》、《槐西雜志》、《姑妄聽之》、《灤陽雜錄》五種，共二十四卷，一千餘
　　　　　則，多鬼怪神異故事。師法六朝志怪，風格與《聊齋志異》不同。文筆簡潔暢
　　　　　達，有較大影響。

【浮生六記】沈復撰，是自傳體小說，包括〈閨房記樂〉、〈閑情記趣〉、〈坎坷記愁〉、
　　　　　〈浪遊記快〉、〈中山記歷〉、〈養生記道〉，但早期刊本只有四卷，據稱後二卷已
　　　　　佚，其後“足本”所補二卷被認為是偽作。

【老殘遊記】中篇小說。清末劉鶚著。共二十回，內容描述一個搖串鈴的江湖醫生“老
　　　　　殘”在遊歷途中的見聞和活動，反映出晚清的社會現象，對於一些有清官之名
　　　　　而實則為酷吏的官僚，也予以抨擊。文筆生動，在藝術上有一定成就，如“遊大
　　　　　明湖”等，是相當精彩的片段。

【二十年目睹之怪現狀】長篇小說。清末吳沃堯（趼人）著。共一百零八回，內容以自

號"九死一生"者為中心，記述他在二十年間所見所聞的"怪現狀"，着重暴露官場黑暗，也反映了商場和社會問題，表達了改革傾向。魯迅稱之為"譴責小説"。因過分着意於追求奇聞怪事，影響了整體藝術效果。

【官場現形記】長篇小説。清末李寶嘉（伯元）作。共六十回，由多篇短篇小説聯綴而成，內容着重描寫官僚的種種醜行，表現了改革的傾向。但因大量運用諷刺手法，不免流於淺露，魯迅稱之為譴責小説。

【孽海花】長篇小説。清末曾樸著。前四、五回為金松岑（天翮）所撰，經曾樸修改；其後陸續發表，共三十五回。內容以金雯青和傅彩雲（影射洪鈞和賽金花）的故事為主線，描寫當時京城內外官僚和文士的生活，書中歌頌孫中山等革命黨人，對光緒帝和維新派亦表露了同情。

三、作者 / 小説家

【施耐庵】（約 1296 — 1370 年）元末明初小説家。興化白駒場（今屬江蘇）人。他根據民間流傳宋江起義的故事，加工創作而成長篇小説《水滸傳》，描寫了宋江起義發生、發展和失敗的經過，以及被逼上梁山的眾多英雄好漢的故事。

【羅貫中】（約 1330 —約 1400 年）元末明初小説家。號湖海散人，太原（今屬山西）人。他根據歷史記載和民間流傳關於魏、蜀、吳三國的故事，寫成長篇歷史演義小説《三國演義》，是中國古典小説的傑作，流傳極廣。

【瞿佑】（1341 — 1427 年）元末明初作家。字宗吉，號存齋，錢塘（今浙江杭州）人。做過教諭之類的小官，曾因詩獲罪下獄。著有《剪燈新話》等。

【馮夢龍】（1574 —約 1646 年）明末小説家。字猶龍，號龍子猶，蘇州長洲（今江蘇蘇州）人。崇禎年間貢生，曾任訓導、知縣等官。通經學，善詩文，畢生致力於通俗文學創作，以"三言"為其代表作。

【凌濛初】（約 1580 — 1644 年）明末小説家。又名凌波，字玄房，號初成，浙江烏程（今湖州）人。曾任上海縣丞，擢徐州通判，卒於任內。編撰小説"二拍"，著雜劇《虯髯翁》等。

【吳承恩】（約 1500 — 1582 年）明代小説家。字汝忠，號射陽山人，山陰（今江蘇淮安）人。他以唐代玄奘往印度取經的故事為題材，寫成神魔小説《西遊記》，通過各種神化了的人物和曲折離奇的故事，塑造了孫悟空、豬八戒、唐僧、沙和尚等故事人物，形象鮮明，語言生動，廣泛流傳。

【蘭陵笑笑生】《金瓶梅》的作者，真實姓名已不可考。此長篇小説大約成書於明朝隆慶（1567 — 1572 年）、萬曆（1573 — 1620 年）年間。蘭陵是山東古地名，書中大量採用山東方言，所以《金瓶梅》的作者應當是這時期的山東人，有些著作稱他為"笑笑生"。

230

【蒲松齡】（1640—1715年）清代小說家。字留仙，號劍臣，世稱"聊齋先生"，淄川（今屬山東淄博）人。設帳教書賣文為生，坎坷失意。學問淵博，積大半生精力撰成短篇小說集《聊齋志異》，借鬼狐神妖故事反映清初的社會現實，人物形象鮮明，文字洗煉，書成後不脛而走。

【吳敬梓】（1701—1754年）清代小說家。字敏軒，晚號文木，全椒（今屬安徽）人。出生望族，後家境敗落，屢試未能中舉，遂縱情詩酒，漫遊大江南北，賣文為生，以著述自娛。曾舉博學鴻詞，托病拒絕。所著長篇小說《儒林外史》，把多個故事連綴起來，內容以揭露和批判八股取士制度為中心，旁及當時的官僚制度、人倫關係以至社會風尚。往往只用三言兩語，便使人物躍現紙上，明快洗煉，又富幽默感。其諷刺藝術，在中國古典小說中是十分出色的，不流於庸俗，且能發人深省。

【曹雪芹】（約1716—1763年）清代小說家。名霑，字夢阮，號雪芹。祖先原為漢人，約於晚明被編入滿洲正白旗"包衣"人。自曾祖開始，直到父親，都世襲江寧織造，但曹家在雍正初年衰敗零落。曹雪芹年少時，曾經歷過極為富貴豪華的生活，晚年居於北京西郊，窮困潦倒。親身的經歷，使他深刻地接觸現實，感受到社會矛盾和時代危機，為創作提供了素材。曾以十年時間創作長篇小說《紅樓夢》，是中國古典小說中一部極偉大的作品，在世界文學史上佔有重要地位。按：曹雪芹的卒年，另有1764年一說。

【紀昀】（1724—1805年）清代學者、小說家。字曉嵐，一字春帆，直隸獻縣（今屬河北省）人。乾隆進士，授編修，官至協辦大學士等。學識淵博，能詩善駢文，任四庫全書館總纂官，撰《四庫全書總目提要》。著《閱微草堂筆記》，有《紀文達公文集》。

【高鶚】（約1738—約1815年）清代文學家。字蘭墅、蘭史，別號紅樓外史，漢軍鑲黃旗人。乾隆進士，曾任侍讀學士、刑科給事中。著有《蘭墅詩鈔》。曹雪芹著《紅樓夢》，只有前面的八十回流傳下來；據考證，現時通行的一百二十回本，後四十回是高鶚續作。雖然後四十回的藝術造詣不如前八十回，甚至有違背曹雪芹原意之處，但高鶚續作《紅樓夢》使全書故事完整，亦有助其流傳。

【沈復】（1763—1822年後）字三白，蘇州人。不喜仕進，平生大半做幕賓，能文善畫，或以書畫謀生。1808年作為赴琉球使團正使齊鯤的幕客，參加冊封琉球國王的盛典。撰《浮生六記》，但早期刊本只有四篇，據稱後兩篇已佚。

【林紓】（1852—1924年）清末民初翻譯家。原名林群玉，字琴南，福建閩縣（今閩侯）人。光緒舉人，曾為京師大學堂等校教習。與人合作，用文言文翻譯西方小說一百七十餘種，其中以《巴黎茶花女遺事》等最為著名。譯筆流暢，對文學界有相當影響。辛亥革命後以遺老自居，反對新文化運動。

【韓邦慶】（1856—1894年），字子雲，號太仙，筆名花也憐儂，江蘇華亭（今上海松

江）人。1892 年（清光緒十八年）在上海創辦《海上奇書》，是中國最早圖文並
茂的文學刊物。所著《海上花列傳》描寫妓女生活，是第一部吳語小説。

【劉鶚】（1857 — 1909 年）清末譴責小説作家。字鐵雲，江蘇丹徒（今鎮江）人。曾
　　任知府，通算學、醫學等，並留意西學，主張修鐵路、辦實業。後棄官經商。
　　1900 年八國聯軍入侵北京時，向俄軍購入掠奪得來的太倉儲粟，設平糶局賑濟
　　災民。其後被人誣以“私售倉粟”之罪，謫戍新疆，次年病死。所著《老殘遊
　　記》，是晚清譴責小説的重要代表作。又喜收藏金石甲骨，有《鐵雲藏龜》等著
　　述。

【吳沃堯】（1866 — 1910 年）清末譴責小説作家。字趼人，廣東南海（今廣州）人。
　　年青時至上海，為報社撰小品。後主編《月月小説》。其成名作為《二十年目睹
　　之怪現狀》，揭露了當時社會的種種醜態。另著有《痛史》、《恨海》等。

【李寶嘉】（1867 — 1906 年）清末譴責小説作家。字伯元，江蘇武進人。秀才，但累
　　應省試不第。在上海創辦《指南報》、《遊戲報》、《世界繁華報》等，又主編《繡
　　像小説》半月刊。著有《官場現形記》、《文明小史》、《活地獄》等，對官場的黑
　　暗有所揭露；並主張用潛移默化的方法，改造社會。

【曾樸】（1872 — 1935 年）清末及民國時期的小説家。字孟樸，筆名東亞病夫，江蘇
　　常熟人。在上海設小説林社，創辦月刊《小説林》。著長篇小説《孽海花》，描寫
　　當時京城內外官僚、文士的生活。辛亥革命後加入共和黨，任江蘇省諮議局議
　　員、財政廳長等職。1927 年在上海設真善美書店，發行月刊《真善美》。所著小
　　説還有《魯男子》等，又譯有法國小説和劇本。

四、期刊 / 出版社

【新小説】清末文學月刊。1902 年在日本橫濱創刊，梁啟超主編。其宗旨是以新小
　　説“改良群治”，主要刊載白話小説。1905 年初遷至上海，同年年底停刊。共出
　　二十四期。

【繡像小説】清末文藝刊物。1903 年 5 月在上海創刊。半月刊。鉛印線裝本。李寶嘉
　　（伯元）主編，商務印書館發行。所刊以小説佔絕大多數，每期約有長篇連載和
　　單篇共十種，所刊小説均配有繡像插圖，因以為名。曾發表的著名小説，如李
　　寶嘉的《文明小史》、劉鶚的《老殘遊記》等。該刊在同類刊物中，被譽為“晚清
　　小説的寶庫”。1906 年 4 月因李寶嘉去世而停刊，共出七十二期。

【月月小説】1906 年（光緒三十二年）第一年第一號出版。發表〈譯書交通公會序〉。譯
　　書交通公會是早期翻譯工作者協會組織。

【小説世界】清末革命派所辦的文藝雜誌。1907 年 2 月（光緒三十三年一月）在香港
　　創刊。旬刊，逢五出版。主要欄目有：社説、小説、戲曲、傳記、散文、詩、

詩話、聯話等，大多是反帝反清的作品，以鼓吹民族獨立為中心內容，曾刊登記述徐錫麟、秋瑾事跡的〈復仇槍〉，敘述史可法、阮大鋮事跡的〈神州血〉等。據阿英在《晚清文藝報刊述略》一書中稱，他見過 1907 年 3 月（光緒丁未二月）印行的第四期，〈復仇槍〉即在該期刊登。查徐錫麟、秋瑾二人犧牲之事發生於 1907 年 7 月，該刊第四期不可能在此之前出版，足見其出版日期並不準確。

【新小說叢】晚清時期的小說月刊。1908 年 1 月（光緒三十三年十二月）在香港創刊。林紫虹主編，新小說叢社編輯及發行。序言說：「凡以公餘之暇，各抒所學，輯譯成編，將以輸進歐風，而振勵頹俗也。」主要登載翻譯作品，以偵探小說居多。

【小說林】清末文藝月刊。1907 年在上海創刊，黃人（摩西）等主辦。主要刊載翻譯小說和創作小說。1908 年停刊，共出二十四期。

【小說月報】著名文學刊物。1910 年 8 月於上海創刊。商務印書館印行。許指嚴、惲鐵樵、王蘊章等曾任主編。是鴛鴦蝴蝶派刊物。內容以小說為主，兼載戲曲作品，還有譯叢、筆記、文苑、新知識、諧文、風絲雨片諸欄。1921 年 1 月第十二卷第一號起，由沈雁冰、鄭振鐸、徐調孚先後主編，大加改革，成為文學研究會的主要刊物。1932 年 1 月停刊，共出二十二卷二百五十八期。

【商務印書館】出版印刷機構。1897 年夏瑞芳等創於上海，後在全國多個城市設立分館。以編印教科書、辭書為主，先後創辦《繡像小說》、《小說月報》等，出版書籍數以萬計，是中國歷史最悠久的出版社。設編譯所，先後由張元濟、高夢旦、王雲五、何炳松等主持。

【廣益書局】原名「廣益書室」。1900 年魏天生等合資創設於上海。出版科舉考試策論和《三字經》等童蒙讀物。1904 年改為廣益書局，魏炳榮任經理。後聘胡懷琛等為編輯主任。出版石印的經史子集和通俗小說。在北京、廣州、漢口、南京、瀋陽、重慶等地設有分店。1949 年中華人民共和國建立後，併入四聯出版社等單位。

【文明書局】1902 年在上海成立。創辦人為俞復（仲還）、廉泉（南湖）等，俞復任經理。初出版新式教科書《蒙學讀本》數十種，後延聘趙鴻雪入館主持印製碑帖書畫。其最大貢獻為刊行大量筆記，著名的有《說庫》、《清代筆記叢刊》、《筆記小說大觀》等。1932 年併入中華書局。

主要參考書目

■中國文化史 / 明清及近代文化史

- 施宣圓、王有為、丁鳳麟、吳根梁主編《中國文化辭典》，上海：上海社會科學院出版社，1987年。
- 譚家健主編《中國文化史概要》（增訂版），北京：高等教育出版社，1997年。
- 裘士京、房列曙、周曉光著《中國文化史》，合肥：安徽大學出版社，1999年。
- 虞雲國、周育民主編《中國文化史年表》，上海：上海人民出版社，2009年。
- 許蘇民、申屠爐明主編《明清思想文化變遷》，南京：南京大學出版社，2009年。
- 龔書鐸主編《中國近代文化概論》，北京：中華書局，2002年。
- 任道斌、李世愉、商傳等編《簡明中國古代文化史詞典》，北京：書目文獻出版社，1990年。
- 王爾齡主編《中國文化常識》，香港：香港教育圖書公司，1994年。
- 周葱秀、涂明著《中國近現代文化期刊史》，太原：山西教育出版社，1999年。
- 宋應離主編《中國期刊發展史》，開封：河南大學出版社，2000年。
- 王建輝、易學金主編《中國文化知識精華》最新修訂本，武漢：湖北人民出版社，2004年。

■中國文學史 / 明清及近代文學史

- 袁行霈主編《中國文學史（第二版）》第四卷，北京：高等教育出版社，2005年。
- 謝謙主編《中國文學明清卷（修訂版）》，成都：四川人民出版社，2006年。
- 郁賢皓主編《中國古代文學教程》，北京：高等教育出版社，2007年。
- 袁行霈著《中國文學概論》（彩圖本），北京：高等教育出版社，2006年。
- 韓高年編著《一本就通：中國文學史》，台北：聯經出版事業股份有限公司，2011年。
- 黃淑貞著《用年表讀通中國文學史》，台北：商周出版、城邦文化事業股份有限公司，2011年。
- 徐朔方、孫秋克著《明代文學史》，杭州：浙江大學出版社，2006年。
- 傅承洲著《明代文人與文學》，北京：中華書局，2007年。

- 吳志達著《明代文學與文化》，武昌：武漢大學出版社，2010 年。
- 邱江寧著《明清江南消費文化與文體演變研究》，上海：上海三聯書店，2009 年。
- 管林、鍾賢培主編《中國近代文學發展史》，北京：科學出版社，2009 年。
- 劉葉秋著《歷代筆記概述》，北京：北京出版社，2011 年。

■中國小説史綜論 / 概説

- 陳平原著《小説史：理論與實踐》，北京：北京大學出版社，1993 年。
- 姚君偉編《賽珍珠論中國小説》，南京：南京大學出版社，2012 年。
- 葉朗著《中國小説美學》，北京：北京大學出版社，1982 年。
- 魯迅著《中國小説史略 (插圖本)》，上海：上海古籍出版社，2014 年。
- 魯迅著，張岳、聶付生疏識《中國小説史略疏識》，上海：復旦大學出版社，2012 年。
- 《魯迅小説史論文集：中國小説史略及其他》，台北：里仁書局，1992 年。
- 李輝英編著《中國小説史》，香港：東亞書局，1970 年。
- 北京大學中文系編《中國小説史》，北京：人民文學出版社，1978 年。
- 周中明、吳家榮著《小説史話》，北京：社會科學文獻出版社，2012 年。
- 胡從經著《中國小説史學史長編》，香港：中華書局，1999 年。

■中國古代小説 / 古典小説

- 趙景深著《中國小説叢考》，濟南：齊魯書社，1980 年。
- 《中國古代小説百科全書》，北京：中國大百科全書出版社，1993 年。
- 蕭相愷著《世情小説史話》，瀋陽：遼寧教育出版社，1993 年。
- 葉桂桐著《中國古代小説概論》，台北：文津出版社，1998 年。
- 陳大康著《古代小説研究及方法》，北京：中華書局，2006 年。
- 陳寧著《通識中國古典小説》，香港：中華書局，2008 年。
- 夏志清著《中國古典小説》，南京：江蘇文藝出版社，2008 年。
- 張燕瑾主編《中國古代小説專題》(第 2 版)，北京：高等教育出版社，2008 年。
- 徐大軍著《中國古代小説與戲曲關係史》，北京：人民文學出版社，2010 年。
- 周先慎著《古典小説的思想與藝術》，北京：北京大學出版社，2011 年。
- 齊裕焜主編《中國古代小説演變史》，北京：人民文學出版社，2015 年。
- 石麟著《中國古代小説文本史》，鄭州：中州古籍出版社，2013 年。
- 孫順霖、陳協琹編著《中國筆記小説縱覽》，上海：華東師範大學出版社，2013 年。
- 胡適著，李小龍編《中國舊小説考證》，北京：商務印書館，2014 年。
- 耿淑艷著《嶺南古代小説史》，北京：社會科學文獻出版社，2015 年。

■明清小説研究 / 小説史

- 蔣松源、譚邦和著《明清小説史》，武漢：長江文藝出版社，1996 年。
- 張兵主編《五百種明清小説博覽》上、下冊，上海：上海辭典出版社，2005 年。
- 文史哲編輯部編《文學與社會：明清小説名著探微》，北京：商務印書館 2010 年。
- 紀德君著《明清通俗小説編創方式研究》，北京：社會科學文獻出版社，2012 年。
- 党月異、張廷興著《明清小説研究概論》，北京：中央編譯出版社，2011 年。
- 王永健著《但聞風流蘊藉——明清章回小説中的性情》，蘇州：蘇州大學出版社，2011 年。
- 喬光輝著《明代剪燈系列小説研究》，北京：中國社會科學出版社，2006 年。
- 劉天振著《明代通俗類書研究》，濟南：齊魯書社，2006 年。
- 程國賦著《明代書坊與小説研究》，北京：中華書局，2008 年。
- 王海剛著《明代書業廣告研究》，長沙：岳麓書社，2011 年。
- 孫一珍著《明代小説史》，北京：中國社會科學出版社，2012 年。
- 李舜華著《明代章回小説的興起》，上海：上海古籍出版社，2012 年。
- 陳國軍著《明代志怪傳奇小説敍錄》，北京：商務印書館國際有限公司，2016 年。
- 張俊著《清代小説史》，杭州：浙江古籍出版社，1997 年。
- 胡益民著《清代小説史》，合肥：合肥工業大學出版社，2012 年。
- 段江麗著《禮法與人情——明清家庭小説的家庭主題研究》，北京：中華書局，2006 年。
- 王平主編《明清小説傳播研究》，濟南：山東大學出版社，2006 年。
- 譚帆主編《明清小説分類選講》，北京：高等教育出版社，2007 年。
- 金鑫榮著《明清諷刺小説研究》，南京：鳳凰出版社，2007 年。
- 吳波著《明清小説創作與接受研究》，長沙：湖南人民出版社，2006 年。
- 傅光明主編《明清小説：劉世德學術演講錄》，北京：線裝書局，2007 年。
- 董國炎著《明清小説思潮》，太原：山西人民出版社，2004 年。
- 夏薇著《夢醒三國——明清小説新論》，北京：社會科學文獻出版社，2012 年。
- 楊東方著《明清士人的世俗生活——以話本小説資料為中心》，北京：中國書籍出版社，2013 年。

■晚清及近代小説研究 / 小説史

- 阿英（錢杏邨）著《晚清小説史》，香港：太平書局，1966 年。
- 劉永文編撰《晚清小説目錄》，上海：上海古籍出版社，2008 年。
- 歐陽健著《晚清小説史》，杭州：浙江古籍出版社，1997 年。
- 習斌著《晚清稀見小説經眼錄》，上海：上海遠東出版社，2012 年。

- 蔡之國著《晚清譴責小說傳播研究》，北京：社會科學文獻出版社，2012年。
- 胡全章著《晚清小說與文學轉型》，北京：中國社會科學出版社，2012年。
- 周樂詩著《清末小說中的女性想像（1902 — 1911）》，上海：復旦大學出版社，2012年。
- 王德威著《小說中國：晚清到當代的中國小說》，台北：麥田出版，1993年。
- 〔日〕樽本照雄著《清末小說叢考》，東京：汲古書院，2003年。
- 侯運華著《晚清狹邪小說新論》，開封：河南大學出版社，2005年。
- 錢振綱著《清末民國小說史論》，石家莊：河北人民出版社，2008年。
- 陳清茹著《光緒二十九年（1903）小說研究》，鄭州：中州古籍出版社，2009年。
- 付建舟、朱秀梅著《清末民初小說版本經眼錄》，上海：上海遠東出版社，2010年。
- 吳禮權著《清末民初筆記小說史》，台北：台灣商務印書館，2011年。
- 羅曉靜著《"個人"視野中的晚清至五四小說——論現代個人觀念與中國文學的現代轉型》，北京：中國社會科學出版社，2012年。

■小說人物、作者與名著研究

- 桂曉元編著《四大名著人物神怪通覽》，上海：上海人民出版社，2006年。
- 季子弘編著《中國小說人物事典》，台中，好讀出版有限公司，2006年。
- 朱萍著《明清之際小說作家研究》，北京：中國傳媒大學出版社，2009年。
- 周汝昌著《周汝昌評說四大名著》，北京：中華書局，2008年。
- 胡斯琴編著《中國四大名著的人生智慧》，台北：驛站文化事業有限公司，2007年。
- 〔韓〕金文京著《三國演義的世界》，北京：商務印書館，2010年。
- 〔日〕宮崎市定著，趙翻、楊曉鍾譯《宮崎市定說水滸——虛構的好漢與掩藏的歷史》，西安：陝西人民出版社，2008年。
- 余嘉錫著《宋江三十六人考實》，杭州：浙江古籍出版社，2012年。
- 孟超著，張光宇繪《〈金瓶梅〉人物》，北京：北京出版社，2011年。
- 〔韓〕宋貞和著《〈西遊記〉與東亞大眾文化——以中國、韓國、日本為中心》，南京：鳳凰出版社，2011年。
- 韓田鹿著《藏在巷弄裏的明朝——從暢銷通俗小說"三言二拍"看街談巷議庶民百態》，台北：麥田出版，2012年。
- 王俊年著《吳敬梓和儒林外史》，上海：上海古籍出版社，1980年。
- 馮其庸、李希凡編《紅樓夢大辭典》（增訂本），北京：文化藝術出版社 2010年。
- 郭皓政主編《紅學檔案》，武昌：武漢大學出版社，2007年。

- 吳桃源著，改琦插畫《畫說紅樓人物》，台北：聯經出版事業股份有限公司，2007年。
- 李軍均著《紅樓服飾》，濟南：山東畫報出版社，2004年。
- 朱光東著《紅樓夢漢民族精神研究》，北京：中國書籍出版社，2009年。
- 劉夢溪著《紅樓夢與百年中國》，北京：中央編譯出版社，2005年。
- 劉夢溪著《陳寅恪與紅樓夢》，北京：中央編譯出版社，2006年。
- 啟功編著《啟功說紅樓——清代文化解讀》，北京：中華書局，2007年。
- 陳美玲著《紅樓夢裏的小姐與丫鬟》，台北：文津出版社，2001年。
- 王崑崙著《〈紅樓夢〉人物論》，北京：北京出版社，2011年。
- 嚴明著《紅樓夢與清代女性文化》，台北：洪葉文化事業有限公司，2003年。
- 石玉崑原著，張大春導讀，阮光民繪圖《效忠與任俠——七俠五義》，台北：大塊文化出版股份有限公司，2011年。
- 游秀雲著《王韜小說三書研究》，台北：秀威資訊科技股份有限公司，2006年。

■中國小說史料 / 資料匯編及其他

- 孔另境編輯《中國小說史料》，上海：上海古籍出版社，1982年。
- 黃霖等編《古代小說鑒賞辭典》上、下冊，上海：上海辭書出版社，2004年。
- 朱一玄、寧稼雨、陳桂聲編著《中國古代小說總目提要》，北京：人民文學出版社，2005年。
- 徐倩如主編《流轉時光——古典小說選》，台北：三民書局，2010年。
- 張國風編著《明清小說解讀》，北京：中國人民大學出版社，2010年。
- 朱一玄《明清小說資料匯編》上、下冊，天津：南開大學出版社，2012年。
- 陳文新、〔韓〕閔寬東合著《韓國所見中國古代小說史料》，武漢：武漢大學出版社，2011年。
- 謝國楨編著《明清筆記談叢》，香港：華夏出版社，1967年。
- 王鳳主編《簡明語文知識辭典》，武漢：湖北人民出版社，1983年。
- 梁淑安主編《中國文學家大辭典近代卷》，北京：中華書局，1997年。
- 劉洪仁著《古代文史名著提要》，成都：巴蜀書社，2008年。
- 章人英、夏乃儒主編《簡明國學常識辭典》，上海：上海辭書出版社，2014年。